“陪你长大”

池翠英　著

一位心理咨询师的育女心经

中南大學出版社
www.csupress.com.cn
·长沙·

图书在版编目（CIP）数据

陪你长大：一位心理咨询师的育女心经／池翠英著
.--长沙：中南大学出版社，2017.11
ISBN 978－7－5487－3067－5

Ⅰ.①陪… Ⅱ.①池… Ⅲ.①家庭教育－ Ⅳ.①G78

中国版本图书馆 CIP 数据核字(2017)第 279063 号

陪你长大：一位心理咨询师的育女心经

PEINI ZHANGDA：YIWEI XINLI ZIXUNSHI DE YUNÜ XINJING

池翠英　著

□**责任编辑**　谢金伶
□**责任印制**　易红卫
□**出版发行**　中南大学出版社
社址：长沙市麓山南路　　邮编：410083
发行科电话：0731－88876770　　传真：0731－88710482
□**印　　装**　长沙印通印刷有限公司

□**开　　本**　787×1092　1/16　□**印张** 18　□**字数** 294 千字
□**版　　次**　2017 年 11 月第 1 版　□2017 年 11 月第 1 次印刷
□**书　　号**　ISBN 978－7－5487－3067－5
□**定　　价**　35.00 元

图书出现印装问题，请与经销商调换

前　言

01

那一年，在我们满心期待下，你如约来到我们身边，带给我们无限憧憬与温暖。你遗传了我和你爸的许多优点，我们怎么看你都看不够。尤其是你爸，每天下班回来只会痴痴地对着你傻乐：“宝贝儿，你真漂亮！”你开启了我们新的人生篇章，但伴着幸福，困难也接二连三的出现了。

翻阅以前为你写下的日记，“猫三天”“狗三天”交替重复着：“今天豆豆很开心……”“今天豆豆又哭了……”“今天豆豆很高兴……”“不知道为什么今天豆豆一直哭……”

我们开心着你的开心，却又为你的哭闹而烦恼：别的孩子吃饱、喝足之后，都是乐乐呵呵的，可你却有那么多的小脾气，你怎么和周围同龄孩子不太一样呢？因为你的一双大眼睛，街坊邻居给你起了一个绰号叫“大眼妹”。“大眼妹”大眼看世界，但对眼前的我们却无动于衷。

两个多月时，你经常对着墙角咿咿哇哇、手舞足蹈。有一次我和你爸赶上去凑热闹：“姑娘，看什么那么开心啊？”你淡淡地看了我们一眼，又扭过头自顾开心去了，让我和你爸好一阵失落。

三四个月的时候，我们和你逗乐，你很少回应，有时你爸在你耳边大声喊叫，你也没啥反应。可是桌上一个小玩具掉到地上发出声响时，你却朝着声音的方向扭过头，如此看来，你的听力没什么问题。

五六个月时，别的孩子抱出来总是喜笑颜开的，你却是一副酷酷的模样，左顾右看就是不搭理人。就算朋友在一旁使尽浑身解数和你逗趣，你仍是不理不睬。

你从小安静，一岁多时经常一个人坐在墙角自娱自乐。有时家里来了客人，热热闹闹的，你还是自己在一边玩，很少像别的孩子那样“人来疯”似的围着客人跑上跑下、问东问西。在幼儿园或是小区里，你大都在一边静静地观望，我们鼓励也好，示范也罢，你都不会主动和其他小朋友一起玩耍。很多时候，你似乎更愿意做一个观众。

小时候，你特别爱哭。

两三岁的时候，你经常半夜大哭。我把你搂在怀里轻声安慰，你却对我拳打脚踢，怎么哄劝都不管用，直到哭累了，才慢慢安静下来。

再后来，从早上睁眼到晚上入睡，你逢事必哭，号称“一日三大哭、小哭不计数”：起床、穿衣服、洗漱、吃饭、上厕所、睡觉……但凡有一点不如意，你就“咔咔咔”哭一通。你爸抱怨你哭得没个消停，我也拿你没办法。那些日子我很愁，有时候只有摸着你熟睡的小脸蛋才能感受到母爱的那份温情。

你说话比较晚，理解能力也不及同龄小朋友，简单的小事情到你嘴里都说不利落，我们说的你又不明白。很多时候你不开心了，我们却不知道为什么，只能无奈地看你“咔咔”地哭，却不知如何是好。

你体质好，很少生病，偶尔感冒、发烧，去趟儿童医院打个点滴或是开些药吃了，三两天基本就好了。可是，小时候你的不开心好似家常便饭，哭泣占据了你日常生活的一大半。外婆说，十个孩子有一个比较难带，你大概就属于那十分之一。

那些日子，你常常因为小事情生闷气。我们出去玩之前和你商量，说好了“出去玩要高高兴兴的哦”，可是每次高高兴兴出门，回家前总会有不愉快的事情发生。爷爷奶奶和我们一块儿住的时候，有时看似玩笑的一句话，你也会跑到一边生闷气，弄得爷爷奶奶丈二和尚摸不着头脑。你开心时，家里上上下下好似过节一般轻松、愉悦，但这样的光景寥寥可数。久了，爷爷奶奶对你敬而远之，都不敢“招惹”你。在你不开心时，奶奶经常小心翼翼地问：“豆姑娘，怎么啦？谁惹你生气了？”……看你如此“小心眼”、不随和，爷爷甚是担忧：“这样如何是好？往后怎么和同学、老师打交道啊？”

是啊，你就快上学了，将来在学校里谁会像我们这样去关注你的感受呢？在一些看似寻常的事情面前，你会莫名其妙地不开心，哭的时候还经常掐自己。

对你的生闷气、你的哭泣，我和你爸一直没有太好的办法。我们不明白你为什么和同龄孩子有着那么大的区别。在你身上，同龄孩子应有的天真和快乐不是没有，只是太少。很多时候你的不开心看起来是那么的无厘头，让我们把不准你的“脉搏”。你一个人闷闷不乐的时候，我们问你，你总是不说话；问多了，你只会哭，怎么哄劝都不管用，你会越哭越厉害甚至哭到呕吐。那些时候，一边是你的哭泣，一边是你爸忍耐不住的怒气，我真的不知道该如何是好。我不知道怎么做才能让你开心，也害怕面对你的哭泣。我不明白：我们的“小豆子”到底怎么了？你仿佛被困在一个盒子里，而我们却帮不了你。我好心痛，开始怀疑你是不是得了自闭症。

好在，你慢慢地学会了听说和表达。在幼儿园，有喜欢你、呵护你的幼儿园教师，还有一群一起开心玩耍的小伙伴……我以为从此你会快乐地成长起来。

可是上了小学后，你还是比较敏感，经常生气。你不会也不愿意表达自己的想法，很多时候我都不知道你哪来的这么多不愉快。小孩子应该是快乐成长的啊！那些时候，看到你生气、掐自己、掰铅笔，我除了为你担心，却也没有太多其他好的办法。

2008 年，我开始自学心理学，希望能借助一些专业知识，找到让你开朗、快乐的金钥匙。翻阅以前为你写下的日记，我发现，过去我们把你的哭闹、情绪当作烦恼和负担，没有站在你的角度去思考背后真正的原因，没有及时调整和你相处的方式。渐渐地，我发现，其实和你相处没那么难，难的是无法面对我自己的懦弱和无知。明白了这一点，就算在那段好似冤家对头、我们说什么都不对路、做什么也不到位的日子里，面对你的“臭脾气”，我们也已经不像以前那么焦虑烦躁了。

我们试着遵循你的节奏，尊重你的快乐和思想，接纳你成长中的不足。尽管存在着这样那样的分歧和不愉快，但这已经不重要了。你越来越和善，对同学、对老师、对我，还有对你自己。你经常为同学排忧解难，同学夸你“好姑姑”，老师称赞你“善良、大气”。而你，也越来越自信、快乐。

是的，你长大了，再不是过去那个“小气包”了，你有自己的认识和见解。或许你没有其他“优秀”的孩子那么优秀，但在我们眼里，你就是最好的。我们看到你的努力和自我超越，未来之路也许不是那么一帆风顺，但我们相信你有能力勇敢地走下去，坚持做你自己，并终将拥有属于你的一片广阔天地。

02

本书主要有五个部分：

第一部分“成长记录”按时间顺序记录你学前、小学、初中、高中各个阶段的生活和学习历程，有你的童年趣事，也有我的焦虑；有你的慢半拍，也有你在挫折中的成长和进步……十八年，转眼间就过去了。看到曾经牙牙学语、稚气可爱有时又让我们伤脑筋的你如今长大成人，我还是会经常想起过去和你在一起的日子。记忆浓缩在这本书中，记着你的笑、你的哭、你的快乐、你的成长，还有过去那些说不清道不明的不解、矛盾与冲突。

第二部分“成长建设”收录了你的成长点滴，包括我和你的一些互动以及对你的示范与引导。我尝试教你自我保护，教你和同学相处，和你一起感受帮助他人以及在分享中获得的快乐，促进你对诚实守信的坚持，循序渐进地培养并守护你的自信……学习成绩固然重要，但我更看重的是你内在的品质和面对生活的态度。从第二部分开始，文中的“你”，统一以“女儿”代称。也许如你所说，这些经历能对一些家长起到借鉴和参考作用。

第三部分“青春期的碰撞”汇集了你青春期以来的叛逆以及和我之间的摩擦对峙。经历过了，才知道，原来青春期并不可怕，可怕的是父母的无知与无能。

第四部分“成长感悟”以及第五部分“爱的成长”，是我关于养育女儿的一些心得。没有哪个妈妈会说自己不爱孩子，但是妈妈给予孩子的爱一定是真爱吗？看看“电视剧里的妈妈”“别人嘴里的妈妈”，还有“我的妈妈”，其实，真正意义的爱，“是为了促进自我和他人心智成熟而具有的一种自我完善的意愿”。那些不成熟的、扭曲的，甚至自私的爱，对孩子来说，是束缚和伤害。这些年我深刻体会到：没有不优秀的孩子，只有不懂爱的父母。孩子的良好习惯，都是平日里的互动、学习中的日积月累。反过来，孩子的不良习惯，其实更多的是我们父母没有做好的结果。

为人父母是人生的一门综合课程，除了必修“自我认识”与“自我提高”，我们还要学习如何去理解、了解孩子的感受，更要学习如何与孩子进行有效的沟通，以身作则、言行一致，为孩子做好榜样。其实在提高家长“任职”水平的同时，孩子也就慢慢成长起来了。

父母是孩子生长的土壤，只有给到充足的养分，孩子才能健康、茁壮成长。父母是孩子成长路上的启明灯、守护神，在孩子遇到挫折和困难的时候，为孩子指引方向，为孩子排忧解难，做孩子的坚强后盾。父母好比默默无闻的牡蛎，只有经历了沙砾和岁月的持久磨砺，才能孕育出精美、圆润的珍珠……尽管孩子先天条件各不相同，但我相信，伴着自信与快乐长大的孩子，不论“笨鸟”还是“天才”，都将获得属于他们的成功。

03

从我整理你小时候的成长记录开始，至今已经快有十个年头了，这十年间断断续续记录了许多往事，总是东起一笔、西记一段，想一出是一出，终不能成章成篇。

2014 年春，我一鼓作气，准备赶在你初中毕业前出稿。题目拟好了，框架也基本搭好了，可仍是徘徊不前。不时地，有一个声音在耳边响起：“为什么要写这本书？有意义吗？”

我自认为在和你沟通方面独具特色，总想把自己的心得体会推而广之。可是，每当与你对峙、冲突，面对自己内心深处浮现出的脆弱和无助时，我就会问自己：“为什么要写这本书？有什么用？真的能给别人带来什么帮助吗？其实我和你之间的问题还不少……”就这样，疑惑和纠结成了我继续懒散下去的理由，任由“明日复明日”，无限地拖延，甚至懒到不愿擦去电脑键盘上堆积的灰尘，生怕擦去了灰尘，心中那份莫名的感觉又会弹跳出来。

然而，无论我多么懈怠，都止不住岁月前行的步伐。2016 年，春天如期而至，新绿的柳枝悠扬飘曳，桃红簇簇片片。在这个格外清新、自然的季节里，我开始清理屋子里的每个角落，包括尘封已久的电脑和键盘，一丝丝、一缕缕地梳理、编织。

经历中考前后你我之间的矛盾和冲突之后，我渐渐意识到：在我和你之间、你和学习之间，其实我的认识和态度更重要。往事就像电影般一幕幕回放，我从中看到了你，也看到了我。与其说你叛逆、不懂事，不如说是我这个妈妈太焦虑。焦虑下，矛盾和冲突被人为放大，作为成人的我都不能把持，更何况处于青春期的你？

能看到问题背后的问题，或许一切问题就不再是问题了。现在，我很享受也很珍惜和你相处的日子：你有你的开心，我有我的快乐。当然，我们还是免不了发生矛盾和分歧，不过这些已经不重要了。

如今看到你，我的脑海里总会回放歌曲《小苹果》：“我种下一颗种子，终于长出了果实，今天是个伟大日子”——吾家有女初长成，你是我们的“小苹果”，“春天又来到了，花开满山坡，种下希望就会收获”，我们对你也如歌词中所唱：“怎么爱你都不嫌多”，“生命虽短爱你永远，不离不弃”。

这本书送给你，我的女儿，没有你，就没有书中的点点滴滴。

这本书送给我自己——因为，你中有我，我中有你。

这本书也送给焦虑中的父母，希望我和女儿的故事与经历能够给他们一些启示，希望天下的父母与子女能够快乐、幸福地共同成长！

池翠英

2017 年 10 月

Contents 目录

第一部分　成长记录

第二部分　成长建设

第三部分　青春期的碰撞

第四部分　成长感悟

第五部分　爱的成长

第一部分
『成长记录』

学前小故事
（0至6岁）

◆ 初来乍到 ◆

你特别安静，从来没有像其他孩子那样在妈妈的肚子里“拳打脚踢”。你只会偶尔翻个身，在我肚皮上慢慢鼓起一个大包，等你爸凑过来想摸摸时，却又安静下来了。预产期过了一周多，你还是迟迟不肯“露面”。直到我被医院“强行扣留”待产时，你还是不着急。

那天，麻药多上了两次都不见效，手术中我剧痛无比，不知忍了多久才听到“哇”的一声脆响。护士告诉我是一个健康的小姑娘。哦，女孩子，我悬着的心总算放下来了，这时麻药起了作用，我昏睡过去。没错，这个小姑娘就是你，我一直盼着的、想着的女儿。在医院的那几天，医生、护士都很喜欢你这个清秀的小姑娘，大夫把手指放到你的嘴边，你会咧开嘴笑，可爱极了。看你精灵的小模样，我给你取了个小名——豆豆，我们漂亮的小精豆。

你出生的那几天，恰巧是北京少有的酷暑天气。医院条件不好，没有空调，也不能开窗通风，我和你的体温一直降不下来。为了给室内降温，你爸不停地来回在地上洒水，再用拖布拖地。出生时你七斤二两，而你爸在医院照顾我们的这几天里却瘦了七斤。

回到家，奶奶照顾我们的饮食起居，其他的事情都是你爸边学边做。你小小的、软软的，最初我不敢抱你，怕伤着你，还是你爸手把手地教我的。你爸真是自学成才，比月嫂还专业。给你洗澡的时候，每当你爸用一只手臂托着你的身子时，你总是乖乖地目不转睛地盯着你爸看，很享受的样子。那时我们住在小平房里，你的嗓门很大，尤其在夜里，街坊邻居都以为你是个小小子。

两个月左右，有一阵子，每天晚上八九点，你在你爸怀里睡着了，可当你爸准备把你放到床上时，手还没挨到床边，你就突然睁大了眼睛瞧着你爸。眼见你张嘴"咔咔咔"地就要哭起来，你爸只好把你抱起来在家来回走。等你睡熟了他又想把你放到床上，你却又醒了，如此反复好多次。你像是个小监工，要是你爸站着不动，你也能发觉，你爸只好抱着你原地踏步，经常一边抱着你踏步，一边打瞌睡。

你三个月时，我带你回了外婆家。给你照百日照那天，我们在照相馆里前前后后被摄影师摆弄了三个小时。你非常乖，照相时眼睛睁得大大的。你很漂亮，百日照特别漂亮。

不到四个月，你就长牙了。一般孩子牙齿都是成对长的，可你只长了一颗牙齿。过了好几个月，大概在八个月的时候吧，你才长了第二颗牙齿。你比同龄孩子长牙早，和大多数孩子长牙的节奏也不一样，五六岁时又发现你多长了一颗门牙，拍片过后发现那颗多长的牙齿的牙根长得歪歪扭扭的，最后还是在儿童医院把它拔掉了。

满半岁那天，你突发高烧。这是你第一次生病，把我们吓得够呛。我们赶紧送你上医院，还好没什么大碍，大夫说是半岁免疫期到了的缘故。

从半岁开始给你加辅食，你喜欢吃鸡蛋羹，但是却不好好吃饭。给你喂饭时，你把饭含在嘴里半天不咽，经常把和着饭的鸡汤、鱼汤从牙缝里给挤出来。你真是淘气，也让我们很头疼。小时候你比较瘦，每次到医院体检时，大夫都批评我们喂养得不好。给你补锌也困难，刚给你喂下去，你一会儿就从嘴边都挤出来。你倒是乐滋滋的，不知你乐什么。嗯，真是挺难对付你的。

八个月大了，你的睡觉时间很少。早上六点准时醒，白天睡觉时间很短，每次也就半个小时。晚上八九点你迷迷糊糊看似睡着，却又不愿意在床上睡觉，到了晚上十一点，你倒来精神了，冲着天花板“咦咦啊啊”地叫个不停。你喜欢坐在床上玩，但是不愿意爬。玩具放在离你不远的地方，你咿咿呀呀地着急上火，可就是不愿意自己去够。

你十一个月开始学走路。你很小心，在家里慢慢地扶着沙发、桌子，发现可以站稳了才开始摇摇晃晃地扑到我们怀里。会走路了，你很开心。

从一岁左右开始，你会嘴里很用劲地蹦着“爸爸”“妈妈”，经常是一双大眼睛左顾右盼，似乎眼睛更会说话。

你一岁时我们搬了新家，从原来的小平房搬到楼房。客厅有一角属于你，墙角摆放着你喜欢的玩具。有时候你会一个人安安静静地坐在垫子上玩耍，玩着玩着就睡着了。

◆ 慢慢长大 ◆

很幸运，我能请一年半的产假在家带你。等我回单位上班时，我们就请楼下一个邻居大妈白天照顾你。邻居大妈喜欢你，把你照顾得很好。虽然你平时爱哭，但和邻居大妈在一起却很开心，经常看到你乐颠颠地追着邻居大妈跑进跑出，我们非常放心。很不幸，不到半年，邻居大妈突然脑溢血离世，我们只好提前把你送到工厂托儿所，你那时说话都还说不清楚。我每天早出晚归，大多数时间都是你爸陪着你，你不爱吃饭，也不太爱说话，你很少生病，可是经常哭。

不过也有开心的时候。有时候晚上我刚到家，你就会跑过来夸自己起床没哭。你会把在幼儿园里老师的表扬分享给我们，有时候还会动作麻利地应着我们对你的召唤，高高兴兴地学着我们平常表扬你的样子说“这样多好呀”！

三岁去照相馆拍生日照，你乖乖地让化妆师左右摆弄，扑粉、涂口红、扎小辫，自个儿照照镜子，感觉还真美呢。只是你已经不太喜欢照相了，照相时不配合，表情酷酷的。在朋友家，你和你熟悉的一个小朋友一起点蜡烛、吃蛋糕，唱生日歌。那天你很开心，专门挑了一个小小的写字板作为自己的生日礼物。三岁，你的体重单上显示"偏瘦"，不过小脸看上去还是肉嘟嘟的。

因为要搬新家，我们送你回西安奶奶家住了一段时间。走之前我对你说："暑假你在奶奶家和弟弟一起玩，等房子收拾好了我就回来接你。"你很懂事，一个劲儿地点头："知道了，好！行！"你坐在椅子上和我挥手说再见，奶奶说直到我走远了看不见了，你也没哭。你喜欢奶奶，不喜欢爷爷。你总是围着奶奶转，你睡觉时不让爷爷挨着，睡到半夜迷迷糊糊地还要叫奶奶，要是看见爷爷在身边可就不得了了。你和奶奶出去玩，奶奶说该回家做饭了，要不爷爷下班回来没饭吃。你对奶奶说："叫爷爷下班回来做饭！"奶奶出门买菜，问你去不去，你说不去。奶奶让你一个人在家玩一会儿，你很认真地告诉奶奶："奶奶，你去买菜，大灰狼会吃豆豆的，等奶奶回来，大灰狼都把豆豆吃完了。"你说奶奶是去买菜还是不去买菜呢？

不久，我们把你接回北京。我们搬进了一个更大更漂亮的新家，有专门为你准备的房间，有你喜欢的粉红色墙面、蓝色的衣柜和书桌，我们还为你换了一家特别好的幼儿园。你喜欢新幼儿园，你说老师最喜欢你了，老师给你写的"每日点评"里总是夸奖你很乖、很懂事。你特别喜欢问为什么，总是问我一连串的为什么。我说你是个"小问号"，你很认真地问我什么是小问号，我说小问号就是喜欢问为什么，可是你又问我为什么喜欢问为什么呢。呃，我还真被你这个小问号给问住了。

再后来，北京暴发非典①，一时间全城上下人心惶惶，我们一家人在宽敞、明亮的新家里却很快乐。非典过后，你越来越习惯幼儿园的生活，按你的请求，我们给你报满了幼儿园的课外班，有舞蹈班、钢琴班、声乐班。声乐班老师很喜欢你，说你有一种古典美。

---

① 非典：2003 年，在中国暴发 SARS 疫情，疫情刚开始时，该传染病被称为"非典型肺炎"，简称"非典"，后被统一称为 SARS，但对于经历过这场疫情的人来说，"非典"这一说法更熟悉，故此书仍使用"非典"这一名称。

四岁生日，你在幼儿园里度过。这一天，你盼了好久，因为你终于可以把自己的生日蛋糕带到班上，可以戴上小寿星的帽子给班上小朋友分蛋糕，有香甜的蛋糕吃，还有老师和同学唱的生日祝福歌。更有老师和小朋友们精心给你准备的一份礼物——老师和小朋友们的手印图，每一个手印下面都有老师、小朋友的祝愿。

五岁多，因为你多长的那颗上门牙，我们带你去儿童医院拔牙。自从那颗多生牙拔掉后，你似乎开朗了许多，不知道你以前爱哭是不是和这颗牙齿有关。

你上到幼儿园大班时，我们所在小区的幼儿园开园了。我们舍近求远，还是让你继续在原来的幼儿园学习，因为那里有你熟悉的老师和小朋友。你们班是幼儿园里的“明星班”，园里舞蹈队的女孩子大多是你们班的，你也是舞蹈队成员之一。“六一”儿童节，你们表演孔雀舞，还有《烛光中的妈妈》《夜上海》。你很喜欢那身孔雀衣，在场下不停地转圈，展开裙摆就像孔雀开屏一样。因为你的个头比较高，最初跳《夜上海》时，老师让你扮演男生，你不愿意，还哭了，最后老师让你们班上的女生和你一起扮演男生，穿衬衫、戴礼帽，你跳得有模有样。

幼儿园还为你们毕业班的小朋友照了毕业照，每个小朋友都穿着特制的学士帽、学士服，爷爷说你的毕业照最端庄、最有范儿。

◆ 幼儿园的快乐 ◆

在工厂幼儿园小班里，平日里你不吵不闹，老师带着也比较省心。你很少和其他小朋友一起玩耍，常常在一边静静地看着老师和小朋友。可是有一天早上，不知为什么你哭着不让我走，老师当着我的面还能耐心哄劝你，没想到我在教室外面再偷偷看你的时候，你却独自一个人委屈地靠在墙角默默抽泣，班里的两个老师则在一旁拉着家常，还时不时训斥另一个正哭着的男孩子。我心痛，却又不好当面去指责老师什么。因为我知道，家长一旦和老师发生矛盾和冲突，孩子将会受到更大的委屈。据我们所知，工厂幼儿园的老师大部分没有接受过专业训练，只是负责照顾孩子的日常饮食起居，有的老师对孩子不仅不温柔，甚至比较粗暴。

为了让你有一个好的教育和成长环境，也为了我们将来过上更好的生活，我和你爸离开工厂，寻求更好的发展。不久，我们在北京有了属于自己的新家。我在社区网站上看到有一个小区原先的幼儿园机构因教育、管理不善被业主赶走，现在这个私立幼儿园是业主委员会几番筛选定下来的。看来这家幼儿园应该不错，而且离我们的新家很近，我抱着试试看的态度找到了这家幼儿园。

园长为我的执着所打动，在幼儿园入学名额已满的情况下，答应接受你入托。当时这个私立幼儿园的收费与工厂幼儿园相比，简直就是天价，那时我在工厂的月收入还抵不上你一个月的托儿费。好在我和你爸一起努力，没有太多负担。况且，你能够快乐成长，这是再多金钱也换不来的。在这个幼儿园，有你喜爱的老师和小朋友。幼儿园课堂上的教学轻松愉快，幼儿园的早、中、晚饭都有你喜爱的饭菜，幼儿园里还经常举办各种文艺会演、亲子活动，为你们庆祝儿童节，过圣诞节，为你们举办毕业典礼……你说这些你都不记得了，没关系，你可以看看以前为你拍的那些老照片，还有我为你写的日记，我相信这些美好记忆会一直在你心里。

园长曾是一名幼儿园老师，年轻，很有亲和力。我非常佩服这位园长的记忆力：她能准确地叫出每个孩子的名字，知道每个孩子的兴趣爱好、性格特点，还可以和孩子很好地近距离沟通，她对孩子们有一份发自内心的关爱。有时候在幼儿园里遇到我，园长也会主动询问你在班上和家里的学习、生活情况。

幼儿园董事刘老师，据说是从国外回来创业的。他也很喜欢孩子，希望能把国外先进的教学理念和教学模式应用到幼儿教学中。刘老师幽默、风趣，特别随和，孩子们都喜欢他。我经常在幼儿园看到刘老师和孩子们一起尽情玩耍，也看到刘老师和关心孩子教育的家长们一起沟通，给予孩子针对性的开导和教育。

班主任是一位很有经验的年轻女老师——夏老师。时至今日，我仍然很感激夏老师那些日子对你的关心和照顾。记得有一天我去幼儿园接你，夏老师笑眯眯地跟我说：“我发现你家豆豆可真逗。别的孩子有什么委屈了，我糊弄糊弄就过去了。你家豆豆可不行，她要我讲道理呢！我得把事情缘由掰开、揉碎了跟她讲，话说完了，还要问：‘豆豆懂了没？’要是豆豆点点头，我可高兴了，知道给她讲明白了；要是看见豆豆大眼睛还那么看着我，呵呵，我得再想办法给她讲明白……”我听出了夏老师的真诚和善意，也看得出夏老师的敬业和用心。我很感动，也很庆幸，你上了一个好的幼儿园，你有一个好老师。你喜欢夏老师，但你不说。有时候你会告诉我夏老师今天又在班上和小朋友们嘻嘻哈哈了，你还经常说小朋友一起笑话夏老师臭美，因为你们看见夏老师总在照镜子……你喜欢夏老师，只是你不说。

慢慢地我也开始喜欢这个夏老师了。在后来的交往中我发现，夏老师对待所有的孩子和家长都一样真诚，只是方式方法上有所不同：对待像你这样比较内向、敏感的孩子，夏老师温柔又细微；对待外向、活泼些的孩子，夏老师就比较直截了当。

夏老师在孩子的教育方面真是独树一帜：午饭后夏老师看到丁丁小朋友一个人在吃点心，便故作好奇地凑过去看。丁丁立马把点心藏在背后不给看，嘴上还嘟囔着：“这是我妈妈给我的!”夏老师笑了笑走开了。午休后孩子们起床了，夏老师抱着一个饼干桶，旁若无人地吃着小饼干。孩子们跑过来围成一圈，有的小朋友嘴馋了，求着老师要尝尝，夏老师捂着饼干桶不给孩子们看，撅着嘴说：“唔，不嘛，这是我妈妈给我的!”聪明的丁丁听到了，主动把自己带的点心拿给夏老师，让大家一起分享，夏老师这才开心地把小桶里的饼干分给所有的孩子们。通过这么一件小事情，夏老师无声中教会了丁丁体会分享带来的快乐，这是多么难能可贵啊!

班上还有一位英语老师和一位生活老师。英语老师瘦瘦小小的，课堂教学生动、活泼；生活老师憨态可掬，对孩子们都很和善，照顾细致。还有一位小个子、一脸络腮胡子的楚老师，他是其他班级的英语老师。感动于他的真诚、关爱和帮助，小学五年级，在我的指导下，你写了作文《感谢楚老师》：

感谢楚老师

我现在是五年级的小学生，看到小弟弟、小妹妹滑滑梯跑上跑下开心的样子时，我就会经常想起我的幼儿园，我特别怀念幼儿园的老师和同学。

记得那时我刚上幼儿园，因为胆小不爱说话，不喜欢和小朋友做游戏，见到楚老师就哭。班主任夏老师耐心地问了我好多遍，最后我才告诉老师，说那个男老师长了一脸络腮胡子，我看他丑，心里害怕就想哭。

夏老师没有批评我，而是给我讲了好多故事来说明美与丑、善良与邪恶的对比。夏老师告诉我，小朋友都喜欢上楚老师的英语课，楚老师还能做好多漂亮的手工活，希望我能慢慢地接受楚老师。

楚老师知道我说他丑并不生气，而是每天专门为我折一个小手工①。刚开始楚老师担心我害怕，就托班上的其他老师把小手工送给我，有小孔雀、小螃蟹、小蜗牛、小拖鞋、小花儿、小鱼等，折得精致极了，我拿在手上爱不释手。渐渐地，我不再怕见到楚老师，每天盼着楚老师把小礼物送给我。楚老师还常常给我讲故事，陪我做游戏，我也开始做小手工送给楚老师，最后我和楚老师成了好朋友！

从那件事开始，我在幼儿园变得开朗活泼，喜欢上幼儿园，喜欢幼儿园的老师，喜欢和小朋友做游戏，我想这都是幼儿园老师们辛勤努力的结果。我特别要感谢楚老师，是他无私的关爱和帮助，使我懂得了什么是真善美。我要像楚老师那样，真诚、友爱地对待身边的每个人。

幼儿园里的快乐太多了。有许多让人称赞的老师，有一起快乐成长的小伙伴，也有因你们而和睦相处的家长。幼儿园的饭菜可口，幼儿园的教学活泼，幼儿园的课外活动特别丰富。在我的记忆里，幼儿园里的快乐无处不在。这么多年来，我还是很怀念你就读的那个幼儿园，特别是那些关爱你的老师们。在你四岁的时候，我主动给幼儿园写了一封感谢信：

观豆豆开心有感

连老师：

您好！

我是苗苗B班豆豆的妈妈。看到豆豆近一年的变化，特别是最近一段时间里，豆豆越发的活泼开朗，作为家长，心里是由衷的欣慰呀！在此我们对平日里关心和关注豆豆的老师们表示感谢！

豆豆在新世纪幼儿园近一年的时间里进步不少。我最大的感触就是幼儿园以孩子为本。在这里充满了对孩子的耐心、细心和关心，老师能很准确地观察到每个孩子的优点和特点，针对不同性格的孩子采取不同的教育方式。

通常幼儿园里的孩子还是怕老师的。记得豆豆一岁多上的那个幼儿园，

① 小手工：即手工制作的各种折纸。

因为豆豆小，语言表达能力差，无法同老师沟通。老师总是居高临下地面对孩子们，别说孩子怕老师，就连我们家长都有些惧怕，生怕不该问的问了，不该提的提了，怕老师对孩子不好。平时只有遵照老师的意见：不梳小辫、不别发卡、不穿裙子、尽量晚送早接等。在新世纪幼儿园，我们就明显地感到这里的老师尊重孩子，而且经常能观察出孩子某些方面的变化，及时和家长沟通，适时对孩子进行引导和教育。

豆豆性格比较内向，而且很敏感。也许是受我们平时言行的影响，豆豆缺乏一般孩子所拥有的天真和幻想，豆豆对很多事情似乎很务实：

豆豆几乎没有说不愿意上幼儿园。因为豆豆知道不管高兴不高兴，都是要上幼儿园的，这是改变不了的事情；因为升班，看到老师来接他们时，有的小朋友直接哭闹着不去，豆豆只是无声地掉眼泪表示不愿意；我们和豆豆商量，寒、暑假豆豆回老家跟爷爷、奶奶、弟弟一起过个“没人管”的假期，豆豆说不愿意离开妈妈。后来我偶尔提起，问豆豆想不想老家的弟弟，豆豆不吱声，过了一会儿豆豆让妈妈给擦眼泪。

“非典”过后，豆豆在幼儿园的情绪不是太好，老师说豆豆有时莫名其妙地掉眼泪，有时不高兴和小朋友一起做游戏，后来我才了解到豆豆是看见楚老师了，豆豆不止一次告诉我说：“班里有一个男老师长得特别丑，我一看见他就想哭。”

有一次我去幼儿园接豆豆，碰见大胡子刘老师。刘老师问我“你小时候是这样的吗?”，希望我们家长就孩子的性格问题多和老师交流。

说心里话，因为豆豆的性格特点，我们的确很着急，虽然也想过一些办法，但总是效果不大。豆豆不喜欢楚老师的理由特别直接，她认为楚老师丑，就是不喜欢，见到楚老师就哭。为此我们在家里也找了一些故事来说明美和丑、善良与邪恶的对比，可到最后豆豆还是那句话：“可是我就是觉得楚老师长得丑，看见楚老师要哭。”

经过老师们两周的努力，豆豆已经能完全接纳楚老师了！看见豆豆和楚老师一起玩耍的场景，我真的很感动！虽然这不是多大的一件事情，但我能感受到老师的用心和对孩子的一片真心！

多不容易啊，从楚老师给豆豆折第一个小手工到现在，我们家里积攒了一堆小手工，有小孔雀、小螃蟹、小蜗牛、小拖鞋、小花儿、小鱼等。刚开始楚老师送豆豆小手工，豆豆躲到老师身后不敢接。我问豆豆："谁送的小孔雀？"豆豆不吱声，她的抵触情绪还是挺大的。后来慢慢地豆豆开始自己主动摆弄楚老师送的小礼物，时不时还问这些小手工是哪个老师做的（豆豆一定要妈妈说是楚老师做的）。直到有一天，豆豆悄悄告诉我，豆豆想给楚老师送个自己做的小手工，因为豆豆喜欢楚老师。当时我的眼泪都差点滚出来了。没想到在班里老师和楚老师的努力下，豆豆竟然会有如此大的变化和进步！

我们欣喜地看到豆豆越来越开朗大方，在家里也越来越懂事。豆豆在幼儿园开心，回到家里也很开心。孩子高兴，我们大人也就高兴；大人高兴了，对孩子也就有了更多的耐心，同样孩子也会更高兴，这是一个良性循环的结果。

豆豆说喜欢幼儿园，我们相信这是出自真心的。作为豆豆的爸爸、妈妈，我们也是打心里感激幼儿园给豆豆带来这么多的欢乐。没有豆豆班上老师们的关心和爱护，豆豆不会有现在的快乐和进步。相信在老师们的关心和帮助下豆豆能更加健康快乐地成长，我们也相信幼儿园里的点点滴滴将是豆豆今后学习和生活的一个良好开端。

我们祝愿新世纪幼儿园健康成长，真正成为新世纪孩子成长的乐园！

豆豆妈妈

2003 年 7 月 15 日

◆ 点滴记事 ◆

– 小可爱 –

你有好多好习惯，很小的时候你就知道把废纸、喝过的空瓶子放到垃圾桶，路上如果没见到垃圾桶，你会先拿在手上，等见到垃圾桶再扔进去。在车站看到扔在地上的废弃物，你会对我说："这样多不好呀！"

三岁起坐公交车时，你总喜欢举着我的票给检票员看，还说："等豆豆有妈妈这么高的时候，就该买票了。"不到五岁，你身高就超过 1.1 米了，每次坐公交车，你总要提醒我给你买车票。带你回老家坐火车时，你也很在意我是不是给你买了儿童票。

你打小安全意识还挺强，知道过马路绿灯行、红灯停，还知道告诉别的小朋友小心过往的车辆。

两三岁，你喜欢缠着我和你爸给你讲故事，喜欢捧着故事书要我讲《白雪公主》和《拇指公主》，怎么听都不够。睡觉前你一定要听故事，讲完一个，你又要再讲一个。可是等我讲完两个故事，你还想再听一个。有时候我会很坚持，你只好把书本合上，说："那好吧，该睡觉了。"可是大多数时候我还是拗不过你的请求，讲了一个又一个。

有时候你会学着我讲故事的样子奶声奶气地讲着："有一天，一天，一天呀，袋鼠妈妈上班，嗯，嗯，她的，嗯嗯，钱包被偷了，然后，然后呢，小狐狸就被警察叔叔抓走了。"你还会认真地指着图画书说，偷东西的小狐狸是小偷，是坏人，而另一个故事里开车的小狐狸就是好孩子。读了《小河》的故事，你告诉我们小河生病了，因为小朋友把脏东西都扔进河里，把水堵住了，你很难过。

看动画片《睡美人》，看到公主被诅咒而死，王子被困在地牢中不能出来救公主时，你伤心地落下泪来。后来王子战胜巫婆，小公主在王子的亲吻下苏醒过来，看到大家欢歌笑语，你又拍手叫好，高兴起来。你真是一个善良可爱的小豆豆！

– 生病 –

三岁多的一个晚上，你浑身滚烫，发烧到了 39.7℃！头一次去儿童医院，路上你浑身没劲儿，蔫蔫地问我去哪里。知道要去医院，你摇摇头说："豆豆不打针。"到了医院，你什么也不说，只是悄悄地流眼泪。护士在你手背上扎针的时候，你拼尽全力，哭得嗓子都哑了，真让我们心疼。挂水的时候你才安静下来，你难过地告诉我："以后再也不这样了。"你乖乖地等着把药水输完，精神好了许多，回家路上你看着车外的灯光夜景，一路上说了好多话，到家还有些兴奋，好久都睡不着。

过了一段时间，你又咳得很厉害，特别是晚上，吃了两天药还没好。一大早我们带你去儿童医院。路上你问我们这是去哪里，问我要不要打针。想到上次扎针的经历，你又难过地说："以后再也不这样了。"到了门诊，你说冷，我问你是不是害怕，你点点头，我把你紧紧地抱在怀里。在门诊门口等着大夫给你看病时，你很乖，静静地让大夫用听诊器听听前胸、听听后背，还很配合地张着小嘴说"啊……啊……啊"，大夫很快用压板压了一下你的舌头，又用手电照了一下，开了药，夸你真听话。知道不用打针了，你立马就好了许多，回家路上蹦蹦跳跳。药很苦，你第一天不愿意喝。第二天就很痛快，一口气喝了。你夸赞自己，还很高兴地告诉爸爸："这多好呀！豆豆长大了。"说到喝药，想起你一岁多的时候感冒发烧，我们给你喂药，怎么都喂不进去，最后没办法你爸只得把他的手指头垫在你的上下门牙中间，结果药是喂进去了，可你爸的手指头却被咬得够可以的。

没过多久，连续两天，你晚上哭着嚷着喊耳朵痛。我又带你去医院。现在你已经不怕医院了，一路上挺高兴，还一个劲儿地夸自己长大了。到医院一看，原来是因为耳朵被堵住了，大夫从你耳朵里掏出好几大块脏东西。你乖乖地一动不动，直到大夫说"好了，没事了"，你才问我这个那个。看完耳朵，开了药，你很高兴，又说："豆豆长大了，能吃苦药药了。"真的是这样，大夫开的一种药特别苦，你尝了尝，最后还是憋着一口气全部喝下，喝了药还自己去取水喝，真的很棒！北京非典那年，单位发的中药特别苦，还是你喝干净后劝着我和你爸赶紧把药喝了。

想起非典那年，真有不少故事。

– 爱妈妈 –

有一次你感冒发烧了，有些不舒服。睡觉前你望着我，很认真地问："妈妈爱我吗?"我把你搂到怀里亲了又亲，说："当然了，妈妈最爱你了。"你说："我太高兴了。"一会儿你又问："妈妈爱爸爸吗?"我答："妈妈也爱爸爸。"你想了会儿又说："我爱爸爸，也爱妈妈，也爱豆豆。"

你不开心的时候要哭，有时候哭了一小会儿，你就会来找我，说："豆豆爱妈妈，豆豆爱妈妈。"看着你一副楚楚可怜的样子，我忍不住把你搂在怀里亲了又亲。你高兴时又会围着我说你喜欢妈妈，不停地要亲亲妈妈。知道晚上你爸加班不回来，你想爸爸了，就说："豆豆爱爸爸，豆豆喜欢爸爸。"

有一次晚上睡觉时，我把大灯关了，你说小灯太暗，看不见妈妈，以为没有妈妈了。我问你:“没有妈妈怎么办?”你说:“没有妈妈,只好流浪街头了。”我又问你:“豆豆没有妈妈怎么办?”你不说话,我这才发现你头扭到一边哭得很伤心,我真后悔惹得你这么伤心。你转过身搂着我说:“豆豆爱妈妈。”我一边抱着你,一边安慰你说:“豆豆有爸爸妈妈,爸爸妈妈爱豆豆,不会离开豆豆。如果有一天妈妈不在了,那妈妈会变成一颗星星,你想妈妈的时候就找天上最亮的那颗星星,那是妈妈的眼睛。”说得我心里好伤感。我爱你,多么希望能和你永远在一起。

你爱妈妈,吃到甜甜的香瓜,你会端着盘子跑过来递给我:“这是留给妈妈的,妈妈赶紧吃了吧。”看见你爸和我在“抢”电视遥控器,你会扑上前抢过来塞给我。我去倒水时,你还把遥控器看得牢牢的,就是不给你爸。

有时候你会拿着小簸箕帮我们扫地;有时候你会学你爸的样子,抡起你的小拳头给我和你爸捶背解乏。

– 学习 –

上工厂幼儿园小班那会儿,幼儿园老师把一本识字卡片交给我,说班上别的小朋友都认得好多字,就你不会。回到家,我们把老师给的那些卡片一字摆开让你指认,不论我们怎么启发,你还是认不出几个字。我翻了翻字卡,都是“跳”“跑”“爱”之类的,从字形上来看有些复杂,你还不满三岁,认不清似乎也在情理之中。别的孩子都认得吗?我们不得而知,顺其自然吧。虽然你在认字上比较慢,但你的动手能力却很突出。你能很轻松地拆装一些小玩具,你用筷子时手指很灵巧,小小的你就能用筷子稳稳地夹住玻璃弹珠。

三岁了,你不识字,数数也是瞎数,总是把“2”说成“3”。你会背“锄禾日当午……”“鹅鹅鹅……”,奶声奶气的,很好听。在奶奶家的那些日子,你喜欢和奶奶在一起,经常在奶奶面前撒娇,缠着奶奶读书、讲故事。奶奶累了,你就大声哼唱《小燕子》给奶奶听。奶奶教你学唐诗,你就是记不住,奶奶多教几遍,你就跑开不学了。

四岁时,不少同龄孩子开始认字识数了,可你还是数不清1、2、3。为了让你尽快跟上小伙伴的步伐,我决定在家给你上小课辅导辅导。我做好巴掌大的四个数字,手舞足蹈地说唱给你听:“‘1’像油条瘦瘦长,‘2’是小鸭水上游，‘3’是耳朵挂两旁，‘4’是红旗飘呀飘。”你饶有兴趣地附和我——我说“2”，你就学小鸭摆摆尾；我说“4”，你的小手就挥啊挥。可是单独让你区分数字的时候，你却认不得它们，它们也认不得你了。你把“2”和“4”换了位，还跟我说：“‘2’是红旗飘呀飘，‘4’是小鸭水上游。”我又反复教你好几遍，可你还是时不时把“2”和“4”混着说，看到我有些皱着的眉头，你再指认时就变得小心多了，这几个数字在你眼里不再像开始那般可爱有趣了。看到你茫然无助的样子，我也只好作罢，安慰你说：“今天就先学‘1’和‘3’，‘2’和‘4’一边休息会儿，下次我们再来找它们认认，好不好？”没想到一个月后，你就能轻松地数过“10”了！

五岁时，上到幼儿园大班，你经常在小区里玩耍。为了让你知道什么时候该回家，我开始教你认时钟。我按钟表的整点、半点画成示意图给你看，可是无论怎么示范、讲解或是提示，你好像都分不清。连续一周，你爸回到家就看见你哭哭啼啼地认时间。你爸心痛了，决定亲自出马。晚饭后，看你开心，你爸拿出手表，从整点教起，一圈又一圈地转动分针，教了足足半个多小时，最终还是败下阵来。我想，再缓缓吧。还是一个月后，你对时间有了具体的认识。

你说你想学钢琴，幼儿园老师也说你的手型很适合弹钢琴，于是我给你报了幼儿园的钢琴班，和班上另一个小朋友一起学习。起初两周你学得饶有兴致，回到家还在电子琴上比画比画，可是到了第三周，你就不愿意学了。我和老师沟通了解，知道你跟不上老师的节奏，而另一个小朋友弹的要比你好。于是我和老师交换意见，希望老师按你能接受的进度教你，不做过多要求。后来你又高高兴兴地跟着老师上钢琴课了。有时候我问你：“钢琴课上学什么了？”你说老师给你剪指甲了。再过一周，我问你：“钢琴课上学什么了？”你说上厕所了。哦哦，你高兴就好，原本让你上钢琴课就是希望你能更开心些，因为你说你喜欢那个钢琴老师。在老师的指导下，你学会了几支钢琴曲，还在幼儿园的活动中表演弹钢琴。继续学了半年之后，你不愿意花更多的时间去练习钢琴，在我的建议下，你停了钢琴课。

– 非典风波 –

2003 年 4 月起，非典气息笼罩全国，北京更是非典重灾区。非典这一年，真是有惊无险。

起初，为了安全考虑，外婆提议把你送回老家住一段日子，但我舍不得。渐渐地，公共场所人来人往都戴着大口罩，地铁上但凡有人咳嗽，周边人就会迅速散开。我们每天提心吊胆，听着新闻里报道非典死亡多少人、疑似多少人。我记得连续三天死亡人数都在十人左右，疑似人群数量更是大幅上升，那时我们和师哥合租房，晚上一起坐在电视机前就像是在追悼会现场那般压抑。

短短几天，超市里的面粉、方便面、粮食、油盐……凡是可以储备的粮食都被“洗劫”一空，好在政府及时响应，紧急调集全国物资补给，避免了另一场“浩劫”。幼儿园放假了，一些单位也放假了，可我和你爸还在上班，每天要接触不同的人。非典通过空气传染，没有预兆，防不胜防。不知道外面的空气里有没有非典病毒，我们很害怕。如果我们不幸染上非典，起码经历过人生，而你，这么小，什么也没有经历过，想想我就很难过。最后我下定决心要把你送回老家：没了我们，起码还有外公、外婆、大姨可以照顾你，那时的我真的是连给你写遗书的心情都有了。

我买好机票，向领导请假却遇到麻烦，单位人事、领导不同意我带着你离开北京。那时全国上下将北京出入人员列为重点隔离、防护对象，就算我把你送回老家，你也要被隔离，而我从老家回到北京同样也会被隔离，于是我退了机票。单位领导考虑到我的实际情况，同意我把一些工作带到家里做，这样可以照顾你。

幸亏我们赶在“五一”前搬了新家，大概再过两天，花再多的钱也找不到搬家公司了，那时大家都是保命要紧。“五一”前我去家具市场，大多数商家都关门了，卖家具的给我优惠了不少，还劝我没事儿别往外跑，怪危险的。

“五一”放假，你爸在新家带着你，我住在单位赶工作，放完假我再在家带你，这样我和你爸就可以轮换照顾你。你想吃肯德基，可是附近没有肯德基，为了安全起见，你爸就骑车带着你来回二十多公里去吃。平时我坐地铁上下班，非常时期因为单位同事怕我坐地铁传染病毒，我只得骑自行车上下班，来回有五十公里，骑了几天实在坚持不住了，也不管同事有没有意见，我还是坐地铁上下班。我非常清楚地记得：长长的地铁车厢里只有两个人，我在车厢的这一头，那个同样戴着大口罩的人远远地在车厢那一头。平时上下班时间车厢里都是挤得前胸贴后背的，如今坐在空荡荡的车厢里，却感觉身处一座空城、废城，空气里到处弥散着恐惧和焦虑。

据说板蓝根对非典有预防作用，北京城的板蓝根一时间被哄抢一空。单位不错，每天给职工分发特别熬制的中药。回到家我把中药分成三份，每人一份。中药很苦，难以下咽。你最棒，不仅自己先把药喝完了，还过来劝我和你爸赶紧把药喝了就会健健康康的。那些日子每天和你一起看书、做游戏，却是惊恐之中的唯一安慰。

好在，到了五月中旬，非典得到控制，工作、生活渐渐回到原来的轨道上，幼儿园也开园了。对于我们这些还健康的人群来说，总算是有惊无险；可是对于在这场疫情中失去生命、失去亲人的那些人来说，却是无法弥补的痛楚。

◆ 欢乐集锦 ◆

有时候你会把在幼儿园学到的歌舞表演给我们看，你唱着跳着、手舞足蹈，我们和着打拍子。

你喜欢和我一起“过家家”：你很认真地把“饭菜”盛到盘子里请我吃，又舀了一勺“汤”吹凉了递给我，小心翼翼地问我烫不烫。我“尝”了下说有点烫，你又拿回去再吹，吹完了你还亲自“喂”我。等我说不烫了，真好吃，你才满意地冲我一笑，然后又忙着做其他“菜”。有时我心不在焉地随口说烫，你会强调说：“豆豆吹过了的！”意思是都吹凉了，怎么你还嫌烫呢？见状我立马纠正说：“嗯，不烫了，真好吃，谢谢豆豆。”你答：“嗯，不谢。”

三岁时幼儿园文艺表演，你们班的小朋友演唱《小花猫》《小兵》。你吐字清晰、声音清脆，中间还惟妙惟肖地穿插模仿小猫的动作，可当你发现你爸在台下给你拍照时，你就边唱边朝你爸的方向走了过去，还是台上老师把你拽回合唱队伍中的。

你喜欢搭积木。你摆弄过来摆弄过去，搭了很多花样，有“小轮子”“小红旗”，还有“大房子”，有时候，你会像个小老师一样“手把手”地教我这个怎么摆，那个怎么放。

你喜欢缠着你爸比扑克牌大小。你发牌，悄悄地把花牌留给自己，一会好比过爸爸。你还和你爸一起“坐飞机”：你趴在你爸背上，你爸张开双臂像大鸟一样飞呀飞呀，你可高兴了，我在一边看着乐得都喘不过气来。

从两岁多开始，你就喜欢看动画片《猫和老鼠》，动画片里的猫和老鼠那么滑稽可笑，你定定地瞧着却没啥表情。直到五岁后的一天，你看着老鼠斗猫，突然咯咯乐开了，大概那时才明白其中的乐趣。

在北京的那几年，冬天经常下雪，屋外白茫茫一片。我们在楼下堆起大雪人，用荸荠做雪人的眼睛和嘴，用胡萝卜做雪人的鼻子。我们还一起打雪仗，玩得可开心了。

我们在小区附近空旷地放风筝。那是一片正待开发的地盘，挖掘出的土石堆积成小土包，你爬上去很兴奋，招呼我们："来呀，来爬山呀!"你还在"小山包"上举起剪刀手让我们拍照。回到小区，你牵着风筝一个劲儿地猛跑，想带出一阵风把风筝送上天，呵呵，你真有蛮劲儿。

幼儿园的圣诞联谊会上，你身着粉色小棉裙，对着镜子左照照、右照照，心里美美的，再涂上妈妈的口红，别提多漂亮了。爸爸、妈妈和你一起拼图片、吹气球，你还和妈妈一起用嘴叼了好几颗糖，门口的圣诞老人送了你好多小礼物。

从你两三岁开始，我和你爸隔三岔五地就会带你去北京动物园玩。见到小猴子荡秋千，你捂着嘴呵呵乐；看见地上有小老鼠在偷吃猴子的东西，你替猴子着急；看过小鸟、大象、熊猫、老虎、大鳄鱼后，你还特意让你爸领着你去看各种蛇，看到大蟒蛇时，还用手敲玻璃。问你怕不怕大灰狼，你说："不怕，大灰狼在铁笼子里，书上的是假的。"每次到了小动物园区，你总要买食物喂小动物，你把地上的食物指给野鸡，好让野鸡能找到你喂的玉米粒。有一只白山羊见你拿着胡萝卜，把头从栅栏底下伸出来，你就把手上的胡萝卜都给这只白山羊吃了，说它最听话。你喂麋鹿、喂骆驼，还喂过长颈鹿呢！我把你抱起来，你把小手举得高高的，让长颈鹿低下头伸出长舌头卷走你手中的小草，你一点儿都不害怕……

住在郊区那阵子，周末你爸经常骑车带着我们去后山钓鱼、烧烤，你坐前面，我坐后面。大山脚下有一个大水库，我们在水库边上的鱼池里钓了不少大鱼。回去的路上，你和爸爸愉快地喊着。快乐就是那么简单!

我们还去公园划船。在船上你对岸边芦苇种子感兴趣，让爸爸妈妈摘了不少种子，一个、两个地抛在水中听着声响。我们刚把种子从水面上捞起，你又把种子抛撒开，水面上飘着无数绿色的小点点，快乐也随着水波一阵阵荡漾开来。

当然我们去的最多的地方还是肯德基，那是你的最爱。我们几乎每周都会带你去吃炸鸡块、甜玉米、蔬菜汤，你边吃边乐，小嘴油乎乎的。儿童套餐你都吃过，还积攒了不少肯德基玩具，你特别喜欢在肯德基里的儿童乐园玩耍，爬上爬下，不亦乐乎……

能想起的就这么多了。尽管你小时候有很多不开心和哭哭啼啼的时候，如今在我的记忆里却已经越来越淡了，能想起的都是那些开心往事。

小学生的日常
（6至11岁）

◆ 慢半拍 ◆

我们也和不少家长一样，希望你能“赢在起跑线上”，希望你能进入更好的学校。家门口有一所公办学校，只隔了一个路口。但是这个学校的师资一般，附近不少家长舍近求远，托关系、花钱让孩子上人大附小（中国人民大学附属小学简称）、中关村小学。经常在上下班的地铁上看到一些抱着书包昏昏欲睡的小学生，小小年纪每天这样早出晚归，我看着都心疼。考虑到你当时相对滞后的理解和接受能力，我们选择就近上学，希望你能慢慢适应。

你做事情真的很慢。小学一年级时，你刷牙十分钟，细嚼慢咽地吃个面包也要十分钟，衣服穿好后扣几颗扣子还得五六分钟。做作业更是慢，一般孩子十五分钟的生词抄写，你通常要抄写半个小时以上，其间提笔落笔，反反复复，我看着干着急。除了在滑滑梯时看见你跑上跑下灵活迅速些，大多数时候你总是不紧不慢的。

因为你上的幼儿园在教学上没有硬性要求，因为没有送你上过学前班，更因为你在理解和表达上的滞后，再加上你在同龄孩子中月份偏小，一年级刚开始时，你学习很吃力，课后不少时间都用在写作业上了。很多时候老师教的知识别的孩子都已经掌握了，而你却需要一段较长的时间反复练习。

从一年级读到三年级，你的语文知识欠缺最多，遇上写小日记、写作文时，你就无所适从。我也想给你报课外班针对性地提高提高，但看到你日常语言表达上的不顺畅，还经常因为家庭作业哭哭啼啼，我实在不忍心再去剥夺你少有的快乐时光，况且就算送你去补习，也不见得有多好的效果。那时我最大的希望就是你能慢慢开朗起来——“慢”不要紧，只要你快乐，我相信你可以慢慢跟上来。

◆ 挫折中成长 ◆

–“差班生”–

三年级下学期，因为你爸调动工作，我们举家南迁到上海。原本你可以在我们住处划片区域就近上学，考虑到学校的师资水平，你爸还是托人把你插班到离家较远的一所重点小学。学校下午四点半放学，放学后我们把你托管在一家房屋中介里，等我们下了班再接你回家。

这所小学整体教学水平比较高，大部分学生都能顺利考进重点初中。学校平常教学坚持“以考代练”，天天小考，周周大考。比起你在北京的小学，这里学习节奏快、作业多，老师要求高。语文作业特别多，除了书本上的练习，课后还要抄写、背诵很多老师归纳的词语、古诗、名言，复习、订正学过的知识。数学、英语作业也比在北京上学时多得多。除了当天老师布置的作业，你还要花更多时间在反复的订正中。你每天早出晚归，疲于补作业、订正作业，经常熬到晚上十二点还没做完，第二天又早早起来补着头天没做完的作业，原来少有的快乐一扫而光。

你不仅是插班生，还是班上的“差班生”。在相当长的一段时间里，课后你经常被老师留下来单独辅导。因为插班借读，因为你的成绩影响全班的平均分，期末考试你被老师单独安排在办公室里考试，最后连成绩都没有（你平时成绩为C左右）。

为了让你尽快适应上海的学习，我和你爸想着法子给你补课。我们每天陪你做作业，给你讲解，可你怎么都不开窍，一首七言绝句翻来覆去背了半个小时还背不下来，好不容易背下来了吧，字又默写不出来。你哭哭啼啼、可怜兮兮、迷迷糊糊、昏昏沉沉……就这样，你在学习上的欠账如同滚雪球似的，越来越多。你整日都埋在作业堆里，我们也随你一样很难过，却又不知如何是好，我们真是为你着急啊！

一天傍晚，我和你在小区散步。想起新学的一首古诗，我和你一起背诵。你磕磕巴巴地总记不住，我忍不住说了你两句。你很委屈，抹着眼泪跺着脚大声哭号："我怎么啦？不就是背不下课文吗？不就是笨了些吗?!"当时我被你的哭喊给镇住了，嗓子像是被什么堵住了——我这是在做什么？怎么把你逼成这样？你还不到九岁啊！

我难过，我自责，我和你爸一起反思。虽然我们知道在很多方面你需要一个适应过程，但实际上我们还是太心急了，不断地要求你尽快赶上去。在新学校里，你平时忙着补习、做作业，几乎没有空暇时间。周末我们一起到郊区放松半天，但还是总惦记着你的作业。这样的节奏和压力，比起在北京的日子，差距实在太大，你惧怕学习，你不理解为什么大老远从北京到上海来"受罪"。

－"重见天日"－

我和你爸看着心疼，决定结合你的实际能力调整学习方法。数学口算作业，我从二十多道题目中抽出几道题让你做。题量少了，你做起来比较仔细，基本上都能算对。其他题我算好了让你抄答案，节约下来的时间由你爸有针对性地给你辅导其他薄弱环节。有些知识你暂时理解不了，特别是那些即便通宵达旦学习也不会有明显效果的内容，我和你爸就大致讲解给你听，写好了让你抄写。抄写也是一个学习的过程，如同你小时候学习数字和认识时间那样，我们相信过一段时间你就会慢慢掌握的……在我们的陪伴和帮助下，经过半个学期的持续努力，你在数学学习方面的潜能渐渐展现出来，有了明显的进步，还经常受到老师的表扬和鼓励。

四年级上学期，你数学第一次考了98分，而且是班上的第二名，真是令人鼓舞的好成绩！你希望我给你签字，并在卷面抬头处写下："很满意，希望再接再厉，争取更好的成绩。"没过几天，你又向我们通报你的英语成绩全班第一，你的进步可真大啊！

数学、英语提高比较容易，作文却是老大难！在北京，你写的作文时常被老师打回来改写。一有作文你就发怵，一有作文你晚上就睡得很晚。为了提高你的作文水平，我们到上海后给你报了课外作文补习班。很遗憾，花费了时间和精力，却看不到明显效果。即便我把作文框架和基本内容讲给你听，甚至把关键段落、内容、词语写出来，让你稍加补充，可你在书桌前坐足了半个小时，仍是只字未出。作文在你眼里似乎是一座跨越不过的大山，我得想想其他法子！

我开始帮你写作文：我和你一起构思，听听你的想法，说说我的构想。然后我在电脑上把作文写好，让你熟读几遍，并试着陈述文中主题，最后让你抄写。虽然我为你写的作文一样会被老师打回来修改，但比起以往通篇更改不知要强多少倍。我们一起写过《妈妈的爱》《玉不琢不成器》《我爱你含羞草》《我忙，但很快乐》《我脸红了》《这件事让我真感动》等，写作的同时我更希望你能在点滴之间感受到生活的美好和快乐。

渐渐地，你开始自己构思作文，你的作文水平有了显著提高。语文老师不仅表扬你，甚至还让你报名参加作文竞赛。再后来，你有感而发的作文更是让我们刮目相看……

在你的努力和坚持下，在我们的理解和帮助下，你慢慢地适应过来了。虽说在学习上还是很辛苦，但你被老师留下来的时间逐渐少了，有时候晚上九点半前就完成作业了。你的学习成绩进步很快，老师经常表扬你，你成为老师教导后进学生的榜样典型。

看到你的坚持和不断进步，我们还是那句话："相信自己，你是很棒的！"四年级下学期老师在《学生成长手册》中鼓励你说："你与三年级来我班时已发生了很大的变化，在自己的努力和老师、家长的帮助下，你有了很大进步，人也变得自信多了，老师真为你高兴。别停歇，老师期待着你与优秀生们站在同一起跑线上，在新的一年里取得优异的成绩。"

进入五年级，你数学经常考到九十分以上了，五年级上学期期末会考，你语文、数学、英语三门功课都拿到了A。你渐渐有了自信，彻底摆脱了当初“差班生”的阴影，我们和你一样，很开心……

这一路的艰辛与喜悦我至今还记忆犹新。六年级下学期在我的指导下，你写了作文《在挫折中成长》，从中再次可见每一个进步的来之不易：

在挫折中成长

在爸爸妈妈的关爱下，我慢慢长大，现在我比妈妈高了，我会给爸爸妈妈做饭、做家务。在老师的教育帮助下，我学会了帮助同学、尊敬师长。不过说起我的成长，却有一段比较曲折的经历让我至今难忘。

三年级下学期，我和爸爸妈妈一起从北京搬到上海。新学校里，老师讲课很快，布置的作业也很多。我上课有些听不懂，每天晚上作业要做到十一二点，考试经常考不及格。唉，我真的从插班生变成差班生了！我好怀念以前在北京的学校，没有那么多的作业，放学后有好多时间玩，那时我的英语经常考满分，可是到了新学校才发现差距这么大。每天都有堆得小山一样的作业在等着我，做作业、订正、补习，没有时间看电视，没有时间出去玩，我好烦。

后来我慢慢适应了，不再那么讨厌学习了。虽然作业还是那么多，但我被老师留下来的次数逐渐少了，作业有时候九点半前就完成了，学习成绩慢慢提高了，从四年级的C到小学毕业的2A1B。老师在班上经常表扬我的进步，让别的同学向我学习，我不再像刚来时那么不自信了。

升到初中预备班后，我的学习进步很快，上学期期中考试我得到了学校的“最大进步奖”，前不久我还在数学考试中考到班级并列第一名。我很喜欢学校里的一些课程，比如信息课、劳技课。我有好多好朋友，我觉得很快乐。

这段学习经历，我感觉就像是从珠穆朗玛峰跌到低谷，再从山谷里慢慢往上爬，终于见到了光明。这中间有爸爸、妈妈、老师的关心，更有我的不断坚持和努力才会有今天的成绩。

这就是我挫折中的成长。

◆ 童年记事 ◆

- 一年级的小豆豆 -

你爸工作比较忙，每天早出晚归，经常加班，大部分时间都是我和你在一起。每天早上我送你上学，放学后你在托管班做作业、吃晚饭，晚上下班后我再去托管班接你回家。你在托管班很听话，做作业也很认真。托管班老师都夸你是个懂事能干的小姑娘。你喜欢张老师，说张老师可温柔了，对你很好。

国庆节我们回爷爷奶奶家。你和弟弟互相谦让，相处得很好，两个人在一个房间里说说唱唱，不让别人进去。在公园里，我们一起坐“疯狂老鼠”过山车，你有些害怕，闭着眼睛，最后下来还是很兴奋。玩碰碰车，咱俩一个车，我掌握方向盘，带着你在场地上碰来撞去，你很开心。在竞技场上，你乐此不疲地往返，玩“空中荡漾”，抓着把手从缆绳一边荡到另一边，还在软桥上来回跑动，走浮动的木桩。回北京后按照老师的要求，我们选了几张照片制作了假期生活展。你在每张照片下面都一笔一画、认真地批上注释，不认识的字就用拼音替代，我帮忙贴了好多小贴画：有你和爸爸打拳的“我是拳王”、走在悬浮桥上的“桥太晃了”、在西安吃螃蟹时的“开心时刻”，有在大雁塔下一大家子的合影“我们聚齐了”，还有我们在西安鼓楼前咧嘴笑的全家福。

国庆后我们去植物园玩。在植物园你和我捡了好多地上的落叶，准备留着做手工。你还摘了好几个蒲公英，说要用蒲公英的种子做成小雨滴。你做了两张，都是你自己的创意——很棒哟！想到要和我们一起参加你爸单位组织的亲子拍卖会，你一晚上都很兴奋。在拍卖会上，你大方地拿着麦克风自我介绍，然后又介绍你拍卖的物品：“嗯，这是一个小水枪，里面装了水，只是旧的，这个卖 5 毛钱；这个塑料鳄鱼是会叫的，卖 2 元钱……”最后你在会场中央给大家背了《敕勒歌》（北朝民歌）。你的水枪、塑料鳄鱼、小图书、光盘，还有一盒拼插工具一共拍卖了 18 元，我用 4 毛钱帮你买了一个可折叠的小水杯，剩下 17 元 6 毛钱就作为你的零花钱。回到家你都还余兴未尽，张罗着卖这个、卖那个。

……

一年级很快就结束了，暑假你在外公、外婆家学会了游泳，在游泳池里，你就像一条灵活快乐的小鱼儿。在一年级下学期，我给你写了假期学习、生活总结：

豆豆一年级假期学习、生活总结

暑假的大部分时间是在外公、外婆家度过的。在近两个月的假期里，你在学习、生活、娱乐方面有着不少的收获：在外婆的帮助下，你学会了用废旧布块缝制沙包。虽然看起来针脚歪歪扭扭的，不太美观，但是你缝得很认真。装满了谷物的沙包还是蛮可爱的，你可以和同学、老师一起玩丢沙包了！

虽然没有机会参加社区劳动，但在家里你还是能够主动帮助外婆扫地、择菜，做些自己能做的事情，在公共场合保持个人卫生，自觉保护周围环境。

这个暑假你学会了游泳。你能够做到不怕苦、不怕累，在很短时间里努力掌握教练教的每个姿势。尽管你爸笑话你黑得像个小煤球，但是看见游泳池里畅游的你，我们心里感到无比骄傲——你真的很棒！

开心的事情还有很多，八月和大姨一家去上海游玩，看到了美丽的上海外滩，还去了科技馆参观。

当然，除了娱乐和游玩，假期里你按时完成老师布置的暑假作业，除此之外还认真复习了古诗、英语，相信在新的学期里你会做得更棒！

– 豆豆和豆豆爸 –

一年级，你问我们，爸爸妈妈可以生很多孩子，为什么只生你一个？你爸告诉你：因为爸爸妈妈想把所有的爱都给予你。

你爸是一个超级大厨，经常给我们做各种好吃的，在你四年级写的作文《我和爸爸》中可以闻到你爸那份色香味俱全的父爱：

我和爸爸

都说女儿是妈妈的小棉袄，可在家里，我和爸爸的关系最亲密。爸爸不仅关心我的学习和生活，还是我最好的朋友和伙伴。我们经常在学习之余一起做游戏，有时候还一起做饭呢！

我最喜欢和爸爸做的游戏就是"骑马"。爸爸趴在地毯上，我以最快的速度爬到爸爸背上对着爸爸叫道："驾！驾！"爸爸一声"起驾喽！"，身子开始左晃右晃，想要把我甩下来。我双手紧紧抱紧爸爸的肚子，紧闭双眼，感觉像坐过山车一样。一会儿爸爸又前后晃动，害得我怎么也抓不住爸爸的肚子，一点一点地被爸爸从背上颠下来，最后我们都笑成一团。轮到我当小马了，爸爸就骑在我的背上，拍着我的屁股啪啪响。爸爸太重了，我只得像泥鳅一样往前爬，气都喘不过来，他笑着说："呵呵，这下可锻炼身体了！"

我还喜欢和爸爸一起做比萨。爸爸把一张面饼擀好盛在盘子里，我自告奋勇当爸爸的小助手。我拿牙签把面饼戳些小孔，然后把西红柿酱在面饼上抹匀。这时候爸爸会切好比萨奶酪和各种蔬菜给我，我负责把奶酪、蔬菜一层一层地铺上去。比萨烤好了！香喷喷的比萨吃在嘴里，乐在心里。这比萨做的色香味俱全，更主要的是，它是我和爸爸配合默契的成果。

- 妈妈的一巴掌 -

在学校里，你似乎都是乐呵呵的。可是在家里，你却经常哭泣和生闷气。有时候是因为作业做得比较拖沓我说了你，有时候是因为早上没睡醒不愿意起床、洗漱慢腾腾我说了你，有时候我们也不知道为什么，奶奶说你和她小时候一样难缠。

一年级开学不久，晚上不知因为什么事情我生你的气了。你一个人回到自己的房间，准备第二天要带的书本。睡觉前你跑出来把装太阳眼镜的小包拿给我，一句话没说，就回房间睡觉了。过了好久，我才想起看你拿过来的小包，奇怪你干吗把它拿出来。打开一看，里面有两颗小星星，原来是你刚折好送给我的。看见已经睡着了的你，我忍不住流下泪来：刚才对你那么凶，真是不应该。

二年级的一个早上，因为你起床磨磨蹭蹭，我忍不住打了你一巴掌，你哭了，不肯吃早饭。我更生气了，把门锁上，坚持你吃了早饭才能上学。没想到你竟然要翻窗户出去上学。吓死我了，六楼啊！要不是我及时阻止，真不敢想。我自责、伤心，后悔不已。看见我落泪，你轻声地对我说：“妈妈，我错了。”其实你没什么不对，错的是我。我不该那么着急，我不该打你，我不该锁上门。接下来的几天里，你特别乖，学习更主动认真了，还时不时会蹿到我跟前跟我做鬼脸、撒撒娇，好像之前的事情没有发生一样。可是我的心里过不去，周末带你去吃你最喜欢的肯德基，我向你郑重地道歉。回想事情的来龙去脉，我写了一封信放到你的床头，你看完后悄悄地回复我一张小纸条，上面写着：“妈妈，我爱你！”我好感动，也很内疚，后悔不该对你那么粗暴（这段往事收录在后面的“冲动的一巴掌”中）。

– 小淘气包 –

还有不少琐碎的快乐时光，记录在你的作文里，比如五年级你写的作文《小时候，我很淘气》与《童年趣事》。

小时候，我很淘气

小时候，我是个淘气的小女孩子。因为我总想装扮成大人的模样，就把妈妈的高跟鞋和漂亮衣服翻出来给自己穿上，结果把家里翻得乱七八糟。妈妈总是笑着说我太淘气。

记得一年级的寒假，我一个人在家看电视，电视里有一群大姐姐在跳舞。看见她们穿着漂亮的衣服，脸上化了妆，非常美丽的样子，我突然打起了妈妈化妆品的主意。我学着妈妈平时化妆的样子，用粉扑扑粉，用眉笔描眉毛，涂眼影，刷腮红，最后抹口红。我想：“哈哈，我现在一定比电视里的大姐姐还要漂亮！”我迫不及待地拿来镜子照自己，呀！我把自己化成了红一片、蓝一片了，成了一个小花猫脸了。我觉得挺可爱的，想把妆留着，等妈妈回来让她大吃一惊。想到妈妈看见我时惊奇的样子，我兴奋不已……

妈妈回家了，我迎上去朝妈妈做了一个笑脸，妈妈一看，被我那可爱逗人的模样逗得笑弯了腰，问我：“你是不是偷偷用我的化妆品了？”“是啊！”我自豪地笑着回答。妈妈赶紧拿毛巾把我的小脸擦干净。妈妈告诉我，小孩子是不用化妆的，只有在电视上、演出时才会化妆，那些大姐姐就是这样的。小孩子的脸天生就是最可爱的，不用化妆，化妆品对皮肤也是有害处的，妈妈平时化妆是因为工作需要。

我记住妈妈的话，明白了小孩子不化妆也永远是妈妈心中最美的人。

童年趣事

五岁生日那天，我收到了许多生日礼物，有玩具汽车，能吹泡泡的神奇彩笔，还有可爱的小蜡兔。我最喜欢小蜡兔了，它造型可爱，洁白无瑕，玻璃珠做的眼睛红通通的，像两颗闪闪发光的红宝石，美丽极了。

小蜡兔不仅是我最喜欢的礼物，而且是我最要好的朋友。我把小蜡兔放在床头上，每天睡觉前我都要给它讲故事、与它说说话。

有一天，我不小心把果汁洒到小蜡兔的身上，我想：呀！我的小蜡兔脏了，以后怎么和我在一起啊？我灵机一动，想出了一个好主意——给小蜡兔泡个"温泉澡"吧！我在小盆子里倒满水，然后把小蜡兔放进去……过了一会儿，我回来接小蜡兔，眼前的情景让我大吃一惊：我的小蜡兔不见了，它跑到哪里去了？我跑去问妈妈，妈妈说："没看见啊！""那我的小蜡兔跑哪里去了呢？"我急得直掉眼泪，又跑回卫生间，发现我放小蜡兔的小盆里有一团软绵绵的白色物体浮在水上，小蜡兔宝石般的眼睛都掉到水里了。"哎呀，妈妈！我的小蜡兔牺牲了！"妈妈赶紧过来看，对我说："傻孩子，哪能用热水泡小蜡兔呢！它会软掉的。"

哦，是这样啊，我摸着自己的后脑勺，不好意思地跟妈妈一起哈哈大笑起来。以后呀，我可不能再干这样的傻事啦！

– 巧克力和冰激凌 –

小时候你特别喜欢吃巧克力，你爸经常给你带国外的巧克力，外公、外婆、大姨也经常送你巧克力。你鼻子爱流血，很多次都是你"偷吃"巧克力的结果。虽然你也爱吃冰激凌，不过你还是比较克制，知道吃多了会闹肚子，为此写了作文《都是冰激凌惹的祸》，你说"大家可要牢牢记住，再好吃的东西也不能一次吃得太多，一定要搭配着吃"，可是遇到巧克力，你又把所有的告诫统统抛到脑后了。

都是冰激凌惹的祸

大家好，我是人体的一个不可缺少的器官——胃，我的小主人名叫乐乐。说起冰激凌，那可是许多小孩子的最爱呢！但是吃多了可会闹肚子的！我就遭了一次这样的罪。

放学了，乐乐跑出学校。在回家的路上，太阳火辣辣的，烤得乐乐汗流浃背，这时路边的小贩叫着："买冰激凌咯！买冰激凌咯！好吃的冰激凌！吃了还想吃！""今天真热呀！"乐乐叫道，"我可要吃个够！"说完他立刻奔向冰激凌店："阿姨，我要六根冰激凌！"

“哦，我的天！我可遭殃了！不要！”不管我怎样呻吟，乐乐还是听不见……

乐乐美滋滋地回到家后，还没做完作业呢，就捂着肚子大叫：“妈妈！妈妈！我的肚子好疼！呜——”他哪里知道，不光他难受，我更难受。原本我是大豌豆形的，现在都拧成了麻花了，肚子里的东西都在玩过山车！

乐乐疼得躺在床上翻来覆去，我也跟着乐乐翻江倒海，直到乐乐跑到卫生间里“扑哧——”“好舒服！”乐乐揉了揉小肚子，顿时我也感到舒服极了。

大家可要牢牢记住，再好吃的东西也不能一次吃得太多，一定要搭配着吃，要不然会像乐乐那样闹肚子的。

– 两只小黄鸭 –

你喜欢各种小动物。春天天气暖和了，路边卖的小黄鸭毛茸茸的，好可爱，你见了挪不开步子。过去家里养过鸡、鸭、猪、兔，其实我也很喜欢鸭子。我买了两只小黄鸭，希望你能开心些，还能从喂养和观察中搜集作文素材，不过很遗憾，因为我的疏忽，不小心把小黄鸭给淹死了。当时你很难过，一边做作业，一边悄悄地抹眼泪。到了五年级，你还记得那对可爱的小鸭子，写下作文《都是爱心惹的祸》：

都是爱心惹的祸

去年春天，妈妈从市场上买回两只伶俐可爱的小鸭子。它们身上的毛软软的，两只绿豆般大的黑眼睛滴溜溜转。我给它俩各起了一个名，一只叫小黄，另一只叫小灰。

小黄和小灰可爱极了，我每天早上起床、放学后的第一件事情就是看它们，看看它们的嗉子①是不是瘪了，生怕把它们饿着了。我经常拿小米和菜叶子喂小鸭，小灰和小黄对我倍感亲切，乐颠颠地跑过来吃，还总用它们扁扁的嘴巴把我的手挠得痒痒的，我既害怕又开心，真是让人爱不释手呀！

周末早上，天气暖和了，我想：“小鸭子太脏了，该洗澡了。”我立马把水池子放满了水，把小鸭子放到水池中，两只小鸭子在水中“呷呷呷”欢快地游着。

等我写完作业后去水池看小鸭子游泳，哎呀！原本活泼可爱的小鸭子静静地躺在水中，眼睛再也睁不开了，它们死了！我伤心极了，小鸭子到我们家已经两个月了，它们是在我的关怀下长大的，可是我的爱却让它们死了。妈妈也很惊讶小鸭子为什么会死在水池里。我到网

---

① 嗉子：又称嗉囊，是鸡、鸭等禽类食管后段暂时贮存食物的膨大部分。

上查到：原来是小鸭子太小，在水里游的时间太长了，它累了就沉下去被淹死了。

小黄和小灰的死没有打断我对小鸭子的喜爱，我对自己说："明年，再买两只小鸭子，我一定好好照顾它们！"

– 小作文大道理 –

四年级指导你写下作文《玉不琢不成器》，希望你能慢慢领会其中真意：

玉不琢不成器

我有一块晶莹剔透的玉佩吊坠，是一个大肚子弥勒佛。这个弥勒佛笑容满面，栩栩如生。弥勒佛肚子圆滚滚的，上面有一个小小的肚脐眼。听着妈妈给我讲解玉佩的雕刻过程，告诉我"玉不琢，不成器"的道理，我忽然想起了姐姐学习钢琴的事情。

姐姐五岁的时候就开始学钢琴。姐姐每天在家要练习一个小时，每周要去上钢琴课，每年还要参加升级考试。姐姐慢慢地不想练琴了。有一天，姐姐为了耗那一个小时，就瞎弹，结果被大姨发现了。大姨回到家问姐姐："你今天弹好钢琴了么？""弹好了。"大姨听了火冒三丈："那我怎么在楼下听见了乱七八糟的琴声呢？"这回姐姐被大姨说得哑口无言。"重新再弹一遍！"大姨命令姐姐。姐姐含着泪水回到钢琴座上接着弹琴，不一会儿泪流满面，开始跟大姨顶嘴。大姨拿起晾衣架就打姐姐，姐姐又哭又叫，大姨气得把衣架都打断了……姐姐在大姨的批评和教育下坚持弹钢琴，最后考下了钢琴八级。

妈妈告诉我，小孩子就像是一棵小树，要是小树长歪了没人管，长大后就会长成歪脖子树。只有在爸爸妈妈和老师的关怀和帮助下，加上自己的努力，我们才能不断学习成长，长大成为一个对社会有用的人。想到姐姐弹琴的事情，我明白了妈妈说的那些话。我想，如果没有爸爸妈妈平时的提醒和要求，我的笛子也不会吹出现在这样优美的旋律。

五年级时，你写了一篇作文《我最喜欢的一个字》，我很高兴看到你对"信"这个字的理解，并将之付诸行动，希望今后你能坚持做到"信"守承诺，尤其是对自己：

我最喜欢的一个字

汉语中的文字有成千上万，意义各不相同。汉字很有趣，两个简单的汉字合在一起还能组成一个新的字，比如"信"字，就是"人"和"言"加在一起的。这个字给我的印象最深，因为这个字告诉我做人要守信。

记得二年级放学时，我和小伙伴一起在小区玩滑梯，我们可开心了，玩到天黑了还意犹未尽。回家前，我和小伙伴拉钩，定好周末下午三点再过来一起玩。临走前小伙伴再三叮嘱我："说好了一定要来呀，谁不来谁就是小笨猪！"我说："好，一言为定，谁不来谁就是小笨猪！"

周末和小伙伴约定的时间就要到了，我匆匆忙忙要出家门，被妈妈叫住了。妈妈笑眯眯地问我："你这是要去哪里啊？""我约好了和小伙伴去滑滑梯。"我回答。"别去了，你陪妈妈去超市吧，妈妈给你买块巧克力。"哇！巧克力，那可是我的最爱！可是我又不想变成一头小笨猪呀！无论妈妈用什么方法来诱惑我，我都丝毫没有动摇，最后妈妈"投降"了，我才安安心心地跑出家门。一路上我开心地唱着："啦啦啦，啦啦啦，我不是一头小笨猪……"当我跑到滑梯处，小伙伴正坐在椅子上等着我。小伙伴看看手表，笑呵呵地对我说："真悬啊，差一秒钟你就变成小笨猪了。"听到小伙伴这么说，我那提到嗓子眼里的心终于放下来了，我们一起开心地玩起来……

"信"，是我们人人应该做到的。所谓"君子一言，驷马难追"，就是指说到做到，绝不能失约。

- 我爱你含羞草 -

五年级下学期，老师布置家庭作业，要求你们写一篇作文，主题是植物。老师说，不要再写什么牡丹、荷花的，因为老师已经读倦了，希望你们能写些新颖的主题。想起家里盆栽的含羞草，于是在我的指导下，你写下了这篇我自认为有股小清新气息的作文——《我爱你含羞草》：

我爱你含羞草

春天，我家的阳台上五彩缤纷，有鲜艳夺目的山茶花、娇艳欲滴的凤仙花、清香扑鼻的水仙花，还有我最心爱的含羞草。

含羞草长着深红色的茎，茎的最上端是嫩绿色的，翠绿的叶子尖上带一点紫红色。叶子很小，还没有我小拇指的指甲盖大。它们紧密地排列在一起，每组叶子之间都有两三朵小花，椭圆的，没有花瓣，只是一条条细细的"小针"，远远看去就像粉红色的小球。

我经常给含羞草浇水，还给它"挠痒痒"，和它做游戏。我用手指轻轻地碰含羞草，它的叶子马上就合在一起，茎秆开始下垂，就像一个羞答答的小姑娘。要是我再碰重一些，含羞草的整个枝杆都会耷拉下来，好像枯萎了一样。尤其是到了晚上，没等我去碰它，含羞草就自己休眠垂下去了，真的太有趣了！

每天早上我都要去阳台上看看我的含羞草。清晨的含羞草亭亭玉立，枝叶伸展，我会对它吹口"仙气"，含羞草以为是春风呢，只是轻微地把叶子合拢，过了一会儿又恢复原来的样子了。

含羞草虽小，但生命力很强，我很喜欢它：喜欢看到它害羞地合拢，喜欢看到它慢慢地舒展，更喜欢它柔弱中带着刚强的个性！

– 忙里偷乐 –

再次读到你的这些作文，过去那些场景又浮现在眼前，很多时候你很快乐，也很可爱。五年级时，你写了作文《我忙，但很快乐》：

我忙，但很快乐

春天来了！柳树舒展开了黄绿嫩叶的枝条，在微微的春风中轻柔地拂动，就像一群群身着绿装的仙女在翩翩起舞。夹在柳树中间的桃树也开出了鲜艳的花朵，绿的柳，红的花，真是美极了。我的心也像"惊蛰"的小虫子蠢蠢欲动起来，我得赶紧去种我的蒲公英。

"春分麦起身，一刻值千金"，这个周末我不再睡懒觉，一大早跑到阳台上，和妈妈一起"种地"。

我学着妈妈的样子把盆里的土翻出来，拔掉杂草，然后把土块细细碾碎，去除土里的老根茎，最后一捧一捧地把清理过的土放进专门育苗的盒子里。

该播种了！我拿出珍藏已久的蒲公英种子，把一颗颗带着冠毛的小种子均匀地洒在整理好的土面上。一阵微风吹来，哎呀！我的小种子像冬天飞舞的雪花漫天飞去了。我赶紧加快速度，把细细的泥土一层又一层地铺在蒲公英种子身上，直到把它们盖得严严实实。

蒲公英种子睡在土里，我给它们浇水，让它们喝得饱饱的，盖上育苗盒的透明盖子，放在暖和的太阳底下，让它们睡一个舒舒服服的大觉！

不知不觉过去了好长时间，我忙得忘记了喝水、找东西吃了。我开心地看着我的蒲公英，真希望它们能早点发芽，快快长出翠绿的叶子，长出一朵朵梦幻般的小伞，带着我的梦飞向远方。

豆蔻年华，矛盾升级
（11 至 15 岁）

◆ 择校 ◆

小升初择校矛盾又纠结。按我们住所区域划分就读的那所普通中学，往年高中升学率为 50%，其中区重点高中升学率为 15% 左右，市重点高中升学率不到 3%。我们都知道百米预赛中分组的重要性：如果分在水平普遍较低的一组赛跑，就算跑在前列，将来也有可能失去晋级资格。所以我们担心你在这所普通初中读书，四年下来可能与重点学校学生的差距越拉越大。

五年级上学期期末会考，你考出了 3A 的好成绩。在我们的鼓励下，你在向往重点初中的同时又有了新的顾虑。你问我：会不会上了重点初中学习又跟不上？虽然我希望你能上重点初中，但我也有着和你一样的担忧。想到你又要开始更为艰难的追赶，我就心有不忍——小学转学的那段经历，对我们来说，冲击太大。

尽管这两年你进步很快，但我知道，你和那些能顺利考上重点初中的孩子在综合学习能力方面还存在不小的差距。按你目前的学业水平，在普通学校学习都不能保证名列前茅，更何况是在重点学校。我担心你进了重点学校不能很快适应，更担心好不容易才建立起的自信又一落千丈。可是如果在普通学校读书，又担心你将来考不上好的高中、考不上好的大学……我犹豫徘徊。五年级下学期，你的期中会考成绩为2A1B（其中语文为B），没有达到重点中学3A的要求，因为，你在语文方面欠缺的知识还很多。

在择校方面，我和你爸第一次有了明显的分歧。你爸希望尽其所能托关系、找人帮忙把你送进重点学校。那段时间看到你学习磨蹭，你爸少了平日里对你的耐心，忍不住要狠狠说教你一番。

说实话，就算没达到3A，你也已经做得很好了。当然，无论你进步有多大，差距还是客观存在的，我认为上普通中学可能更适合你。你爸很不认同我的分析和意见，那段时间我们关系比较紧张，一点小事情就会引发不愉快。有一天，你哭着对我说："干吗一定要上重点中学嘛？托人、找关系，不就跟考试作弊一样嘛？"

"是啊，你说得很对。"你道出我憋了很久的心里话，"既然我们没有考够分数，那我们就上普通中学，只要努力，同样不会差！"

因为成绩不够提档，因为进重点初中困难重重，最终你就近入学。知道这个消息时，我心中的石头终于落地了，如你爸说的那样，这正是我期盼的结果。是的，如此你不用早出晚归，得失也尽在其中。

以前在北京上学时，放学后你经常和同学在小区里一起玩耍。可是这两年因为学校离家远，平日里我们车接车送，你都没有机会和同学在一起玩，想到你孤孤单单没有朋友，我就很难受。现在好了，这个初中离家近，上下学很方便：几分钟的车程，你可以自己走回家，也可以骑自行车上下学，或者搭乘超市班车，再不用像以前那样披星戴月地花大把时间在拥堵的路上了！特别是，小区里有同班同学，还有你的好朋友……似乎又回到在北京时的生活，轻松和惬意。

然而，你就读的这所初中的升学率确实令人堪忧。全年级一共240名学生，按历年升学统计，大概能考上市重点高中的不到10人，这10人中间还包括四五名推荐生，能上区重点的也就十几个人。也就是说，除了排在前三十名的学生能考上好一点的高中，剩下的学生有一半将分流到职业高中、中专、技校，相当一部分学生只能在普通高中就读。普通高中，别说上重点大学，就是将来想进入中等水平大学的概率都很低。考虑到学校的升学率和你的实际能力，我们给你定下进入年级前三十名的学习目标。

进入初中以来，你的学习成绩不断提高：从班级“最大进步奖”到年级数学竞赛一等奖、“三好学生”；从刚入校年级排名一百名左右到稳定在年级三十名以内；初二上学期期中考试你还取得了年级第十四名的个人最好成绩；你在数学、物理方面学习比较突出。最终你考上一所区重点高中，实现了当初“只要努力，同样不会差”的誓言。在这所普通中学，你不仅学习进步快，而且你收获了自信、友爱和快乐。我想，当初的选择是对的。

◆ 点滴记事 ◆

– 最大进步奖 –

初一期中考试年级排名上升了三十九名，老师给你发了一个“进步最大”的奖状。拿到奖状和奖品，你表面上比较淡定，但我看得出你还是很开心的。征得你的同意，我们把奖状贴在客厅里——这面墙就是你的光荣榜。看着墙上的奖状，我有些激动：“看，你有多棒，已经是班级里的优秀学生了。”你很谦虚：“那是优秀学生的垫底。”你似乎还有些不自信，我说：“成绩不是最重要的，重要的是要知道学习中有哪些不懂的地方，认真学习和复习，保持好的学习心情，相信你还会有更大的进步。”

– 关爱同学 –

你在初一作文《写给老师的一封信》中又回想起幼儿园的楚老师，你很感谢他对你的帮助，同时你也是那么善良地帮助着身边的同学，你在作文中写道：“虽然这么多年过去了，我还是时常会想起您，您的关爱和帮助陪伴着我，使我懂得了要真诚、友爱地对待身边的每个人。现在班上有一个同学学习不好、爱吹牛，大家都不喜欢她。虽然这个同学我也不是很喜欢，但是看到同学经常欺负她，看到她一个人在班上孤独的样子，我就会想起您曾经对我的帮助。我主动和她说话，劝说欺负她的同学不要再欺负她，帮助她的同时我也收获了友谊，慢慢地，我发现，其实这个同学也有不少优点。”

－ 生活中的启示 －

初一作文《这也是收获》：

这也是收获

秋天的郊区是这番景象：房顶上、窗户上、电线杆上，到处都是一大堆一大堆、一大串一大串的苞谷。

秋天的果园是这番景象：火红的柿子像姑娘羞红的脸蛋，又像一个个挂满枝头的小灯笼，一个个金黄色的橘子散发出了诱人的清香。

这些是什么？这些是农民伯伯们的收获。

其实收获并不只是物质上的，它还有精神上的。知道吗？我在最近就有一次精神上的收获。

几个星期前，学校组织各年级进行一次以班级为单位的定点投篮比赛。每班限定 5 男 5 女，我也被选在其中，因为我在一次体育课上进行定点投篮时 5 投 5 中，但我知道这其中绝对是包含运气成分的。

可是逐渐地，我不自信了。在一次晚管①练习时，我竟然一个球都没有投进。我心里十分害怕自己会拖班级后腿，当班级的尾巴。尽管有几个女同学安慰过我，可我还是很担心。

比赛那一天，我觉得我心跳的频率比平时快了好多。但是临近比赛时，我惊奇地发现自己的心竟然平静了下来，我想这就是收获吧。

比赛时，看着班上同学的超常发挥，我又给自己很大压力……

轮到我了，我忐忑地走到指定范围内屏气凝神，瞄准目标，果然来了一个开门红。第二个打偏了。在投第三个球时，我想到《爸爸的花儿落了》这一课中爸爸的话：“无论什么困难的事，只要硬着头皮去做，就闯过去了。”随后我又投进一个球。最终进了 3 个球，我开心地松了口气，还好没有给班级拖后腿……

比赛成绩公布了，我们班是第一名，和第二名相差一个球。真是有惊无险啊！

---

① 晚管：晚自习管理的简称。

通过这次比赛，我发现我的心理素质比以前更好了，想必这也是收获吧。

你能有这样的体会和认识，我打心里为你高兴。的确，心态很重要。有时候越看重结果，压力就越大，越不能有良好的表现。努力了，实现理想和目标真不是难事。加油！

— 我的心事 —

你在初一写的课堂作文《我的心事》，虽然老师评分不高（满分40分，老师评分29分），不过我还是很欣赏你的思维角度——十三岁了，半个大人了。

我的心事

我的内心深处被打了一个结，那个结是什么呢？是一个让我想不通的问题：人性本善还是人性本恶？

我永远记得，那一天晚上我捧着一本书，看着一篇题目为"征服的人性"的文章，就是这篇文章使我想到了那个问题。

一名劫犯在抢劫洛杉矶银行时被警察包围，无路可退。情急之下，劫犯顺手从人群中拉过一人当人质。他用枪顶着人质的头部，威胁警察不要走近，并且呵斥人质要听从他的命令。

警察从四面包围，但不敢上前。劫犯挟持人质向外突围。突然，人质大声呻吟起来，最后竟然成了痛苦的呐喊。

劫犯慌乱之中才注意到人质原来是一个孕妇。她痛苦的声音和表情证明她在极度惊吓之下马上要生产了，鲜血已经染红了她的衣裙，情况十分危急。

劫犯犹豫了。终于，劫犯缓缓放下枪——他将枪扔到了地上，随即举起了双手。警察一拥而上，围观者竟然鼓起了掌。

孕妇不能自持，众人要送她去医院，已戴上手铐的劫犯忽然说："请等一下，好吗？我是医生！"警察迟疑了一下，劫犯继续说："孕妇已无法坚持到医院，随时会有生命危险，请相信我。"警察终于打开了劫犯的手铐。

一声洪亮的啼哭惊动了所有人。大家高声欢呼，相互拥抱。劫犯双手沾满鲜血——一个崭新生命的鲜血，而不是罪恶的鲜血。他的脸上挂着职业的满足和微笑。人们向他致意，忘了他是一个劫犯。

读到这儿，我纳闷极了：说他善良，他却是一个抢劫银行的劫犯；说他邪恶，他却挽救了一个新生命。

同样的问题，我还问过我的一个好朋友，她给我的回答是："人性不是天生的，是后来养成的。"

我相信没有人能给我一个满意的答案，还是让我自己慢慢领悟、破解这个问题吧。

善恶原本是两个对立面。我更相信人性本善，读到你写的作文，我和你一样有份感动和痛心：是怎么样的境遇令他弃善从恶，选择了一条不归路？还好，那个劫犯最终弃暗投明，尽管为此要付出沉重代价。

我很想和你探讨，但是不知从什么时候开始，你已经不再像小时候那样需要我们的指导，哪怕是一点点的建议。你有你的思考。在这个阶段，你更需要的是同伴的理解和支持。我有些失落，经常想起你小时候依偎在我左右的日子。但是，我也知道，现在需要尽快去适应和接受你的成长。我想，我能做到的是以实际行动代以言表，让你感受到人间的真善美，无形中帮助你更积极客观地面对社会和生活。

– 眼睛瞪酸了 –

初二上学期，晚饭过招：

我对你说："夹些蔬菜吃。"

你："吃完饭后再吃，别烦我。"

我："跟你说是因为你总吃肉，菜吃少了。你干吗说我烦？"

你："以前跟你说'好'，那是在应付你。怎么这么多话？"

我："我只是希望你能吃些蔬菜，怎么就话多了？"

你瞪着我："你话还不多？"

我不示弱："我话不多。"

你一动不动地瞪着我。我不再说话，埋着头吃饭，而你却一直瞪着我。等到我抬头和你直视片刻后，我和你瞪得眼睛都酸了，我忍不住笑了说："你还挺能坚持哦？"你也笑了，我没再劝你或解释什么，你还是夹了菜吃了，比平时要多些。

饭后你坐在沙发上，让我把遥控器递给你。平时你生气时不理我，还会绕道离我远远的。今天你并不太生气，还让我给你拿橘子。晚上作息时间安排得比较自觉，没让我催你。

还好，不愉快是暂时的，不要让不愉快过夜就好。

— 到底是谁不了解谁 —

初二上学期的一个周一晚上，我开车到学校接你，你坐在车里不说话，沉着脸一副不开心的样子。开过一段路，我问你是不是等久了。你没好气地回答：“何止是等久了！”“还有什么事情让你不开心了？”我想可能会有其他什么缘故。“老师让我写征文！”你愤愤地回应道。哦，这样子，原来课堂上老师点名要你写周末学校组织看的小剧场的观后感征文。挺好的事啊！你回家在QQ签名上留言：“为木是我写征文？我要睡觉！”①

晚上十点多你才在电脑上敲完作文。你有些兴奋，让我猜你的作文写了多少字。三百？五百？原来你一口气写了八百多字，看来有内容还是好写的，你满意并且得意地去睡觉了。

你爸看到你在QQ上的签名，问我怎么回事。我说大概是因为要写征文，不能像往常那样上网游戏了，你心里有些怨气吧。不过能被老师点名写征文还是件好事，毕竟得到了老师的认可和关注了。第二天看过你的征文，感觉眼前一亮，你的题目是“到底是谁不了解谁?”，你有你自己的视角，开始学着“换位思考”：

到底是谁不了解谁

上个星期，我们年级组织了一次观看校园剧的活动。

这个校园剧讲了几个青少年的故事。

其中一个女孩，是这个班的班长，成绩优异，同时也是火炬手的候选人，她的志向就是像她妈妈一样在山村支教，但是她妈妈却因为意外去世了。这个女孩的爸爸是学校的副校长。有一次，这个女孩偶然得到了一次去山村支教的机会，她的爸爸却坚决阻止。女孩十分诧异，怎么想都不明白为什么爸爸会阻止自己。在和一个男生的对话中，更是听得糊里糊涂。一次偶然的机会，女孩偷偷听见爸爸与班主任的对话，知道自己的妈妈就是因为去山村支教，为了保护孩子们而逝世的，也终于明白了爸爸为什么阻止自己去

① 因本书要体现孩子的真实世界，有些网络用语和作文稍作修改后，基本采用原文。

山村支教。后来，女孩的爸爸仔细地想了想，再加上同学们的帮助，他最终同意让女孩去山村支教，女孩的愿望终于得以实现。

另外一个女孩，是从山村来到大城市的女生，同时也是火炬手的候选人，她最大的愿望就是替自己得了风湿病的奶奶买一床厚厚的被子。她在校期间，同学们都感受到了山村人的纯朴，为了在不伤害她自尊的情况下帮助她实现愿望，自发组织了一系列秘密的讨论与活动。当她知道同学为自己做的一切时，她感受到了城里人的热情，在知道班长的妈妈就是因为救自己而逝世后，更觉得自己对不起大家。

最后一个男孩，是班里优秀的男生，热爱画画，在同学都以为他们三个人都是火炬手的候选人时，这个男生却突然爆出来一个惊天的消息——他自愿退出火炬手的竞争。在班长的"逼问"下，他终于说出了事情的真相：他妈妈担心成为火炬手的候选人会影响他的学业。在和班长的对话中，他得到了几许安慰。回到家后，不经意间被妈妈发现了他的画本，他又被狠狠训了一顿，当他的妈妈看见画本中儿子画的自己时，愕然惊呆了，在听到儿子的想法和对自己的保证后，妈妈同意他参加美术比赛和火炬手竞选。

看完这个校园剧后，蓦地，一个问题蹦出我的脑海："到底是谁不了解谁？"

以第一个故事为例，女孩不了解爸爸的想法，不知道爸爸是因为担心自己发生危险而阻止自己；爸爸也不了解女儿的想法，不了解女儿对到山村支教的渴望，只是一味地阻止，差点让女儿无法实现愿望。

我们再以第三个故事为例，男孩不是非常清楚妈妈的想法，认为妈妈只是希望自己有好的生活，毕竟他还没有子女，那种望子成龙的心情不会像他的妈妈一样深刻；妈妈更不了解儿子的想法，非常死板，非常固执，只相信学习好、成绩好，她儿子的未来才会好，反对儿子做任何"影响"学习的事情。

由此看来，似乎我们都不了解父母，父母也并不了解我们，但是当我们互相了解后，两代之间的矛盾定能很快化解。所以，我们应该多为对方着想，从对方的角度看待事物，不是吗？

— 节日快乐 —

"嘿咻……节日快乐！"母亲节收到你在 QQ 上发来的祝福，我心里涌起一股暖流，不经意间眼眶润润的。

相对同龄孩子，马上就满十四岁的你平常感情不外露。但没想到你还是能这么贴心地想起我。我赶紧回复你："呵呵，收到。"同时给你一个动画笑脸。你主动在 QQ 上告诉我，作业就差一点点了，我回你："嗯。"

不久后的“六一”儿童节，我买了你爱吃的零食，给你 QQ 留言：节日快乐！超级大儿童！

你有一个大姑娘的外表，可有时候还是一个小孩子，喜欢吃巧克力、冰激凌和各式美味。

- 老师表扬了 -

初三上学期放学回来的路上，你看起来挺高兴。你告诉我，今天化学课上老师表扬你了。

“哦?”在等红灯的路口，我双手给你鼓掌：“说来听听，老师表扬你什么了?”

“也没什么，就是老师说我的化学课后笔记整理得很好，给其他同学展示了下。”你一贯低调。

我：“我看过你以前做的笔记和整理的笔记，是很不错的。”

你：“也就是那天有空，我把化学相关内容都整理到一起了。”

我：“嗯，这样的学习方法真的很好，课后整理和复习，是个好习惯!”

你：“也就这么一次。”

我：“有一次就不错了，有了第一次，就会有第二次，慢慢就养成了课后整理和复习的好习惯。”

看吧，只要你专心投入的事情，你是可以做得很好的。

- 男生和女生 -

初三以来，你说你对班上一些女生的做法感到费解。看到班上男生欺负女生时，你经常出手相助，可是你又不太明白那些女生对男生的真正态度，有时候不知道是不是该出手去“教训”那帮小子。因为你发现女生越是大惊小怪、大呼小叫，男生就越来劲。

我问你班上有没有男生招惹你，你很强势：“谁敢?”我故意反问你：“为什么不敢?”你说因为你已“打”出了“名声”，那些调皮男生见到你都躲着走。是哦，你对男生态度鲜明，体力上又有绝对“优势”，男同学自然不敢招惹和捣乱。呵呵，这和你文静的外表很不相符呢。

有时我和你讲起我的初中和高中片段，告诉你现在班上男女同学间的嘻哈打闹是这个年龄阶段比较普遍的现象。虽然看起来比较幼稚，但是随着年龄增长，男女生之间的交往会慢慢过渡到更好的相处模式。当然，如果男生欺负女生，你可以打抱不平。如果只是男女同学间的嬉闹玩耍，你看看热闹就好了。不久，你说你决定“金盆洗手”了。

– 关于“家庭与教育”的愉快对话 –

带你去医院看病的路上，我们聊了不少。说到家庭经济条件，你说我们是小康，虽说不是非常富足，但你已很满足，认为小康也不错。提到富裕，我提出了我的观点：靠自身努力和付出得到的财富是值得尊重的，但是如果不好好经营，不如没有。我向你列举了一些富二代、星二代，从小物质条件很好，在享乐中成长，没有树立良好的人生观和价值观，长大后沉迷一些不为社会接受甚至危害到公众利益的行为和刺激中，却仍不能填补他们内在的空虚。这样的人，除了拥有父辈财富，其自身只是“废物”一个。

你：“主要是他们的父母没有教育好。”

我：“你说得太有道理了，真的是这样啊！财富没有错。李嘉诚对自己的孩子教养严格，他的孩子都很有成就，为社会作贡献，实现人生价值。”

我：“像你说的那样，没有不好的孩子，只有不懂教育的家长。过去我在咨询中看到一些家长把孩子送过来，总是说孩子这不好那不好，却没有想到他们自己哪里不好。”

你：“就是。”

我转过头问你：“那你觉得我和你爸对你的教育和影响怎么样呢？”

你答：“挺好的。”呵呵，听你这么说我很高兴。

我：“也不完全了，以前在你小时候，在你经常哭的时候，就不够耐心。”

你：“嗯，想起上小学前学习看表认时间的事情了。”

我：“不过也希望你能理解，毕竟我们也是头一次做父母，也是需要慢慢学习的。”

一次愉快的谈话。

– “好妈妈” –

接你回家的路上，记不起因为什么事情，你自诩是个乖孩子。

“好孩子？你哪里好啊？”我很好奇你这么夸自己。

“我还不好吗？我都不拿你和别人家的妈妈比。”

听到你的解释，我呵呵乐了起来：“是啊，听你这么说，还是我不好了，我是拿别人家的孩子跟你比过呢！”

“不过你还好，不是特别不好。”你淡定地说。

– “大撒把” –

中考结束，大撒把的日子。你对这个暑假期盼已久，中考临近时，想到马上到来的假期，你说有些激动。你拒绝了我们为你规划的暑期旅游。你只想宅在家里，痛痛快快地放松一夏。我们没再坚持：去哪里不重要，你开心就好。半个月里，除了和同学一家杭州两日游、同学相约 KTV 一次、看电影一次、游泳一次，其他时间你都宅在家里上网、打电游，玩得不亦乐乎。七月中，你准备参加两个漫展，在其中的一个漫展上租了一个摊位，准备和同学、网友合伙在漫展上卖小物件。

暑假里你做晚饭。晚饭虽然菜不多，但你做起来还是有模有样的，做过土豆丝炒肉片、蒜薹炒香肠、蚝油生菜、炒冬瓜、摊鸡蛋、蒸鸡蛋、西红柿蛋汤、炸馒头片、凉拌西红柿、凉拌芥蓝……有的菜的味道还不错，特别是炸馒头、摊鸡蛋，辅料配比和火候掌握得恰到好处，比我做得好多了。下班后我回到家，你基本上已经把晚饭准备好了。我看在眼里，美在心里，不忘夸赞你的劳动付出——你的确是有烹饪天赋的！

– 一半是火焰，一半是海水 –

初二上学期开学后的两个月时间里，我感觉你有比较大的变化。翻到六月间写下的日记，我还在为你的态度暗自伤怀，这几个月似乎都是在表扬你——温柔了许多，可爱了许多，豁达了许多。你说班上女同学在家里与父母没有共同语言，看到你脸上显露出同情的神态，我想：还好，看样子你没有像你同学那样认为我们之间有太明显的代沟。

然而，初中阶段并非那么一帆风顺，特别在初二、初三阶段，你和我之间的冲突和矛盾凸显（参见第三部分“青春期的碰撞”）。你讨厌我，你不愿意听我说话，不论我说的是否有理。因为网游，因为体育考试和中考，还因为你对我的态度，那些日子我很难过，说教不管用，沟通行不通，似乎没有更好的法子，能做的只有默默陪伴。

◆ 青葱岁月 ◆

－“我的青葱岁月”－

初一下学期期末考试作文《我的青葱岁月》得到你有史以来作文的最高分。看到这个命题作文，我一时半会儿也没转过来该如何构思，对于初一学生似乎有些难了。认真读过你写的作文，我又一次感慨，你长大了，开始有独立的思想和感受了。你说你在作文中刻意丑化了我，尽管如此，我还是感到很欣慰，特别是你认识到“从哪里跌倒，就从哪里爬起来”，只要努力，未来是充满希望的：

我的青葱岁月

“完美”对于每个人来说，都是不可能的。没有一个人是完美的，但是每个人都是有希望的。

我不明白，为什么有时候妈妈硬要把我的成绩和班长的成绩比？看自己是否进步，不是应该和自己比吗？

我不明白，为什么有时候老师要把我们说得很没用，给我们很大的压力？我知道压力可以化为动力，但是老师的这些话确实使我们的自尊心、自信心受到伤害和打击。

有一次，我和妈妈谈了一次话。

初一的第一学期期中考试成绩出来了，我的各科成绩都不太理想。

回家后，我把自己的分数报给妈妈，妈妈听完后，不紧不慢地问我班长的分数。

我知道，妈妈又把我和班长做了一次比较。我突然想到了我过去的经历：原本，我是在北京的一所小学担任英语课代表，各项学科成绩十分优秀，后来，因为爸爸到上海工作，所以我和妈妈都到了上海。我在上海的小学生活真是“充实”啊！各项学科全都挂红灯，老师们天天向我“要债”。我一下子从一座山的顶峰落到谷底，哎！真是180°的变化。但是，经过我的不懈努力，我终于赶上了别的同学的脚步。

这段岁月对于我来说，是一个巨大的考验。如果当时我自暴自弃，就绝对不会有今天的成绩。我的未来是充满无限希望的。

想到这儿，我静下心，心平气和地跟妈妈说："我已经长大了，有了自尊心，我不想和别人比。你如果还是要比，那么就请你把我和从前的我比吧。"……

最后，妈妈接受了我的意见。

我的青葱岁月，你就是我人生的转折阶段。你的出现，让我的人生变了又变。

即使世界上没有完美的人，但我也一定会向"完美"前进！

– 为自己加油 –

摘抄你在初三上学期期中考试中的作文，40 分的作文老师给了 33 分。

为自己加油

相信，不是每个人都有我小时候的这种经历……

2008 年，正值北京举办奥林匹克运动会，在这令中华人民振兴的一年，我的生活也发生了翻天覆地的变化。

由于爸爸长期在外工作，迫使我们娘俩不得不移居上海。在北京生活了 9 年的我，对世界是懵懂的。年幼无知的我，根本不知道这代表什么。然而，迎接我的是一次次入学插班考试。

说实话，这些卷子我都是乱写的，尤其是英语卷子，我甚至连这种题型都没见过。

据我了解，我能上这所小学，还是多亏了爸爸托关系、请吃饭。

该上学了，本以为会有新的美好生活，没想到却是各科的红灯集聚而来。

这对原本学习成绩优异的我是多大的打击啊！

在北京的小学，我任英语课代表一职，各科成绩优秀，人际关系和谐，且英语次次满分。

上海的新小学，差生一枚，各科不及格，甚至有时考到最低分！朋友也没几个。我总是有做不完的事：默写不及格，订正 5 遍，重默。作业没写完，加倍，再写；上课开小差，罚抄古诗……

两者巨大的反差，我就像是从珠穆朗玛峰的顶峰坠落到了谷底。

作业多，速度慢，每天写完作业都在 11 点后。睡眠不足，白天精神不济，如此恶性循环怎么得了？老师们天天追着要债，老师不欠我什么，他们这样做说明没有放弃我，我又怎能让他们失望呢？

"人无完人"，我知道可能我不能做到最好，但是我绝不会放弃，只要坚持就会有希望。我为自己加油！

最终，经过 1 年多的调整，总算是赶上了同学们的步伐，并且小学毕业考试取得了

2A1B 的成绩。

如今，回想起过去，后怕当初放弃，没有为自己加油，那么我现在拥有的一切将形如泡沫般虚幻。

为自己加油，奇迹不会无故出现，它只会由自己的努力创造出来。

为自己加油！我可以！

初一你写过《我的青葱岁月》《在挫折中成长》，初三又写下了作文《为自己加油》，看得出，小学的那段经历对你的影响至深。你能从中懂得“奇迹不会无故出现，它只会由自己的努力创造出来”，我真的为你骄傲！相信过去的坚持、现在的努力，是你成长路上一笔相当宝贵的精神财富。

为你加油！

◆ 我的焦虑 ◆

— 网络小说 —

初一有一段时间看到你沉迷于网络小说，特别是看到网络小说里那些过度渲染的情爱和复仇，我很焦虑。一方面担心你经常夜读影响睡眠、影响学习，同时也担心网络小说的片面性所带来的负面效应。有时候我想把书没收了，却又害怕为此带来的冲突，你不是那种“听话”的“乖孩子”。我只好观望，劝告你晚上不要太晚睡觉，这样持续了大概半年时间。

后来，你喜欢看杨红樱的童话选，我在网上给你买了两套书，你看得爱不释手，晚上还要给我讲故事。杨红樱的现代童话选集文字优美感人，有时候和你一起看，总是有一种清新舒畅感。

其实，在你这么大的时候，我也曾为琼瑶小说废寝忘食，但是面对你的时候，往往又选择性地站在成人的角度，忽略了这本是成长必经的一个过程。

— 网络游戏 —

初二上学期期末你在学习成长手册上写着“我知道学习不是给老师学，也不是给父母学，所以我要做到多学、会学、爱学……现如今，我要努力学习，为期末考试做准备。通过几年的学习，我发现以前所学的一切都是为了自己下半生打基础。为了我的未来，我必须从现在就发奋图强”。

我知道你已逐渐认识到读书不是为别人，是为自己将来打基础的。但读书对于你来说，很大程度上还是被动、不情愿的。看到你在游戏中得到了不少愉悦和舒畅，我也希望你不要被学习束缚，希望你能快乐成长。但是我还是止不住担心你的中考，担心你因为一时的快乐而影响将来。可是那些日子，你周五放学回家上过笛子课后，就看看电视、玩玩电脑，从来不做作业。周末做作业更是不紧不慢，有时候周日晚饭前才做完作业。你说上了一周的课，周五就想放松放松。你抱怨大人们上了一礼拜的班，周末可以好好休息，而你们学生周末却还有不少作业等着呢，对此我无话可说。我既不能说服你合理安排时间，又不能强制限定你的作息，于是周末忍着不去叫你起床，忍着不去提醒你做作业。“忍”的这段日子不好过，看到你定定地坐在电视机或电脑前，我是百爪挠心却又无计可施，我很焦虑。

我知道，你也有学习认真的时候，平时你拖拖拉拉，爱玩游戏，可学习成绩也没落下来，你为此还有些小得意，你说这就是聪明。可我还是焦虑，没有勤奋，光有聪明是远远不够的。

– 自我管理 –

多少次临近七点看见你房间静悄悄的，我是那么忐忑，直到听见咔哒一声，你开门走出来，我才心里舒展开，踏踏实实做自己的事，更是暗自窃喜：你还是长大了，不用那么为你操心了，你自己能搞定的。

可还是经常担心你会睡过头、起晚了、上学晚了、心里不高兴，总是希望你能从容不迫地，总是希望你能好好地吃个早饭、高高兴兴地上学去，总是希望……也许这就是所谓的天下父母心。其实你已经长大了，有自理能力了，但是我还总想再牵着你，怕你中考体育不过关影响中考成绩，怕你考不上好一点的高中和大学……

– 担忧中考 –

二模成绩出来了，很不理想，你对中考开始担忧，而我就显得更为担忧：担心你考不上理想的高中，担心我们会对你失望，担心你对你自己失望，担心因此带来遗憾，担心因此对你今后产生影响……你担忧的是眼前，而我担忧的是将来。将来怎样，谁也说不清。也许过多地担忧将来本身就是一种焦虑，是我太焦虑。

开车送你上学回来的路上，雨刷器来回刮去淅淅沥沥的雨水，却扫不尽心里的那份忧愁，想起你，泪水止不住往下流。我和你之间隔了一扇门。平时你房间的门是关着的，在需要的时候你才会出来和我说话，说说你的学习情况和想法，我只能在门口听着，不能走进你的房间，否则你会把我赶出来。如果追问，你就会回房间，把我隔离在门外。

– 焦虑渐远 –

难熬的五、六月。中考体育结束，我们又开始担心你的中考学科成绩。最终你发挥正常，如愿考进区重点高中，初中阶段的焦虑画上了句号。高中偶尔还会有些焦虑，不过，相比初中，我已经没那么焦虑了。

◆ 中考前致女儿的两封信 ◆

2014 年春夏之际，我的心情似乎一直在随着天气变幻而忽冷忽热、飘忽不定。想着你开心就好，却又走不出担心你上不了重点高中的焦虑：每当看到你的努力与我们的期望之间的差距时，纠结和矛盾就凸显出来。

临近中考，我们又一次面临选择。究竟是学业重要，还是快乐更重要？我一次次问自己，一次次在选择中徘徊不定。

和小升初差不多，你目前的学习成绩略低于重点初中的录取条件：往上努力一把，有希望考上区重点高中，但是往上努力一把需要更多的坚持。

初中，你从年级八十多名一路赶超，稳定在年级前三十名，一度还进入过前十五名，获得过“最大进步奖”、数学竞赛一等奖、区作文竞赛三等奖，被评为年级“三好学生”，尤其在理、化学科方面成绩比较突出。看到你一次次进步和取得的成绩，看到你有着形影不离的小伙伴，我打心里为你感到高兴，这是我所希望看到的。如果当初想办法让你在重点初中读书，也许并不比现在好。

但是四年读下来，面对中考，不同学校之间的差异又摆在我们眼前。就算在班级、年级中表现优秀，但是要考上好的高中却很不容易。高中、大学、就业，一环扣一环。如果在普通高中就读，似乎就意味着后续大学的选择上的进一步差距——不同的大学学习对未来的影响又至关重要。未来，那将是你的一生啊！我们多么希望你能有一个我们看好的人生啊！

事实上，无论我们如何希望和期望，你都在以你自己的方式努力着。大概从初二开始，你基本上做到了学习自理，并且在理、化学科上展现出你的兴趣和自信。你渐渐长大了，有着自己的判断力和独立思维能力。在这个阶段，我们很少能和你坐下来一起探讨什么。我们知道已经不能依照我们的想法去左右你，我们一方面肯定和接受你的成长，另一方面却又担心你因为还不够尽力上不了理想的高中，会对以后带来影响，总想为你做些什么，希望不要留下太大的遗憾。

我有好多话想对你说，为此在二模考试前给你写了一封信，希望你能从中看到现在和未来的关系：

中考前致女儿的第一封信

女儿：

一直希望能有时间坐下来和你聊聊，关于学习，关于未来，当然，还有幸福、快乐和人生。我把看到的或是感受到的写下来，无论你是否理解、抵触或不耐烦，都希望你能静下心来读完这段文字。

今年你十五岁，面临中考。

中考之后一部分学生上高中继续学习，准备三年后的高考；另一部分学生读中专、技校学习基本专业技能，三年后步入社会，作为“蓝领”从事工人、护士、司机等一线工作。

当然，以你的聪明和实力，我们相信你一定能考上高中。但是你有没有仔细想过：不一样的高中对未来将有多么深远的影响？

我们过去把高考竞争比作是“千军万马勇过独木桥”。每年高考都会有不少学生落榜，直接进入社会从事一些简单的基础性工作。

教育部每年按高考录取分数线将本科院校分为重点大学（一本）、非重点大学（二本）、民办大学（三本）。高考分数高低直接决定将来就读大学的层次水平。

在好的大学就读，往往能比普通院校学生学到更多为之所用的知识和能力，为将来打下坚实基础。现在社会招聘对象首选重点大学毕业生，不同的重点大学，排名和选择顺序也有所不同。清华、北大等一些重点院校毕业生是大家争抢的香饽饽，但是一些普通大学的毕业生在就业选择上就显得比较尴尬。

所以说中考很重要，中考分数高低决定上什么样的高中。什么样的高中很大程度上就决定了将来能上什么样的大学。同样，不同层次的大学关系到将来的工作、生活方向，不同的工作和生活又对应了今后不同的人生轨迹。

这么一一说给你听，让你看到今后将面临的选择、拼搏和辛劳，我有些不忍。但是，这些却是你将要直接面对而又无法回避的。

高中阶段学习压力大，学习中多有枯燥、难耐的时候。我们也希望国内基础教育能像一些发达国家那样重在能力和兴趣培养，但是我们却无力改变现有的教育和选拔制度。

面对不能改变的事情，我们能做的就是去适应，而且是积极有效地去适应。

不知道你是否还记得以前我和你说过的一些话：如果想有一个自己希望的未来，首选的路子就是上大学。尽管大学学习不是每个人唯一的必经之路，但却是条相对便捷可见的大路。有些人虽然没有正牌大学的学习经历，经过努力一样能出类拔萃，成为行业佼佼者。但你知道他们成功背后付出了多少艰辛和努力！

中学阶段的辛劳和付出不仅是为了顺利考入自己理想中的大学，更是为将来做准备。过去我在中学阶段也曾认为一些基础学习将来未必能用得上，现在回过头再看，中学阶段的学习，一方面是积累基础知识，另一方面更是培养能力和习惯。如果没有中学阶段的持之以恒，长大后再说好好努力谈何容易？

我以前有一个同事，因为身体原因错过了高考，最后成为一名一线操作工人，人生轨迹就此改变。尽管他在自己的岗位上表现得比较优秀，但是大学梦终究成了他一辈子的遗憾——很多时候，错过的就不再来。

汽车上的所有零部件来自一线工人的加工制造；每个零件离不开技术人员的设计和开发；企业经营离不开管理人员的策划与管理……世界上，不同的社会成员都有其存在的意义和价值。

烧饼铺里的小贩、生产一线的劳动者、高楼大厦中的职场精英、走在社会前沿的科研工作者……不同工作岗位上的劳动者给社会带来的价值不同，社会回报也各不相同。从价值体现上来看，对社会贡献越大的人，物质回报以及社会成就感就会越高。如果想充分体现自己的人生价值，如果想得到更多的尊重和社会回报，前提就是要拥有丰实的知识和较强的能力，能为社会作出更大的贡献。知识和能力不是天上掉下来的，是需要努力和付出的。——付出和回报终究是成正比的。

你考虑过自己将来走什么样的路，过什么样的人生吗？

……

妈妈

2014 年 5 月 22 日

这封信是在体育考试前写的，写这封信源于我对你的担忧，但是考虑再三这封信最终没有交到你手上。

中考前的半年里，因为身体原因你经常请假休息。发展到后来只要身体有些不适你就不想上学。

有一次肚子痛，你在家休息了一天。第二天你还是以身体不适为由继续休息。可是当我下班回到家，却看到你端坐在电脑前玩得正起劲，没有半点不舒服的迹象，为此你给我的解释是：“今天可以上学，但肚子还是痛着的。”我无语。

还是因为肚子痛，但在我的建议下你勉强去上学，中午老师通知我去学校接你。你出教室的那一刻，嘴角边流露出无法掩饰的窃喜——是啊，又有半天可以不上学、不做作业啦！晚上你在电视机前一站就是半个小时，我强压制住我的愤怒：真的不舒服吗？难道就不能坚持学习吗？快中考了啊！可是，面对你，我有些无力，不知道该如何让你明白当下学习的紧迫性。

感冒发烧，我带你去医院检查。你跟着我在医院里跑上跑下却看不出生病的样子。在家足足休息了三天，想着病愈又要上学，你竟然发出“豆的快乐时光就要结束了”的感慨。

你生病、难受时，我看着心疼，安慰、照顾你，叮嘱你注意保暖、好好休息，希望你能尽快好起来。我可以理解你那些偶尔想在家休息的想法：想想自己在工作中也有懈怠、想给自己放假的时候，更何况是你。所以我没有刻意要求你坚持下去。我有些不忍去打断你难得的快乐享受，或者说我很难面对因为坚持让你上学而产生的冲突。有时候我也在反省自己，这样做究竟是爱你还是害你？中考在即，我更加因为你的不坚持而忧虑。班主任老师专门找我谈话，指出你身上表现出的“迎难而下”，我又何尝不是这么认为呢？

就说不久就要进行的体育测试吧：体育成绩占中考成绩的30分，一学期下来，800米测试你从来没有一次能坚持跑下来。为了尽快提高体育成绩，我特地请班主任给你“做功课”，希望以老师的名义要求放学后家长到校陪着你练习跑步。没想到你不但不配合，反而认为我管得太多。我委屈，也很无助。

担心体育成绩对中考的影响，担心因为你对中考认识不足而影响到中考成绩，我有很多话想跟你说，却又知道你对我说教的抵触，只好借用书信的方式，想给你打个预防针：面临中考要努力了，否则影响以后的学习和生活，到时候后悔都来不及了。

你爸对我最初写的这封信很有看法，说我信中语气和切入点沉重，没有站在你的角度去考虑。我回过头好好读了读自己写的这封信，发现信里面似乎有着另一层含义：“该说的我说了，该做的我做了，将来你如有遗憾，那是你自己不努力的结果，不要埋怨我，因为我尽力了。”

我怎么能因为你没有按照我的期望去努力而对你失去信心呢？我怎么能这么想呢？原来是我把对自己的失望投射到你的身上了。

你爸提的意见在理，我调整思路连夜改写了两稿，最后完成《中考前致女儿的第二封信》，一改第一封信里的沉重与说辞，以“希望能与你共勉”替代原来“无论你是否理解、抵触或不耐烦，都希望你能静下心来读完这段文字”中隐含的咄咄逼人。将我的感受和认识与你分享，只为你打气和鼓劲：

中考前致女儿的第二封信

女儿：

一直希望能有时间坐下来和你聊聊，关于学习，关于未来，当然，还有幸福、快乐和人生。我把看到的或是感受到的写下来，希望能与你共勉。

这段时间因为功课比较紧，你起早赶晚，睡眠不足，我看着着实心疼，总希望能帮你做些什么。但实际上，我们能做的也只有静静地陪伴你，默默地为你加油、鼓劲。

对于中考，似乎我比你紧张些。

过去我们把高考比作是“千军万马勇过独木桥”，当时高考竞争太激烈了。如今教育部按高考录取分数线将本科院校分为重点大学(一本)、非重点大学(二本)、民办大学(三本)，每年仍有不少高考考生落榜。现在社会招聘对象首选重点大学毕业生，不同的重点大学，排名和选择顺序也有所不同。

这两天你爸在电话里问起你的学习情况。在你爸的分析下，我发现我有时会比较焦虑，担心你会耽误学习，影响中考。其实我知道你对自己是有要求的，但还是忍不住希望你能更好。

还记得你自己的那句顺口溜吗？——“没有好的高中，就没有好的大学；没有好的大学，就没有好的工作；没有好的工作，就没有好的生活。为了我以后的美好生活，我要好好读书！”

是啊，在我的概念里，好一些的高中在一定程度上决定了将来能上什么样的大学。我的确对你中考期望很大，希望你能考进一所满意的高中，希望你以后能上一所比较好的大学，可以学到能为你所用的知识和能力，为将来做好准备。我们希望你能幸福、快乐，你能理解我的心情吗？

回过头，我们看到你的努力和成绩：从小学到初中，你给了我们一个又一个的惊喜。可你知道吗？你还有很大的潜力等着自己去挖掘呢！

未来路很长，我们会一直默默地陪伴你、支持你，为你欢喜为你担忧。就像八百米长跑一样，我们会在起点为你助威，在途中为你补给，为你的坚持而加油，为你的跌倒而心疼，为你的胜利而欢呼……

如老师们所说那样，我们相信你在这段时间里，能通过自身的努力在各门学科上取得突破，实现又一次的自我超越。

我们为你加油！

……

年少时我曾想，做人未免太辛苦了，有那么多事情要去做。来世投胎变成一只鸟或是只猫吧，要不变成一头猪，吃吃睡睡也好啊。

在蓝天上自由飞翔的小鸟，还是时刻要警惕、躲避天敌的侵袭；猪吃了睡，睡了吃，日子挺滋润的，却躲不过任人宰割的命运；狮子是兽中之王，往往为了赢得王位而厮杀搏命；悄然安静的植物，也要经历风吹雨淋的洗礼……原来，自然界中的一草一物都是那么不容易。值得庆幸的是，我们人类更有能力把握自己的命运，能在有限的生命中找到幸福，绽放出自己的风采。

什么是幸福？看到网络上有这么一句话：幸福是三瓣花，幸福由梦想、行动和爱组成。如此说来，幸福的前提是要拥有梦想。“梦想，就是让你坚持还能感到幸福的东西。”(电影《中国合伙人》)梦想又是行动和坚持的方向。而爱，更是一种寻求幸福的能力。

爱的形式多样，有关爱、珍爱、喜爱，还有热爱。有亲人间的关心、期望和支持，也有朋友间的理解和帮助；有来自生活点滴中不经意自然流露出的喜爱，也有对梦想坚持不懈的热爱；更有一种爱，看似严厉不近人情，却能激励人，使人受益一生。爱自己、爱家人、爱朋友、爱自然、爱世界…… 爱无处不在。

人生路上，每个阶段都有它们各自的美好。孩提时的天真可爱，青少年时的朝气蓬勃，成年后的奋进创新，黄昏暮年时的人生感悟。

人生路上有苦也有甜，就看从什么角度去认识和对待：快乐幸福是一辈子，忧郁不满也是一辈子。我们不能决定生命的长度，但能主宰它的宽度；不能左右天气，但能改变心情；不能改变容貌，但能展现笑容；不能控制他人，但能掌握自己；不能预知明天，但能把握今天……

珍惜现在所有的青春年华，珍惜身边爱你的人；爱惜自己的身体，爱惜自己的时间。这也是我们对你挚深的期望和祝福！

……

妈妈

2014 年 5 月 24 日

关于爱、幸福、快乐以及对人生的认识，也是我非常想和你一起分享的。

你说最近老师布置的作文都与“爱”有关，不知道该如何写起。你不理解班上有个同学为什么提起马航失联事件就想哭。失联飞机上两百多人的生命安全让世人揪心，虽然不能为他们做什么，但我们默默关注，为他们祈祷，就是对生命的珍惜和关爱。

爱是要用心去体会的，你还不太懂。没关系，相信你能慢慢地去体会、感受，拥有一颗感恩的心，学会“爱自己、爱家人、爱朋友、爱自然、爱世界……”有了爱，才有幸福和快乐，才能真正掌握自己的人生。

我把这封信放在你桌上，虽然我很想知道你读过之后的感受，不过我还是接受了你看过之后的只字未提。

至此，中考结果不再那么重要了。不论是重点高中，还是普通高中，我都相信你会拥有属于自己的经历和收获。我们尊重你的学习方式和节奏，我们会调整好自己的认识和态度，真正做到对你提供无条件的支持。

……

放手，信任，这也是对你的爱。

允许和接纳你的磕磕绊绊。

成长路上，只有经历过才会更加珍惜和奋发，这样你才能更加明白人生的价值和意义。

◆ 青春寄语 ◆

应学校的要求，我和你爸分别为你写下《送给十四岁女儿的青春寄语》。

十四岁青春寄语(爸爸篇)

亲爱的宝贝姑娘：

你好！

本想在你十八岁的时候给你写一封青春寄语类的信给你，可是昨天和妈妈通电话中得知，学校要求家长给你写封关于青春寄语的信，让我一下子感觉到十四岁的女儿已经长大了。

再过两个月，你就年满十四岁了。

十四岁，十四年，时光飞逝，转眼间，你已经从一个嗷嗷待哺的小婴儿成长为一名亭亭玉立的青春少女，个子居然比妈妈还要高。

十四岁，十四年，你的哭你的笑你的痛你的乐，时时牵动着我们的心，我们用希冀的目光注视你的成长。

十四岁，十四年，这不仅仅是一个年轮数字的变幻，而是你从少年迈入青年的起点，是你从幼稚走向成熟的开端，是你青春美好岁月展开前的瞬间，是你人生的一个重要且不可替代的节点。

十四岁，十四年，将是人生的一个重要里程碑，更是人生走向成功的关键。你已经正式步入了青春期，摘下了鲜艳的红领巾，已经投入到共产主义青年团的大家庭。

十四岁，十四年，你将从身体到心理逐渐走向成熟；你会逐步树立人生理想、明确人生目标；你还将逐步深入地接触和了解你所生存和生活的这个世界，体味这个社会的真善美和邪恶与阴暗；你也会逐渐学会独立地思考并尝试判断；对于未来，你可能会有一些浪漫的憧憬，也可能会迷茫与困惑。

十四岁，十四年，你不再是少不更事的懵懂孩童，有了自己的主见，爸爸妈妈的唠叨有时候也成了耳边风，功效好像比电脑里的QQ和网游音乐还不如，歌曲起码还能哼唱几句，而我们说完之后呢，你依旧是……

这些都是爸爸曾经经历过的，都是很正常的现象。因此，借今天这个机会，爸爸也想以过来人的身份和你分享关于人生和生活的体会，没有说教，只是共勉。

好好锻炼身体，养成良好的饮食习惯。健康是革命的本钱，健康是基石，没有健康就没有一切。中学时代是长身体的最重要阶段，所以你一定要好好锻炼身体，让自己拥有一个健康的体魄和良好的身材。少喝、不喝碳酸饮料，少吃、不吃街边食品。喜欢吃的不要多吃，不喜欢吃的也不要不吃、少吃。只要这样才能保证营养丰富和全面。

时刻保持和拥有快乐心境。对于你的成长，爸爸妈妈早就达成了共识，不会给你过多的压力，会尽量创造好的条件，满足你合理的任何心愿，去做你自己喜欢的事情，快快乐乐地成长。中学阶段的这六年，可能将是你一生中学业最为繁重、倍感压力的六年，更是你全面树立人生观、价值观的关键时期。一分耕耘一分收获，今天的付出决定着今后的生活，真诚地希望你能从繁重的学业中体味快乐成长、快乐学习、快乐生活的乐趣。不管以后你的学业多么繁重，不管你认为家长或老师有时是多么不理解你，你一定要告诉自己：没什么，一切都会好起来的，我没理由不快乐！

拥有“大爱”之心。爱是人类最基本的情感，我所说的“大爱”就是要爱自己，爱家人，爱老师，爱同学，爱朋友，爱自然，爱社会，爱祖国，爱我们一切该爱的。只有内心充满爱，我们才能收获快乐。只有内心充满爱，才会收获别人的爱。结交几个正直的、善良的、能交心的同学，道理很简单，真正的朋友会让你受益一生，你们日后逐渐会明白。爱老师，老师如父母，没有人会像老师那样为你们无私地传道、授业、解惑，所以请你一定要尊重他们，尊重他们的劳动成果，认真地听好每一节课。如果哪天老师们为你骄傲与自豪，那么恭喜你，你已经做得很棒！

掌握好学业，尽可能地参加各种活动，提高自己的能力。知识与能力是你以后立足社会的资本，也是你成为对社会真正有用之人的最起码的要求。端正学习态度，你就不会觉得学习生活是一种负担。你们现在所处的时代，我们能够理解你将要面临的竞争和压力远远超过过去的我们，不但面临着国内优秀学生的竞争，而且会面对全世界优秀人才的竞争，加之科技的不断发展、人类技能的普遍提高，逆水行舟不进则退！作为父母，我们不要求你在学习中总是名列前茅甚至数一数二，也不强求你参加这样那样的补习班，让你在一个比较宽松的环境下学习知识，但你一定要有不甘人后的好胜心、自我加压的决心。爸爸妈妈在你这样的年龄完全是懵懂的少年，只会做做弹玻璃球、跳橡皮绳的小游戏，对外面的世界更是一无所知。现代科技的突飞猛进，你通过电脑可以了解到外面的世界，甚至比爸爸妈妈知道的还要多，这应当是件幸事，但另一方面也可能对你的人生观产生不利的影响，因为网络实在是个良莠不齐的东西，我们不想禁止你上网甚至玩游戏，但希望你有绝对的自控能力，约定玩多少时间就一分钟也别超过，准时关机，让我们相信你已经成为网络的主人而不是网络的俘虏。

爸爸想对你说的话很多，总归一条，爸爸妈妈永远是你坚硬的基石，家永远是你温暖的港湾，无论你将来走到哪里，无论你将来人生发展怎样，你永远是爸爸妈妈的宝贝女儿，我们永远爱你！

祝你：

快乐成长！健康成长！学习进步！

永远爱你的爸爸

2013 年 4 月 21 日

十四岁青春寄语(妈妈篇)

女儿:

我和你爸一样,同样怀念牵着你一起走过的那段时光,但我更愿意看到你越来越独立坚定的身影。希望你在人生的每个阶段,伴着感恩和爱的积极心态,勇敢地面对困难,积极进取,努力和坚持,你的人生就掌握在你自己手中。

“人活着干嘛?等死吗?呵呵,结局好悲催哦……”这是在你问过同学“人为什么活着?”,同学告诉你“人活着就是等死”后,你在QQ签名上写下的这么一句感慨。——不到十四岁的你,脸上经常还洋溢着稚嫩可爱的你,已经开始思考人生了。

那天晚上,就从你的QQ签名聊起,我们谈起了人生。

是的,就像你所说的那样,死亡是每个人必须面对和经历的。人的一生,快乐也好,痛苦也罢,平凡的、精彩的,都逃脱不了死亡的终结。无论什么人,生命都有终点。

生命源自父母,是父母爱的结晶,是父母生命的延续,人类社会就是在生命延续中不断发展进步。

人生好比旅途,从小孩子到成人,从青年到中年,从中年到老年,再从老年到暮年,每一个阶段都是一段旅途,每一段旅途中又有很多这样那样的片段和插曲,每一段旅途付出艰辛、收获成长和成就。生命旅途中的点滴汇集谱写出人生不同的篇章,或高雅,或低俗,或精彩,或平淡……

生命是父母给予的,人生是需要自己磨炼的,是需要你自己努力去规划和付出才能实现的。

你希望自己有个怎样的人生呢?这个问题现在对于十四岁的你也许还有些深远。最近你经常问到我:将来你学什么专业、将来从事什么职业好?我想,这是你在思考人为什么活着的同时已经开始审视自己将来的生活。

人生各不相同:有的做了科学家,为社会作出贡献,推动了社会进步,也收获了大家的尊重和敬仰;有的做了一辈子的洗碗工,付出艰辛但给予社会和回报都很少……

付出与得到成正比,那么你该怎么面对你的人生呢?你希望你将来过上怎样的生活呢?

过上自由幸福的生活，是所有人梦寐以求的，也是我对你的希望和祝福。如何能获得快乐和幸福？小孩子可以从父母那里得到自己想要的东西，小孩子是快乐的。但小孩子要长大的，不能一辈子躺在父母的怀抱里。所以，快乐和幸福是要靠你自己去争取的。

快乐和享受，不是想干什么就干什么，是要有付出才能获得的。读一本书，从书中细细品味，是一种快乐；观赏大自然，从中感受一份心旷神怡，是需要走进自然的；学习、工作中的成就也是令人快乐的，是通过认真学习、努力进取才得到的；不劳而获的快乐是暂时的，那些什么都不做就想得到快乐的人和寄生虫一样，离开了寄生源就无法生存。

有了付出，才有回报。在人生的每个阶段，勇敢地面对困难，努力和坚持，你的人生就掌握在你自己手中！什么样的人生观、什么样的价值观、什么样的处事态度决定你的未来。

……

你已慢慢长大，不知从何时开始，我们应了你的要求，不再以小名称呼你。不知不觉间，你开始能表达自己的思想和感受了。你不再有牙牙学语时的天真可爱，而是多了份文静和矜持，你已比妈妈整整高出一个头，嫣然出落成一个亭亭玉立的大姑娘了。

你已不再像原来那样带着崇敬的眼神渴求我们给你答案，你学会了自己从课本里寻找为什么；你已不用拉着妈妈的手过马路，而是自己骑车上下学了；你也不再期望我们带着你出去玩，而是有了自己的好朋友，有了属于自己的空间……当然，你还喜欢玩游戏，喜欢看动画片，开怀大笑里还有一份抹不去的天真和顽皮。

在上学期的语文考试中，你写的那篇作文《我的青葱岁月》给了我们无比的惊喜。我们知道，你从北京转学到上海，在学习上遇到了很大困难。在你坚持不懈的努力下，一步一个脚印地走过来，真的不容易啊。你在作文中写道："这段岁月对于我来说，是一个巨大的考验。如果当时我自暴自弃，就绝对不会有今天的成绩。我的未来是充满无限希望的。""'完美'对于每个人来说，都是不可能完成的。没有一个人是完美的，但是每个人都是有希望的。""我的青葱岁月，你就是我人生的转折阶段。你的出现，让我的人生变了又变。即使世界上没有完美的人，但我也一定会向'完美'前进！"

面对困难不低头、勇往直前，我想对你说：孩子，你长大了，我们为你高兴！

我很怀念一起牵着你走过的那段时光，但我更愿意看到你独立坚定的背影。人生路上总会遇到些曲折和坎坷，相信你会有信心和勇气面对困难和不如意。在你遇到困难时，你要记住，爸爸妈妈会一如既往地理解你、关心你、支持你。

最后，在你十四岁到来之际，祝福你的同时也希望：

第一，书是最忠实的朋友，要学会在书海中自我成长。

第二，要勇于承担责任。人不同阶段肩负着不同的责任。认真学习就是在承担一份责任：学习既是为自己负责，也是为自己的人生负责，更是对社会和家庭尽责。除了要学习书本知识，更重要的是学习如何做人，做一个真实、正直、有能力、有爱心的人。

第三，感恩和爱。用心品味身边的小事情，你会发现爱无处不在，爱自己和家人、朋友，甚至是不认识的陌生人，快乐将无处不在。

以积极心态积极进取，相信你的人生必然是美丽灿烂的！

妈妈

2013 年 4 月 21 日

吾家有女初长成

（15 至 18 岁）

吾家有女初长成

曾经的“小刺猬”“憋着火的大爆竹”渐渐柔和了许多。在高中，你越来越快乐、自信。相比初中，你的学习目标更明确了，学习自主性更强了。同学们因你独有的人格魅力与你和睦相处，你的努力和成绩得到了老师们的肯定，你还被评选为学校第三届“花季少女”。而我，更多感受到的是你越来越温柔、可人的一面。

非常怀念高中阶段的那段时光：听你讲讲学校的事情，听我说说过去的经历和经验，谈谈对一些人的看法和想法。有时候我们一起批判老师的重男轻女，有时候又探讨人性和未来。虽然我不能给你什么，但你还是愿意把我作为你的听众。我们说得多了，距离就近了。距离近了，我更真切地看到你的和善，对我、对别人，还有对你自己。

不知不觉间，你已经长大，我们偶尔还是会为你一次、两次的成绩感到不安，但实际上已无须为你指点什么。高中，已成为你个人拼搏的主战场，你一次次刷新了自己的记录，带给我们不断的惊喜。

在你的坚持下，最终，你以你个人的最好成绩在春季高考中被上海的一所工科院校提前录取，我们为你高兴的同时，也有些遗憾——也许参加秋季高考你能考上更好的高校。然而，你已知道你所面临的是什么，你坚持你的选择。所以，我们尊重你，相信你能走好现在和未来的每一步。

我汇集了你高中以来的考试成绩，制成“班级排名”和“年级排名”两张走势图。高考在即，同事问到你的学习怎么样，我无比骄傲地笑着说：“走势不错，一直在刷新历史新高。”

和小时候识字、算术、认钟表一样，最初你都需要一个熟悉过程。但是，只要你认真，你就能做得很好。我相信，在今后的学习或工作中，这样的适应过程会越来越短，因为你已经慢慢赶了上来，你有你的潜力和发展空间。

高中成绩班级排名(班级40人)

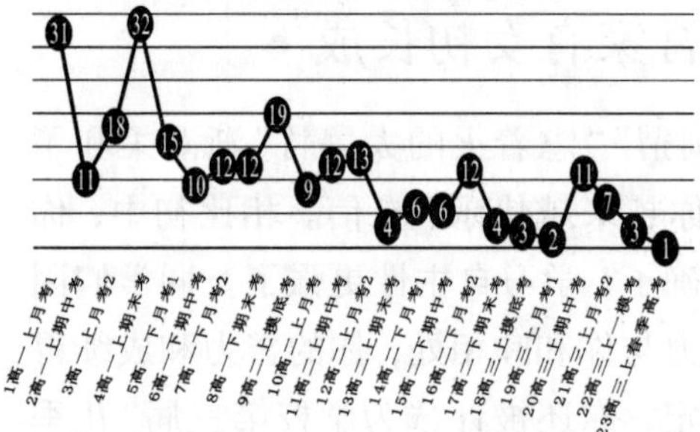

高中成绩年级排名（年级240人）

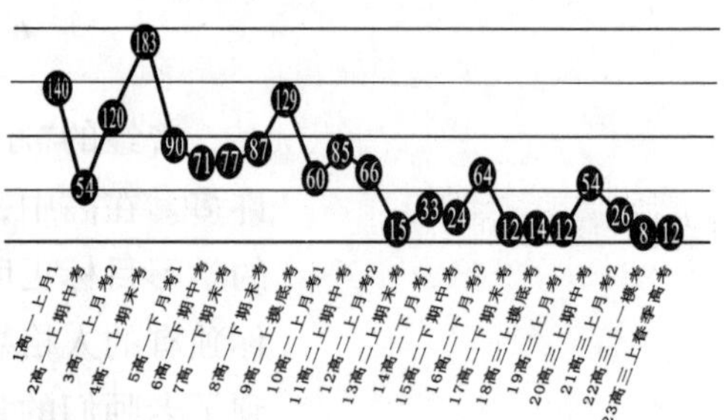

高中成绩排名

◆ 起起落落 ◆

你在读的高中是一所区重点学校。按往年升学统计，学校本科升学率为90%左右，然而每年考上“985”“211”高校的学生总数不到15人。你们年级一共240名学生，刚入校时，你的年级排名在80名左右。

– 懒懒散散 –

高一开学，刚新鲜了两天，你的懒散劲儿又回来了。到了周末，你说累了一周，要好好放松，你确实是够放松的：周五回家，你把书包扔一边，除了吃饭就是看电视、玩游戏。平常上学，做完作业后，你一般十一二点才睡觉。到了周末，你睡得更晚，有时候玩游戏玩到一点左右才睡觉。看你游戏玩得很嗨，我不忍打扰你。可是看到你连续奋战，既担心影响学习，又担心影响身体，我提醒你，你却有些听不进去。

国庆长假很快结束。在外公外婆家小住的几天里，你说要做作业，都没和我们去郊外游玩。我们回来问你的学习情况，你说作业基本完成。可临到上学前一天晚上，你还忙到十一点多，第二天一大早又匆匆赶到学校，估计你忙着抄作业去了。说实在的，我和你爸对你这样的学习安排很有意见。结合开学以来你的考试成绩，晚饭后，你爸说要和你聊聊。你爸没说几句，你起身就走，附上一句："不就是要抓紧时间吗？这个道理谁不懂？"你的态度激怒了你爸，好在我及时捂住了你爸的大嘴。其实你爸也是关心你，和你谈之前，我们还一起讨论，琢磨着什么样的方式、什么样的说法会是你能接受和理解的，希望能好好和你谈谈，希望你能更合理地安排时间。可你这个年龄，似乎道理比谁都懂，做起来却又是另一回事。

期中考试结束后的一个晚上，你爸提出要按家长会和家庭会议要求，做作业和睡觉时手机放客厅。到了十一点，你还有不少作业没做完，你爸批评你不抓紧时间，说你有着远大理想却没看到你付出行动。你爸说着也很上火，你在一边哭了半个多小时。看来作业是没法做了，我劝你先去睡觉。关了门还能听到你因为哭久了而引起的咳嗽声，我也很难受。的确，要是想出国留学，光靠聪明是远远不够的呀。

– 历史最低 –

高一上学期，马上就要期末考试了，你在电脑跟前复习。我提醒你，学习就学习，别开 QQ 聊天，你很不高兴，说我越这么说，你就越想对着干。看你这样的态度，我也不高兴了："你又不是为我学习。"你回我："那你为什么还这么烦？"我说不出更有力的道理来反驳你，只好问你："那你说说为什么我会这么烦地提醒你?”你不理我。

期末考试后，你发短信告诉我：“分数出来了，这次太烂了，年级第183名。”我在微信中安慰你：“考完了，没法改变了，别太在意，重要的是你现在和以后怎么打算，是吧?”你回我：“我还好。”

你的一句“我还好”，我不知应该高兴还是难过。如此没有压力和负担，对你来说究竟是好还是不好？虽然我很期望你能考出好成绩，但眼前的分数却也在意料之中。没错，你在理科上有一定的天赋，特别是物理，没看你花多少功夫，学习成绩却很好。可是，除了物理，其他学科呢？你自己真正用在学习上的时间又有多少呢？虽然我在安慰你，但我的情绪却很低落，不知该说什么。去年的这个时候，我们在为你的中考担忧，最后你还是如愿考上重点高中。我真是担心你现在的学习习惯和成绩啊！你说你会追上去，可是哪有那么容易呢？就像八百米赛跑，也许你的弯道跑技术和冲刺能力很强，但是起步就慢半拍，时不时还停下来歇会儿，一圈下来落后二十米，两圈下来落后四十米，靠百米冲刺如何赶超上去？因为最后大家都在不遗余力地拼啊！没有日积月累，哪来的收获？

是不是我平时对你宽容或是纵容过了火？我有些自责。你现在手机不离手，包括吃饭、做作业。平时除了数学、物理，其他作业大部分都是和同学相互抄写的，你习以为常，似乎我也见怪不怪了。甚至我还帮着你编造理由逃课，就为你的“困”……没了原则，没了界限，结果落后一大截，需要再花多少功夫才能迎头赶上？况且，没有谁会等你啊！吃完晚饭、洗过澡后，你做作业半个小时，游戏却要一个半小时。唉，是得好好和你谈谈了。

也许有时是我过多地替你承担本应是你自己能做、该做的事情，可是又总想为你多分担些，想着你能舒坦就舒坦些，毕竟你的快乐来得太少。

早上叫醒你真不容易：冬天冷，早上5∶30给你开空调，6∶00开小灯叫你，之后一遍一遍地心平气和地盯你的起床：

6∶10到你房间问你：“醒了没?”

6∶15：“起来没有?”

6∶20：“还没醒呢?”

6∶30：“还没起么?”

6∶35：“该起了啊。”

等你起来了，我就早早地去把车启动，开足了暖气，备上暖手宝，好让你在车上暖暖和和地吃早饭。

晚上到家，除了物理考了年级第一那天，你主动取碗筷准备吃饭，其他时候都是我把饭菜备齐了，“请”你入座就餐，你吃过饭也很少能帮着收拾，似乎一切都是那么顺其自然。

其实生活和学习是相通的，认真了，能担当，才能做好。闲散容易，但要收心却要花功夫。只有平时养成习惯，才不至于被“困了”“累了”“乏了”压得了无兴趣。未来的路怎么走，靠你自己，不是光喊口号就可以的。曾看到一句话：意识决定态度，态度决定行为，行为决定习惯，习惯决定收获。我想应该好好和你谈谈了。

家长会后，我把这两天准备和你谈的话和要求打印出来给你看，要求你填写我设计的《期末考试分析》《赛跑计算题》《得失计算器》《习惯与调整》问卷，希望通过这几张表格的计算、分析，结合你当前的学习状况和成绩，好好计划寒假。

你总算耐下性子读完我给你写的信，开始填写计算题和表格，前后填了半个小时。我一直提着的心总算落下来了，原本以为你会很抵触。

问答一：“得知成绩和名次时，第一时间想到了什么？”你认为因为成绩差我会给你脸色看。问答二：“此时再面对自己成绩的想法？”你的回答是：“你这样让我不愉快。”本想借此能让你好好分析学习成绩下降的原因，及时调整时间安排，可如此看来，还是无法沟通。我所看到的、担心的、希望的似乎和你说不到一块儿。对于我所表达的，你是否接受，我又开始困惑。道理已经很明白，但是你听不进去，甚至认为我这是多此一举。可是时间不等人，就像我给你出的赛跑计算题一样：第一圈，也许是路边有什么风景吸引你慢了下来，或许你没留意摔了一跤，落后了。没关系，还有机会，后面的跑道上加劲儿赶上去，因为你有能力可以超越自己甚至超过别人。可是技术、能力再好，如果还是不紧不慢，最后化身为超人也无能为力。

别的不提，就说学习习惯和时间管理这两样。一直以来我都认为，如果能有效地管理时间，有着良好的学习习惯，没有理由学习成绩不好。

尽管你很抵触，但我还是为你做了寒假假期时间计划空白表，要求你来填，包括早起/晚睡作息时间、学习计划和内容安排。你的第一周计划排出来了，按假期作业量来看，学习内容偏少，但只要你能按计划完成就好。第一天早起晚十五分钟，第二天早起晚了一个小时，第二天计划内作业未完成，你申请延期到第三天，那就看第三天吧。一周下来，看看你能做到和没有做到的，我就是希望你能合理安排自己的时间，成为时间的主宰，因为今后很多事情都需要合理的规划和付出行动。两天后，看到计划表上背面原来那些很情绪化的铅笔字已经被你擦掉了，我多少心里有些安慰。最后，你提前一天完成了寒假作业。

– 起起落落 –

高一阶段你一直处于低迷、不稳定状态。开学不久的月考，你的年级排名第140名，数学也没有你说得那么好。这个成绩似乎也在预料之中：因为高中开学一个月以来，你仍然延续了初中的学习习惯，手机不知占用你多少课余和学习时间。你总说你是聪明的，这一点我们都相信。可是成绩面前，光有聪明是不够的。看你好像无所谓的样子，说了也没有用，不知你什么时候能明白。我问你月考后有什么打算，你说好好学习，调整状态。我问月考排名对你有没有触动？你说有。我问你有什么目标吗，你说好好学习。

期中考试进步到第54名，是个很大的进步。家长会后，你爸向你传达了老师对你的表扬和期望。你爸分析你还需要提高的地方：你们赶上高考改革，语、数、英是主考科目，要想考上比较好的学校，英语要尽快赶上去。期中考试，你在成长册里自我剖析了学习上的不足以及努力方向，我也在家长寄语栏写道："目标是帆，行动是桨，找到自己的不足，规划有效的路径和方法——扬帆荡桨，驶向理想彼岸。"你说我的寄语很文艺。我说，这就是我对你的希望，因为世界在你脚下，能走多远，就有多远。

但是没多久，期末考试你的年级排名却又一滑到底，排到年级第183名，创历史新低。你偏科严重，尽管数学、物理学科优势突出，但是其他各科却是红灯高挂，形势不容乐观。

高一上学期的期末物理考试，你考了年级第一名，你说你激动得想哭。回家路上，你静静地歪靠在后座上，我感觉你是喜极而泣。真的为你高兴啊！高中物理能学得这么好，97分呢！一句"真的呀？"实在不能表达我由衷的自豪，我把你比作我上高中时班里的那个女学霸，这是我能想到的极大鼓励和称赞了，那个女生可是个超重量级别的学霸呢！晚上你和你爸聊得很投机。你爸肯定你在物理学科上的聪慧，同时也指出你在其他学科上的不足，希望你能迎难而上。你爸给你讲他的成长体会和工作中的一些感受，你听得很专注。

高二上学期开学的摸底考试，你的年级排名再次滑落到第129名，英语成绩班级倒数第6，语文班级倒数11。尽管我们已经有些心理准备，但还是难以接受这么差的结果。开学前我已经和你聊过，希望你能认真对待学习，把握时间、把握自己。可是见到分数和年级排名，我还是忍不住要和你谈谈。你认为我在说"1+1=2"路人皆知的道理，你说你只想做你感兴趣的，比如物理。可是，没有基础学科知识，没有付出，如何能有将来做自己感兴趣的事情的机会呢？你说你会开始自己做作业，慢慢赶上去。没过几天，你在微信里对你爸说："我和你打赌，我比男生冲刺更猛，我赌明年两个月暑假。"你还说："赢了，暑假我自己安排，输了你们报课外班，我一定认真上。"

随后的月考，你有了明显的进步，年级排名上升到第60名，其中数学在班上排名第一。能考过班上所有同学，你很开心，自诩"神一样的女人"。家长会上，英语老师提起你就老生常谈地夸你有后劲儿、知道要学习。数学老师第一个点名表扬的同学就是你，说你数学学习的"感觉"很好，说你不仅聪明，而且在物理和数学学科之间学有相通。

◆ 坚持就是胜利 ◆

– 觉醒时分 –

一周一次的法语课，你持续上了一年。高一阶段，你比较懒散，学习成绩很不好。到了高二，学习任务越来越重，经过再三考虑，你决定暂停法语学习，出国留学计划搁浅。对此我们没再说什么，默然接受你的这个决定。当下，对你来说，在国内读大学是更务实的选择。

进入高二，你开始认真思考你的未来。你已经清晰地认识到英语薄弱带来的问题，在你的努力下，你的英语成绩渐渐地有了点点滴滴的进步。

期末考试结束了，你有些小激动，因为不仅数学保持了一直以来的领先优势，就连平时不看好的文科都考及格了，你很满意这次英语的考试成绩。

在区里八校联考统考中，你取得了班级第三、年级十五、八校排名前两百名的好成绩，这可是你高中以来的最好成绩。其中，难能可贵的是你对物理成绩的态度：因为监考老师要求与判卷老师不同，物理评卷给你少算了 8 分，我很为你抱不平，因为实际上你的物理成绩应该是班级第一。而你却很坦然，说："无所谓，少算 8 分我还能排在前几名，我是有能力的，老师也是知道的。"我打心里为你这样的豁达而感动。你还说，开学后你要"好好做人"。当然，按我们之前的约定，你赢得了高二暑假的自主权。

你在期末学习总结中这样写道："高中三年已经过半，我时常想起朋友说的这一段话：'这是一段很忙的日子，我们都在各自的学校里努力着，有时候会有突如其来的孤独感、无可名状的敏感质疑。可是这无法阻挡事实，也无法禁锢未来。只要我们心怀温暖和希望，有什么是不可能的呢？一切还未可知，一切还在路上。'空闲时，我会看 QQ 空间里励志的说说：'当你觉得晚的时候，恰恰是最早的时候。'我相信老师和家长都感受到我这学期的进步。在我看来，社会是残忍的，没有办法和它商量什么，学业是找工作的敲门砖，若连门都打不开，怎么自强不息？我所要做的就是保持一个积极乐观向上的心态，不让周围的人影响自己，恰当为同学们分担压力。我清楚，包括班上那几个男孩子，脑子好，潜力大，就看谁先静下心学习。从小学三科低分到三科 90 分（从北京转学到上海）到高中，英语从不及格到及格，看似我突破了很多连我自己都不相信的事。或许偶尔一次的好成绩只是侥幸，我愿用更好的努力维持、更进一步，我在克服那个懒惰的自己。每个高中生都不容易，我能感受到很多女生背后的压力，她们变得很敏感，我是幸运的女孩，没有太多外来的压力，挺心疼那些小姑娘。但是该走的路还得继续走。我用 3/4 的篇幅写了这学期的心得感受，因为我觉得这个时候写心态比写那些有的没的的学习方法重要很多。每个人的学习方法不可能完全一致。未来还有许多未探究到的领域。这三年我会积累更多经验面对日后的磨难。我会尽力保持年级前五十，慢慢往上拔，数学稳定在班级前三的位置，英语一定要保持均分附近，语文要求相对比较松，往及格以上跑。附加的三科，物理、生物还是不错的，化学应更加重视。Who laugh last laugh best!"

读过以后，我有些感动，你很善良，努力要求自己的同时还不忘关心他人。在学生手册家长寄语里，我为你写下：将压力转为动力，点点滴滴，日积月累。——会当凌绝顶，一览众山小，实现你的一次又一次的自我超越！

- 奋发图强 -

高二下学期，你的学习成绩比较稳定，你从年级平均排名第五十六名提升到第三十三名，数学、物理成绩多次名列前茅，还获得“明思杯”数学竞赛三等奖。特别是期末考试，你又刷新了你的历史记录，考出了年级第十二名的好成绩！你在期末学习总结中这样写道：“最后一次旁观高考。明年的夏天，看戏人终成戏中人。高二的路已经走到了尽头，最后一年的养精蓄锐只为那荣誉一战！两年来，班主任的苦口婆心，我总算是听进去并坚持了下来。高三了，傻子也懂要学习。这个学期是我高中乃至一生的转折点，好比浴火重生一般，内在的玩心转换成压力和动力，玩了三年的游戏卸载了，各种娱乐 APP 也卸载了，无尽的学习就是日常，这才是充实而又现实的生活。被自己蒙蔽了十六年的眼睛终于看清了。‘我是理科生，学文科当然不行’这类想法无疑是在为自己的懒惰找借口。要告诉自己，再难，我也得学。我也会学得很好，近一个月，我和一个小伙伴一起晚上学到凌晨一点，身体哪怕吃不消，也得坚持，因为再糊弄自己，就是对自己人生的不负责！……学习吧，坚持吧，努力吧。学不死就往死里学。为了父母，更为了自己。愿用微笑迎接生活中的挑战，成就最棒的自己。I don’t regret things I’ve done. I regret the things I didn’t when I had a chance.”

你更改了你的 QQ 签名：“从未有过，充满能量。”随后，你剪掉长发，励志学习，奋发图强。

不久，你又在 QQ 个人空间这样写道：

“以前我总觉得这个世界是公平的，关了一扇门，但是总会开一扇窗。

“如今发现我的目光是那么短浅，只能看到繁华的大都市。我曾经以为整个中国都像北京、上海一样高楼大厦，我曾经以为外地的学生过的生活和自己相差无几。老师强调能在上海考试是多么多么有幸，我总是感觉不到，因为一直生活在保护圈里，没有吃过苦中受过罪。

“和大多数人相比，我是幸运的。好像之前都在混日子，打游戏、抄作业，偶尔奋斗一下保持一下优势学科，多数时间都荒废了。

“无论是前世的福气还是什么，让我修来了一个美满的家庭，再不珍惜就晚了。”

你在微信里把你的“说说”发给你爸后，你又附言：“爹啊，我要崛起了！”有一天你在班会课上发言，说20年后你会为自己而感到骄傲！

高二暑假前，你在书桌上你写下一串英文：“All I had a feeling that I belonged.”看到你在草稿纸上大大粗粗地写着“不能睡！”，微信上签名“少睡不会死”，我真是心疼，心疼你那紧绷的神经，心疼你的疲惫和困乏，可又帮不上你什么。我不知道晚上你几点睡觉，有时候早上去叫你起床时，你已经坐到书桌前了。

度过高一的低迷期和不稳定期后，你的学习状态越来越好，学习成绩稳步提升。到了高三上学期，你的年级平均排名已经上升到第21名。每天在往返于学校的路上你都要抓紧时间背单词，周末忙着找老师补习数学、英语，你在为你的将来而努力。

– 坚持就是胜利 –

高考在即，每天往返学校的路上，你都在抓紧时间听英语。你还制订了课外补习计划，踌躇满志、志在一搏。早上，天蒙蒙亮，你就迈着轻盈的脚步小跑进了学校。放学后，你经常会告诉我当天的收获和进步，英语默背满分、听默单词得了第一……有时你夸自己是个爱学习的孩子，我也很高兴地回应着你。

一模考试结束了，你忐忑不安，不时在网上刷新成绩通知。你很重视这次考试，知道成绩的重要性。真是功夫不负有心人，晚上11点多，你连续给你爸发来几条微信，报告你的好成绩：“第八名！年级第八名！我又创新高了！”你爸说他为你开心得晚上都没睡着觉，我的心里也踏实了许多。临近高考，你还能不断进步，这样的趋势太了不起了。你应该相信我对你说过的话，你的潜力是巨大的，你可以做得很好！

春季高考前夕，你希望能考上心仪的那所大学，可你觉得差距太大，更担心秋季高考考上不好的学校。那一段时间，我感觉你有些情绪低落。看你在QQ动态上写下这么一段话：

“我是谁？我在哪？我在干什么

“不知道从什么时候开始，脾气越来越暴躁。

“不知道从什么时候开始，总是闷闷不乐。

“不知道从什么时候开始，再也不想说话。

“我只怕，半年不到，我得到了录取通知书，但是丢了自己。

“我怀念当初那个玩游戏被坑了也乐观向上、想着开心就好的孩子，我怀念前两年，真正无忧无虑的日子。可是长大了，想法多了，顾虑多了，我还是很难做到不想太多。

“但是，拜托撑住。

“就算迷失了，再找回来。

“也许，大概，可能，也不难吧。”

你的这段话真让我心疼。你说你脾气越来越暴躁，我倒觉得你越来越柔和。你问我是不是只有考上好的学校才有出路。我说，你只要朝着自己期望的方向去努力就足够了，结果已经不重要了。以前和我在同一个工厂上班的师弟，上班后，通过自己的努力成为了清华大学机械系的研究生，而我们读的本科也不是重点大学。对眼前的你来说，保持一个良好的心态更重要。我相信，在你的不懈努力下，一切皆有可能。听我这么一说，你感觉一下轻松了很多，放了回家的路上，听着你尽情唱着刚学的流行歌曲，我的心情也随你更加开朗了起来。

不久，你又在QQ上更新了“说说”：“最近变得越来越暴躁低迷了吧，感觉已经不怎么会交际了。总是会为一个小小的举动或者一道很长很长的题或者没法帮同学把题讲清而对自己发脾气，在以前看来都不是事啊，可是现在对自己的要求不是很理解。我这种开心就好的人干吗要那么累？明明家里都不会施加额外的压力，因为有了追求啊。说什么喜欢理科，并不是真的喜欢而是比较擅长，做工程师什么的不是梦想，只是希望以后的工作做起来相对容易一些。慢慢地不会开玩笑了，慢慢地不想笑了，我很累但是我没有资格说累。高考前，成绩是万能的吧，我要开始探索这冰山一角剩下的部分，让我看看你究竟有多强。明年见！”你对我说，其实你并不感到迷茫，就是有些累、有些困。周末，你想比平时多睡会儿。

说是想多睡会儿，可是到了周六，你要七点起床，因为有课外作业要做。我问你，如果你起不来怎么办？你说随便我。早上我准点出现在你的床边，可任我怎么拨弄你，捏你的脸蛋，你还是沉睡不起，最后我只好使出杀手锏——挠痒痒。你怕痒的，我一挠你胳肢窝，你就睡不成了，可是挠着挠着，你却委屈地哭上了，说自己就是睡不够。唉，可怜的，我实在不忍心再挠你，替你擦了眼角的泪滴，走出房门，想让你再多睡会儿。没过多会儿，我听见你的房门开了。洗漱完毕，你一边吃早饭，一边逗着猫咪，一扫刚才的那份委屈，最后高高兴兴地补数学课去了。

你说你要分秒必争，向年级第一冲刺。随后，你又将 QQ 空间的“说说”改成：“The one who is given an inch and will take a mile is me because of my ambition. Never regard me as a common girl in your mind. Please forget my gender. 说出来的话不能就当个屁，现在笑不出来又有什么所谓，批判这批评那，抱怨这抱怨那，没错就是我，但是什么也做不了。既然从高中开始沉寂了两年，对自己有了期望和要求，难道做不到？拼智商？抱歉，姐姐虽然不是天才中的天才，却不逊色于身边的‘他们’，不就是对自己狠一点嘛，那就来比比谁更狠。”

家长会上，老师极力表扬你，从学习态度到学习成绩，特别夸赞了你制订的那份寒假作业计划。我见过你的计划，满满当当一大篇。你还在书桌边上贴了三张你抄录来的“鸡汤之家”：“人有两条路要走，一条是必须走的，一条是想走的。”“你必须把必须走的路走漂亮，才可以走想走的路。”“人生最大的悲哀，是对前途没有希望；人生最坏的习惯，是对工作没有计划；很多人喜欢拖延，他们对手头的事不是做不好，而是不去做，这是最大的恶习。”没过两天，发现书桌边的“鸡汤之家”又多了三条：“好的习惯主要是依赖于人的自我约束，或者说靠人对自我欲望的否定。”“这个世界不在乎你的自尊，只在乎你做出来的成绩，然后再去强调你的感受。”“马行软地易失蹄，人贪安逸易失志。松弛的琴弦，永远奏不出时代的强音。”读到你在书桌边贴的这些警句，我想你已经准备好了，我们在心里默默地为你加油。

功夫不负有心人。最终，你以个人最好成绩提前迈入大学校门。值得庆祝的是，在你收到大学通知书后不久，你爸也收到 MBA 硕士的录取通知书，真是双喜临门啊！你爸在 MBA 硕士面试时说：“今年女儿考大学，我这个做爸爸的，就当陪女儿一起奋斗了。”我呢？我终于克服一直以来的懒惰，赶在你毕业前完成了这本书的第一稿，并把它作为生日礼物送给了你。

2017 年，我们共同努力。2017 年，收获颇丰的一年！

◆ 提前录取 ◆

－ 春季高考 －

你们这一届学生赶上新一轮高考改革，原来的“3 + 1”改成了“3 + 3”。高考总分（满分 660 分）既包括高考语文、数学、英语（每门满分 150 分），还包括在政治、历史、地理、物理、化学、生物 6 门学科中任选的 3 科的高中学业水平等级考试成绩（每门满分 70 分，从高到低按 5 等 11 级评分，最高分 70 分，最低分 40 分，其中每门合格等级成绩为 40 分。）

高一、高二阶段，你们学校将重点放在语、数、英 3 科学习上。因为每个学生的“ + 3”选科不尽相同，到了高三上学期末，学校只有语、数、英 3 科总分排名，却拿不出“3 + 3”的总分排名。可是，高考不仅只考语、数、英，加选的另外 3 科成绩同样影响高考的总分和排名。面对这样的高考，我们很茫然，从学科选择、填报志愿等各个方面，没有任何借鉴，你抱怨说你们就是一群“小白鼠”。

因为你的物理学习比较好，也因为你的文科成绩“弱爆”了，所以你的“ + 3”科目是物理、化学、生物。但是，据我们所知，大多数重点院校理工科专业招生条件之一是“ + 3”中必须选了物理学科。因此，很多重点高中的学生都加选了物理。如此一来，你的优势学科不仅得不到高分，反而因此而丢分。但是选择其他弱势科目，你的学业水平等级则会更低。

高三上学期期末，你们有机会参加春季高考，可以提前报考上海各大院校在春季招生中的专业。春季高考只考语、数、英 3 科。因为你的语、数、英 3 科成绩比较稳定，更因为你对“ + 3”毫无把握，你决定搏一搏春季高考。

－ 充分准备 －

春季高考中，你的英语成绩是你高中以来的最高分，虽然这是你第一次冲到了班级第一名，但是总分只达到你的第二志愿录取线。你考虑再三，决定参加春季高考的技能测试，期待能被提前录取。虽然我们也希望你能提前被录取，但毕竟不是你的第一志愿，我们多少有些失落。你的考虑也很现实，总有取舍，只要你愿意，我们都尊重你、支持你，希望能如你所愿。

晚上你在网上加了一个你春季高考志愿学校的微信群，主动和学姐、学长们联系，了解技能测试的一些注意事项。你还把你的想法通过微信与班主任老师商量，希望能为此请一天假，你说你先在家好好研究和准备，因为技能测试和物理相关，有什么不会的周五你再到学校找物理老师问问。你给老师的微信中这么写道："……不知老师赞不赞同我的想法，或者有什么建议。"老师回你："好的。"我很高兴你能有自己的想法，还能如此和老师进行有效沟通，并把自己的想法付诸行动，又感慨了下，你真是长大了。

接下来的几天，你把精力都放在技能测试上了。我在单位借了游标卡尺，晚上在我和你爸的指导下，你学着画三视图。你的空间感很好，悟性高，三视图对你来说不难。你又从网上买了一套线路连接板，按照说明摆弄组件，不懂的问你爸。

你有些小激动，你对技能测试很有信心。你说你这么优秀，一定会被录取的，想到不久就将是一名大学生，你就很兴奋。可是我和你爸却有些焦虑。真是很凑巧，在你技能考试前两天，我梦里开车撞了别的车辆，你爸梦见打仗了。看来，我们比你更在意这次考试，压力很大。

终于到了技能测试的那一天。你说你有些紧张，但一切都很顺利，你感觉有85%的把握。除了三个男生比你的动作快些，你是第一个把电路接好的女生。你还说，接线路的时候，你几乎是跪着完成的，可见你的认真和投入。

– 为你骄傲 –

成绩出来了，150分的技能测试，你得了120分。虽然还没有公布最后的录取名单，我们都知道，提前录取应该是十拿九稳的了。果然，120人中，你的总分排在第11名，而且是"女一号"。你很开心，我们也很高兴，四周洋溢着春天的气息。

老师、家长纷纷在家长群中祝贺班上春考录取的同学，你在群里回道："谢谢老师和各位家长的祝贺。最后几个月，忍住，会过去的。祝大家好运！"

三月中旬，你收到大学的录取通知书，你很激动。因为从今天开始，你已成为一名准大学生了。我们为你高兴的同时还是有些遗憾。你说：路是自己选的，你不会后悔。虽然你和大家一起拼到最后，你可能考上更好的大学，但是你很坚定你的选择。我们尊重你的选择，也为你取得的成绩而自豪。我们相信，你会好好面对你的人生。未来，不必和别人比，你只需朝着自己希望的方向去努力，因为你就是你。现在和未来，你一样可以快乐、幸福。

◆ 专业选择 ◆

我和你爸是大学同学，学的都是机械制造专业。有时候到了周末，我会带你去我工作的地方。看到我因为技术能力好而在单位被人尊敬，你对我从事的工作有些好奇，你说将来你也想成为一名工程师。

高一下学期，学校请了一位老专家给你们讲航空航天知识，会场上有不少同学在打瞌睡，而你却听得津津有味。你饶有兴趣地告诉我你在讲座上学到的内容，你说你将来想学习航天、航空发动机专业。

后来，因为你的数学、物理学习成绩比较突出，你立志要成为一名理工科女生。在向我了解机械设计、机械制造专业背景和工作方向后，你说你准备学机械设计。关于专业，我认为，三百六十行，行行出状元。只要是自己喜欢的、真心投入和付出的，一定就能做得很好。

高考前，同事或朋友会问我："你打算让你闺女学什么专业？学金融、外贸、还是管理类的？"这个问题我不好作答。首先，不是我想让你学什么，你就会学什么，因为你有你的想法。我看好的专业，你不一定喜欢，而我也不会把我的意愿强加到你头上；其次，女生不一定非要选择所谓的适合女生的那些专业。尽管理工科女生将来的工作会相对辛苦些，工作环境、薪酬待遇也可能比不上从事金融、外贸等行业的女生。但我知道，选择合适的才是最好的。在我身边，就有不少学习理工科的女孩子，工作起来一点也不比男生差。所以在专业的选择上，我们和你达成一致：选择自己喜欢的、有兴趣学习的专业就好。只要踏踏实实地学习，在不同行业、不同岗位上都能做得很好，付出的同时也一定会有收获。话说，我并没有你想象中的那样，在技术领域有多高水平，相比之下，我可能在做事方法和处事态度上有着自己的想法：于人于己，认真做事，不刻板、有诚信，很多时候我觉得这些比技术能力更重要。大学学习只是一个开始，认真走好每一步，才是最重要的。

你说你要选择机械设计专业，我和你爸都表示赞同。你打小就喜欢手工操作，比如折纸、拼图什么的，你就很有耐心，而且做得还很好。家里新买了椅子、柜子要拼装，你会“主动请缨”加入我们。看着你那么铆足了劲、认真拧螺丝的模样，我和你爸乐开了。

后来，你慢慢长大，在机械结构方面的兴趣越来越浓厚。

高二时，你们学校组织了一周的务农实践，你说过得很充实。实践课上，老师带领你们编织线路、做电动小车，进行机床操作和钳工操作，你自诩你的操作把控能力比较好。你动手制作了“DIY”雕刻小挂件，你还非常得意你在T恤上画的那幅手工绘画。

春季高考被录取后，你买来一些机械拼装物准备在家操练。拼块很小，不是特别好拼装，但你却不怕困难，一直忙到大半夜。当一座精致的埃菲尔铁塔展现在面前时，你说你很有成就感。后来，你又从网上买了些原材料自制项链，送给婶婶和网友，她们都很喜欢。你真的喜欢动手实践，自己拼装些小物件不说，还把同学没时间拼装的材料搬回家，愣是“加班”“加点”拼出一个半人高的变形金刚来。

在考驾照的练习过程中，你学得很快，师傅说你的操控感很好，不到三个月的时间，你就顺利地拿到驾照。大路考试通过后，师傅特别请你给其他几个学员传授考试经验。看到你为路考而手工绘制的路考路线图和路考攻略，我不得不说，你和机械设计是有缘分的，你的选择是适合你的。

◆ 善良的“姑姑” ◆

你曾经问我，你有什么优点？我很诚恳地回答你：“善良、聪明、有悟性，尤其是善良。”记得在你小学三年级时，老师要求家长在学生信息登记表中填写孩子的优点。有的家长填的是孩子的钢琴考级级别，有的家长填的是孩子在各个比赛中的获奖名次，而我只填下了“善良”这两个字。因为在我眼里，“善良”是一种最为宝贵的品质。

你问我“善良”有什么用，我说，因为善良，不用刻意去提防别人，所以为人处世就很简单，没有那么多不必要的纠结和纠纷。因为善良，你会把心中的美好展现出来，会让你的周围充满阳光和温暖。因为善良，你会获得更多的快乐和幸福。

高中同学都叫你“姑姑”，最初是高一新生军训时，你带了金针菇分给大家吃的缘故。后来，同学们再叫你“姑姑”，更是因为你有些“知心姐姐”的风范。你在班上人缘很好，一些同学课后、放学后都喜欢找你说说他们心里的烦心事，而你，也是尽可能地做到理解、帮助同学。

同学在你的学习成长册上为你写道：“见过最善良的人。强烈的包容感，让人想要靠近。”你给同学的回应很温暖，你对她说：“我会尽力让你在和我相处的时间里放下压力，轻松得仅仅做一个普通妹子。”

记得你曾经对我过说，帮助同学的同时自己也很快乐，快乐的同时又发现自己是那么幸运。我想，这都是你善良的缘故。

◆ 快乐时光 ◆

– 杂记 –

在高中的班级里，你明显比初中要活跃许多。你说在班上找到了存在感，不再像初中时的“活死人”那般。你参加了器乐社团，经常参加班级、学校组织的志愿者活动。高一新生军训会演，你们班表演一个宫廷剧，剧情是宫中妃子们的争斗，你演其中的一个妃子，你还在剧中吹奏竹笛一曲。不久，你参加了学校运动会的啦啦操队，你跳操的动作虽随意但很协调。高二年级举行的篮球比赛，你们班取得了女生第一、男生第二的好成绩，特别是女生以 20∶3 大比分获胜，场上五名女同学，有两名女同学负责进攻，你和另两名女生负责防守。你防守得很棒，紧紧地黏着对方同学，让她施展不开手脚……

你和同学相处很融洽，有时还和同学约着一起玩。高一的那个元旦，你和几个小伙伴儿去外滩玩了一天。你说走了很长的路，还去游乐场疯狂了一把。第一次这么放任你一个人出门，我们多少有些担心，不过看到你那么开心，我们也很高兴。高二年级，学校组织你们去欢乐谷游乐场游玩。在碰碰车场地，你驾驭熟练，满场狂追猛打，把一个抢在你们前面选碰碰车的男生撞得毫无招架之力，非常过瘾。有时周五放学后，你也会应同学之约，去商场逛逛、唱唱歌、吃吃美食，小乐一把。你有一个闺蜜，是你的初中同学，你们经常周末约着一起去图书馆复习功课。国庆节，和你闺蜜一家，我们一起去桐庐爬山、游溶洞，玩了两天，你最开心的是你俩单独在酒店里玩游戏的时候。当然，和同学一起打游戏是你一直以来的快乐。你在春季高考被提前录取后，我和你，从上海到重庆，打着"飞的"去见网友——一个和你一起打了四五年游戏的漂亮大学女生，你们一见如故。网友带着我们游山城、吃美食，还去网吧打游戏，那可是你第一次去网吧。山城很美，处处留下你们的欢声和笑语。临行依依不舍，你说，日后一定还会再约。

有那么一段时间，你总把"开心就好"挂在嘴边。你爸股票赢利了，你说"开心就好"。你爸问你："如果赔了呢？"你还是那句话。有些时候，你会很感慨："我觉得我挺开心的，同学关系很好，学习上也没太多压力。"

放学路上，你经常合着音乐轻轻哼唱新学的歌曲，有时候还录下来给我和你爸听。你爸听了以为是原唱呢，真的很好听。你唱歌时声音不大，听起来音调很准，我想可能和你吹笛子有一定的关系吧。

上了高中，你越来越爱美了，洗脸比以前认真多了，还经常要用我的面膜敷脸，看着你敷面膜的样子有些好笑。你在网上搜罗好些你看上的毛衣放进购物车里，让我看着买。知道你长大了，爱美了，除了一件毛衣和你商量换个颜色，其他我都替你如数买单。你知道后很高兴，商量着等新衣服到了要把穿了很久的旧毛衣整理淘汰些。你穿上新毛衣，还佩戴上毛衣挂链，问我"帅不帅？"，我乐道："臭美！"

不知从什么时候开始，你总喜欢去文具店买、买、买。你说你逛文具店好比女人逛服装店一样，止不住。你还喜欢在淘宝上淘些小东西、小可爱，拉到"购物车"里让我帮着买单。你买过一堆酸酸的糖果，为的是上课困乏时，吃一粒把自己酸醒。你还买了两只可爱的陶瓷杯，说是拿到学校喝水、泡咖啡，其中一只送给同桌，美其名曰"完美的校园生活"。看到你在紧张的高三学习中，还偶有如此清新小情趣，我真的打心眼里为你感到高兴！

– 欧洲十日游 –

你说不愿意和相当一部分人一样在国内大学混文凭，你想去法国读书。你想学习理工科专业，希望毕业后能有一份好的工作。我们对你的这个想法表示支持，同时也向你明确了我们的意见：要上就上好的大学，如果仅仅是花钱到国外读一般的甚至不知名的“野鸡”大学，不如踏踏实实地在国内读书。我们在出国中介那里了解到，你想申请就读的几所大学，不仅需要你在高中各个阶段成绩优异，而且要求高考分数超过一本线四十分左右。申请一所好的国外大学并不容易，这对你来说难度极大，你说你想试试。

于是，高一开始，你报名参加了法语学习班。每次上完法语课回来，你都极有兴致地给我朗读最新学到的法语单词和句子，说说法语课上的事情。老师问你为什么要学习法语，你说你喜欢法国人的素养。高一暑假里，我们一家去了巴黎、意大利进行为期十天的自由行，游玩的同时也想让你到外面走走、看看，提前感受下。

走在巴黎的老街区，静静地，开始了我们第一天的欧洲之旅。一天下来，我们走了不少路，游览罗浮宫、凯旋门、埃菲尔铁塔，将塞纳河畔两岸美景尽收眼底。塞纳河上天气晴好，总有路人与船上游客招手致意。桥上琳琅满目的爱情锁承载了一段段爱情故事，也锁住了路人的视线，成为塞纳河上一道美丽的风景线。河畔草坪和人造沙滩上，沐浴在阳光下的人们，有老人，也有孩子，慵懒、惬意……巴黎的白天时间很长，晚上九点半才渐渐黑下来。时间好似这塞纳河水，清澈、舒爽，缓缓流淌。

第二天，我们参观了金碧辉煌的凡尔赛宫。宫殿内外精美绝伦、极尽奢华，真正要看仔细了，一整天时间都远远不够。巴黎圣母院、圣心大教堂里人太多，我们就只在外围参观。教堂侧边楼梯上有两个弹唱的黑人小伙子，表演很风趣，吸引了不少游人。

从巴黎到意大利，我们游览了米兰大教堂。这座哥特式建筑典型代表的教堂，每个尖顶都矗立了一个神的雕像，教堂内壮丽、肃穆。看着广场上有许多鸽子飞来飞去、悠闲自得，你无不羡慕，感叹道：如有来生，要做一只生活在欧洲的鸽子，没有天敌，自由自在。

米兰火车站，据说是欧洲最大的火车站，有着钢结构的巨大拱顶。其规模与我国许多火车站相比，简直是小巫见大巫。站内没有候车的座椅和特别的候车通道，但是站内很安静，乘车秩序井然。到了威尼斯小镇，看到了课本里描绘的贡多拉小舟，恍惚间又看到当年课堂上，老师对威尼斯的娓娓道来。走街串巷，穿梭在流光溢彩的玻璃制品、美轮美奂的面具间；去小镇的市场转转，品过海鲜餐，悠闲的一天又慢慢划过。我们还参观了梵蒂冈的圣彼得大教堂、罗马斗兽场……走过，看过，见识过。你说，你喜欢街区的宁静、天空的湛蓝还有人们的优雅。

– 校园文化节 –

高一下学期，学校举办了一年一度的校园文化节。文化节上有你们班表演的印度舞蹈，还有你们器乐社团的乐器演奏。你在网上帮同学买了表演用的印度服饰，头天晚上辛苦熬制好冲泡奶茶用的“珍珠豆子”，你还邀请了你的好朋友，一大早就去学校忙上了。老师在家长群里发了许多照片、有你跳舞、吹笛子的照片，还有你和同学们一起卖奶茶的照片，如此开心，可惜我们不在现场。

校园文化节后，应你们学校邀请，韩国一所女子高中组团到校走访。你主动“认领”了一个“萌萌哒”的韩国妹子到家里小住一天。你和韩国妹子用英语加手势交流，基本上还应付得过来，还去好朋友家为韩国妹子选了几顶帽子。晚上你和韩国妹子、好朋友一起聊到很晚才睡觉。一次难得的愉快经历。

第二年，你向老师申请，邀请我和你爸一同参加校园文化节。那一天，学校里处处欢声笑语、热情洋溢。有各个班级身着风格迥异服饰的入场式和精彩表演，还有老师们对你们的青春祝词。校长最出彩，变身机长领航你们“校园航班”“走向世界”，由老师们扮演的空姐、空警、机务长在音乐的带动下激情舞动，场面真是好看得不得了。你们班表演的主题是“青春的舞动”。舞台上的你，虽然不是领舞，但举手投足之间随意舒畅。当然，你们最喜欢的是“校园美食一条街”。你和器乐社团的同学一起搭建了一个卖寿司的小摊位，“生意”不太好，你们倒也自娱自乐。不时地，你和同学蹿到其他摊位去品尝美味。下午的合唱比赛，你们班同学热情澎湃，结果赢得第一名，你很兴奋，也很自豪。

– 挣点小钱 –

高二下学期开学不久，看到同学的小姨在微信群里推广护肤品，你说交298 元成为会员之后，为其上传产品照片就能返现，9 次返现后一共获利 100

多元。你想试试，问我怎么看。我对此表示怀疑，因为口头承诺是不具备法律约束力的，我想这只是一种营销手段或者说是一种传销。你却坚信同学的小姨会按约定返现。你想试试看，我不赞同，但也不反对。一周内，你微信转账298元申请加入会员，护肤小样如期送到。在上传了小样照片后，你得到了第一次的返现。第二批小样隔了两周才送到，护肤品与第一批的一模一样，但是返现却一去不复返，其结果和我的估计的完全一样。你不禁叹道："不听老人言，吃亏在眼前，就当花钱买教训了。"

后来你又在网上申请了一个什么代理，这一次倒是小挣了几笔。有几个同学找你代购，我和你婶婶也通过你买了些护肤品。婶婶在你这里买了100多元的物品，你只加收了5元代理费。我觉得就算多加10元也不算多，结果你说："做生意，讲究实在，不能图暴利的。"不过，接下来就没有"生意"上门了，加上学习越来越紧张，你不再琢磨代理的事情。不过，只要有机会，你还是会想着怎么能挣点钱。

高三上学期期末，你报告我一个好消息，你说你挣了120元，原来是老师表彰成绩优秀的同学而发放的奖学金。班级奖学金一共1400元，你说最厉害的一位同学得了220元，你觉得自己也很棒。当然你是很棒的！我说这是你最有含金量的一份"收入"了，你很开心。

春季高考后，你和另一名提前录取的同学去某个学校做考场协助员，上午两场考试下来，你得到80元的酬劳。然后你就和同学吃了顿美食，回来给我捎了份奶茶。

你照着网上的菜谱和教程做甜点、做美食，给我准备第二天的"爱心午餐"，一个月的时间里，你又挣得一份"辛苦费"，你开心的同时，我更觉得暖心。

后来你又和同学一起约着应聘一个教育机构假期里的助教工作，虽然机构离家较远，要早出晚归，但是一天有100元的收入，一个月下了有3000元入账，而且还能在机构中实践实践，想想你都觉得很美，辛苦也就不算什么了。遗憾的是，因为助教名额有限，最终你没能申请到这份兼职。最后，你决定利用暑假的空闲时间去考驾照。

– 家有小猫 –

有些日子，你总问我什么时候退休，你想等我退休了，好给你养只小猫或者小狗。

打小你就是喜欢小动物，我们经常带你去动物园玩。你喜欢待在动物喂养区给小兔子、小羊喂食。给小羊喂食的时候，你专门找弱弱小小的羊，看到手中的青草被强壮的大羊抢走了，你着急得不得了。以前家里养了两只小鸭子，因为我的疏忽，小鸭子在池子里游的时间太长，最后累了，溺水死了，你还悄悄地为小鸭子抹眼泪。后来你一直希望能养只小猫或小狗。家里养过仓鼠，一开始你满心喜欢，不过你还是想养只猫，所以我说等我退休了，或者怎么也得等到你上了大学吧。过去你外婆家里也养过猫，那是在我的要求下养的，因为我喜欢猫。

有一天我在小区门口捡了一只流浪小猫，本打算给你养两天玩玩，缓解下你的学习疲惫。结果你很喜欢小猫，最后小猫就成了家里的一分子。小猫有时候上蹿下跳、扑跳嬉闹，有时候又乖萌可爱，有时候静静地趴在你的身上睡大觉。当小猫调皮捣乱的时候，你会训斥它说："你还不乖乖的，要不是我们养着你，你还在外面翻垃圾桶呢！"看着小猫美美地吃食、舒舒服服地躺着睡觉的时候，你又说："这只猫上辈子是只好猫。"小猫刚打过疫苗时，你担心它会不舒服，直到小猫又如往常一样扑上来玩耍时，你才舒了口气。

小猫慢慢长大，如今长成憨厚、壮实的大猫了，你还是很喜欢它，有时你还很调皮地追着大猫满屋子跑，经常给大猫拍照片，把大猫憨态可掬的模样设为你的微信头像。看到大猫孤独的身影，你又从同学家抱来一只小奶猫给大猫做伴，如今，大猫、小猫"相亲相爱"，俨然已是家里的正式成员了。

◆ 你说我说 ◆

– 杂说 –

高一下学期开始，我们之间的对话不只是"今天吃什么？""作业完成没有？"，而是多了些你在学校的趣闻乐事，包括你对一些事情的看法，还有我们之间比较随意的讨论、吐槽和思考。

说得最多的当然是和学习相关的：你说，有时为了解答一道难题，就算花去大把时间也在所不惜。你说数学老师很聪明，对同学们都很好，你喜欢数学老师。有时你抱怨物理考试内容过于简单，不能反映你的实际水平。自从英语考试你考了班上女生倒数第一名后，你说在英语课上你最专心了，因为老师把你列为重点提高对象。

高二下学期，你代表学校参加"明思杯"数学竞赛。赛前你问我，如果做不出来怎么办。我说尽力就好，重在参与。结果，你获得了三等奖，我们比你还开心，因为这是你努力和实力的体现。

还没进入高二暑假，你就告诉我一个好消息：你把游戏卸载了。你说你决定从此"金盆洗手"，不玩游戏了。我一时反应不过来，想着你会在假期痛快玩过之后，等到高三开学，才依依不舍地告别游戏，因为你是那么的爱玩游戏。你能有如此决定真不容易，我夸赞你："你能的！"你说天外有天，比你能的人很多。

有时候你会很高兴地和我说起学校里有趣的人和事儿，你说化学老师的"儿"话音很搞笑，有两个男老师长得很小巧，你喜欢物理老师的课。你又说起班上那些男生很风趣，不像初中班上男生那么调皮讨厌。男一号(入学考试班上最高分)是班长，老师钦定。平时什么也不做，都是副班长在操劳。同桌是女一号，和你比较像，属于智商型，你有些小得意，说你俩没有其他女生那么认真，有时上课还会偷着睡觉，不过学习成绩却不差。你又说起和学姐不知有什么别扭，想了想，你说大概是因为你不习惯和不熟悉的人打交道。

有时候，你会告诉我班上哪个女生和哪个男生是一对儿。我问有没有男生喜欢你，你总是瞪圆了眼珠子道："怎么会?"怎么不会呢？你这么美丽、善良、聪明、不拘小节。我问你喜欢什么样的男生，你说你喜欢聪明的男生，你心目中的"理想男生"要有担当、幽默、机智但不固执。你问我，如果你的一个好朋友是个男生，我是否会反对好朋友转变成男朋友？我说："将来你的情感、工作、生活还是由你自己决定，当然我和你爸会以过来人的经验和视角给你一些参考。"听我这么一说，你说你感到很幸运。你说你以后要找一个理科男，这样才有共同语言。

你在班上人缘好，大家都愿意和你相处，同学说你乐于助人、不拘小节，有时还很豪爽。你说自己比较胆小，害怕一些未知的、不确定的事物，但对身边发生的事情，不会像班里有些女生那么大惊小怪，我说你这是处事不惊。有一次老师正在上课，一只虫子在班里飞来飞去，引得不少女生一片哄闹，只有你镇定自若。老师批评同学的时候又表扬了你的大气，坐在身后的女生不服气了，接过老师的话，说你是“女汉子”所以胆大。我问你觉得我的胆量如何，你直截了当：“胆大！”其实我并不是你说的那样。面对不熟悉的、危险的事情，我一样也很胆小，比如开车，我总是小心翼翼、慢慢腾腾的，用你的话说，是“见人让人、见车让车”，因为我的车技不佳，更怕碰撞。

我们在生活中、公共场所时常会看到一些不文明现象。你认识的一个老师，解密租赁单车密码后花一元钱骑一天，还在微信朋友圈发布这件事情。你说那个老师太过分、素质太低。你问我：“是不是中国人的素质就是很低？”这个问题有点难回答。我认为，不能笼统地定性说中国人素质低，因为还是有不少高素质的中国人。只不过中国人口众多，相对来说，素质低的人比较多。至于你的那个老师，他绝不是花不起租车的钱，只是存有一种贪图小便宜的心态吧，而“贪图小便宜”心态又是当今社会普遍存在的。你又问我：“那么，中国人的素质到底能不能提高？”我说：“随着社会经济发展，人们生活水平的逐步提高，加上为数不少的高素质的父母的传承和教育影响，国民总体素质总会有提高的，但需要时间。”

你还和我说起从初中到高中，有些老师特别重男轻女，你很不服气。说到学校老师对男生、女生的看法，你就更有你的意见了。你问我：“从小到大我们就被不断强化意识，男生理性思维一定比女生强，女生天生就该喜欢洋娃娃。为什么老师会有这么些偏见，男生一定要阳刚不能阴柔？为什么一定要男人养家糊口？为什么有些女孩子那么追求物质享受？”的确，社会上是有些“宁愿坐在宝马车里哭，也不愿坐在自行车上笑”的女孩子。你说她们是受到所谓“学得好不如嫁得好”的家庭教育影响，你还说咱们这个家庭的教育还是很成功的。我接过你的话说：“只有自己好，才可能找到一个更好的人。如果自己不好，就算嫁得好，将来也不见得能把握好。”你说靠自己才是硬道理。

— 班里的同学 —

经常听你说起班上女生之间的事情。你很困惑：为什么有些女生有那么多的是非，好像整天生气过来、生气过去，而你就没那么多的烦心事？我说，大概是因为你比很多同龄人成熟、理智些，对人、对事情没那么执拗。你说班上有一个女生特别敏感，经常和同学闹别扭。有时候你同情那个女生，有时候你又会抱怨那个女生，因为你认为她做得很不好。你问我那个女生为什么会那么爱生气？

我想，大概是家庭环境所影响。也许她的父母间相处不融洽，所以她从小看到、接触到的、学到的只是排斥性的负面的表达方式。她不知道，除了生气，还能有其他更好的情绪表达以及更好的相处方式。你问我："我为什么就没有那么斤斤计较？"我说因为你很善良。

听了我的解释，你有些理解那个女生生气的缘由。但在理解之余，你又忿忿地埋怨着班上那些不守秩序、不讲规则的同学。你问我，有些同学怎么能在没有其他理由下擅自离开会场，而不尊重台上的讲座人员？对于你的愤慨，我感同身受。学校、工作单位、社会中这样的人比比皆是：没有时间观念、不守时，自私自利，爱占小便宜，只为自己着想而不考虑他人，没有诚信，当面一套背后一套。

"是的。"我对你说，"看得出你对自己的要求比很多同学高，你也很好地做到了。没错，会有些人不遵守会场秩序，或迟到或早退，其实有时我也会想着办法离开会场。"你眼睛瞪得圆溜溜地惊叹道："怎么能这样？你怎么能这样？"

我说，不宜以自己的道德尺度去衡量他人。你能做到固然好，但时时心中悬把道德标尺，往往心有不平却又无济于事。你问我，像你这样以后会不会很累？我说多了解自己，理解他人，对自己多些包容，对他人多些宽容，你会越来越透彻明了的。

每个人的人生观、价值观不尽相同，所以生活态度和处事方式各不相同。因为你善良，因为你对自己要求比较高，因为你懂得尊重他人，所以你也希望周围的人都能如你一般地和睦相处。但是，有些人、有些事情却不是自己所能决定的，无论你做得有多好，周围依然会有些许"不和谐"存在。当我说到"不要因为别人的不是而委屈自己"时，你似乎有所感悟。

随后，我把我在工作中和同事、领导的相处方式和态度与你分享，你由衷地拍掌夸赞我的为人处世之道。我顺便把你外婆曾经对我说的那句话送给你："遇强不弱、遇弱不强。"我相信，无论社会职位、财富高低，人与人之间是平等的。“不卑不亢，以理服人，诚信待人，关爱自己，善待他人，保护自己，灵活通融。”这是我对你的期望。

班上有些同学，做什么事情都要拉着你一起去，对此你很反感，却又抹不开面子拒绝。你问我怎么办。我说很简单，合理拒绝是每个人应有的权利，既是对自己负责，也是对他人负责，是相互尊重、诚信的表现。

你不理解，为什么班上有些同学脾气特别“臭”，经常莫名其妙地“火山爆发”。怎么说呢？你们正处于青春期，敏感、脾气暴躁也是正常的，这是一个人必经的过程。但是如果一直敏感下去，就会对今后造成负面影响。前两年你就像爆竹，不知怎地臭脾气就会被“点爆”，痛得让我咬牙切齿却又无话可说，你说你忘了。忘了？再不是你对我说“你说什么都有道理，但是，你说什么我都觉得讨厌！”的时候了？你说真忘了，你对我说：“我觉得，你对我的教育很成功。”听你这么说，我很高兴，更为你高兴。

如今和你“促膝长谈”的感觉很好。你遇到高兴的、不高兴的事情，你都会找我说，我也经常把我的感受和经验与你分享。有时候，感觉你是我的一个好朋友，我都忘了你是我的女儿。

– 说紧张 –

高三伊始，你说你的表达能力不好，心里想的嘴上说不出来。其实你比小时候要好多了，表达能力是可以慢慢训练、提高的。你又说你遇事会紧张，你说你不知道为什么会紧张，紧张了手心要出汗。

想起网上看到一个采访，霸气总裁对“员工见到自己特别紧张”的回应：“紧张不紧张在于你工作做得好不好，紧张就证明你一定是有问题的。”我说我也有紧张的时候，比如会上发言的时候，心跳加速，说话都有些颤音，你使劲儿点头，说你也是这样。我想，大概因为想表现好些，特别是有领导在场的时候会比较紧张。不过有些时候即便领导在场也很自然，那是因为是自己熟知、比较擅长的事情。

你接过我的话说，紧张就是能力不够。你又问我紧张时怎么办？我笑了笑说：“紧张就紧张呗，知道为什么紧张就好了，如果想从容些，就要多付出，努力提高自己。”你听了释然，不再纠结。其实我很想再进一步和你讨论这个话题——如何面对紧张，并不是我能做到多好，其实我时不时还是会紧张。

– 讲心得 –

进入高三，你说你发现需要学的知识点太多，这个要记、那个要背，比如化学，背了好几遍还是记不住，还有生物、语文，感觉怎么都学不过来，以前不想是因为自己没有太多要求，现在你希望通过最后的冲刺考上理想的大学。你说你不太自信，你不明白为什么这几次的英语考试你能考得比较好，因为你觉得还有很大的差距。

我说，一次考好可能是偶然，连续几次都能考好则是必然。你在英语上取得的进步，是你努力认真的结果。对于高考，我更想说的是，只要你努力，不论将来上哪个大学，对你来说都是好的。眼下最重要的是放平心态，注意学习方法和合理的时间安排，踏踏实实地过好每一天。

我和你分享了一段时间里我的工作和心情：起初感觉一团乱麻，似乎要做的事情很多，但又无从下手，想起来就头疼。然后，我就静下心来，一点一点地，把想得到的、能做的事情先做起来。慢慢地，手上材料准备多了，混沌中有了脉络，条理渐渐清晰起来，最终调研报告如期高质量完成。我的经验是，当脑子里一片空白、停滞不前的时候，不妨暂时把它们放到一边，轻松下、懈怠下，等调整好状态后再集中精力，认真去做。我坚信，只有持之以恒、坚持不懈，一定会有收获的。你说，你要下定决心，咬牙坚持剩下这几个月“非人”的日子，你说这段日子将是你一生中的难忘记忆。

– 读书体会 –

有一段时间，你问我最近读书有啥感觉。你说的是读《瓦尔登湖》，今年清华大学校长特别赠给大一新生的那本书，也是我最近爱不释手的一本书。非常喜欢清晨缕缕阳光透过树林斜照在小木屋的那份宁静、瓦尔登湖的清澈见底，还有湖面的忽蓝忽绿：远远地一片深蓝色，近些蔚蓝，风暴天气中呈现出深石板色，冬季里白雪覆盖周边山林时却又变成草绿色。那段日子里，我很期待每天的早读时间，有时候还占用了中午休息时间。一遍不尽兴，还要回过头再细细品味。林中闲步，鸟雀、松鼠、猫头鹰伴在左右。墨黑的夜晚，用脚摸索心中的路，无论什么气候都不会忧悒悲怆。梭罗种下的豆子，分明是一颗颗快乐的种子。这份安宁、惬意与陶渊明的“园日涉以成趣”是多么相似？沉浸其中，实在不是三、两句话语可以说清道明的。

看到我接着又在网上买了几本古诗集，你开玩笑地把你高中古诗册子撂给我，让我一并通读。你爸打电话问我忙什么，你调皮地接过话茬对你爸说："你老婆最近迷上古诗词啦！"

你又问我读古诗词是什么感觉，我说这么多年了，直到现在我才发现诗词竟是那么美。流连之中，趣味无穷，越发觉得时间不够用，独处的时候心境平和。

时不时我也会把一些文章和感受说给你听，你在摸底考试作文中就引用了我给你讲过的《肖申克的救赎》，写下《坚持是通向成功之路的照明灯》。

你说你不喜欢读书，你还是不知道我对读书都有什么感受。静不下来的时候，读书的确很枯燥、很乏味。但如果能静静地置身于书本中，其感觉则妙不可言。其实以前我也不喜欢读书，捧起书本就犯困。现在，读书让我很享受。读书不仅能开阔视野，更能充实自我。其实就像你说过的那样，只要想，一切都不晚。我还有大把时间可以好好读书，包括现在。

不久，读到你在语文月考中的作文《论学习》，我非常高兴你在文中提到了你和我的"关系很亲密"，同时也比较认同你在文中的一些观点。

论学习

自小就听到这么一句话："活到老学到老。"绝大多数人仅仅是顺应着教育体系，从幼儿园一直读到大学。学习充斥着人们的一生，然而我们的学习是既清楚又盲目的。

我们要学什么？高中生的学习包括语、数、英、物、化、生、政、史、地以及一些艺术音乐欣赏及研究性课程。我们清晰知道并能熟练运用大部分的知识点。学习为成绩服务，在这个身负重担的时期，我们早已没了额外的精力、时间去为自己学习。

与此同时，一个疑问在我们心中种下了不解的种子。学习只为成绩，为高考，为将来。我们不能理解所学习的内容，比如说数学里的虚数、英语里的语法填空，甚至是语文的文言文、阅读理解。有人说："你可能这辈子都不能将数学的复杂运算运用到生活实际中，但它的成绩将来会决定你在哪里买菜。"这种冷幽默的例子数不胜数，揭示当今社会环境的片面性，中式教育让学习成为学生被动发展的途径。

学习是工具，它可以给我们提供所需的有限能力。如今，有很多五十岁的单位老将受到40多岁的新精英的威胁。在20世纪90年代的本科升学率与十年后的不尽相同，但是既然活在当下，他们不得不接受挑战，靠周末上学来深造个人的能力和学历，一次次捍卫自身地位。

当我们把学习当作工具来“使用”时，绝大多数并不会喜欢，反而表示出反感和排斥的心理。原因所在是被迫学习，以及学的是自己不擅长或不感兴趣的。想从众多青少年中脱颖而出，靠的是成绩。我们迫于这种社会现状才不得不学，对于考试，实在无法体会学习的魅力所在。

当我们已不需要把学习当作任务去满足生活的客观需求，学习很快会变得生动、有趣。以我身边的人为例。我的母亲近两年毫无预兆地迷上了文学，《红楼梦》《庄子》等经典读了个遍。除此之外，她还开始编写随记，准备日后出一本书。因为我们的关系很亲密，这使得我非常明显地感受到学习给她带来的快乐。

只有当“学习”不再只是一个“任务”，我们才能学我所想，在学习的过程中获得快乐。

– 梦想与现实 –

你说在心理课上，有一个选择题让你感到困惑。一个有着音乐梦想的年轻人奋斗数年，不仅一事无成，而且还负债累累。你问我：到底应该坚持梦想还是回到现实中去？在你看来，已经坚持这么多年了，也许成功就在不久的将来，但是事实却很残酷。

通常，事物是具有多面性的，选择往往就意味着放弃。如果是我，我会努力面对现实的艰辛之后再重拾梦想。每个人的选择可能不同，说不好哪种选择就是对的。但是不论如何选择，只要心里有梦想，有坚持，或早或晚，梦想终究会实现。

你没有再说什么，不过在后来你的作文《坚持只是通往成功之路的照明灯》中我读到了你的见解：

坚持只是通往成功之路的照明灯

绝大多数的文艺青年，坚持读书学习少说也有十多年，但真正成功的也是千分之一的概率不到。不可否认，我们平淡地活着。

坚持，只是通向成功之路的照明灯。在这广阔的立体空间内，除去明确的目的地以及踏实的脚步外，还有非平面的转变。

若没有目标，除了年龄上有所增长，其他再无长进。安于现状的心态，坚持再久也只是徒劳。

《肖申克的救赎》一书想必很多人看过。书中剧情不像美剧《越狱》那般惊险、暴力。与之相反，充斥着人性美和主人公独特的个人魅力。含冤入狱，身边只有一把巴掌大的美工小锤子，谁想到他竟能坚持二十多年，凭借小锤子凿了一条通向自由的路。我最敬佩的还是他细腻到极致的心机。入狱前已经在其他地方制造了一个假身份，以便越狱后使用，他一开始就认定自己可以逃出来。

成功不可能一步登天，爱迪生也是在无数次的失败后才发明了灯泡。成功靠的是一步步的积累。

《中国合伙人》，几年前由黄晓明等明星参与拍摄的创业励志电影，令人无比震撼。从一个小小的学校英语老师到成功商人，如此漫长的过渡期，三人中有被学校炒鱿鱼的，有陷入情感危机整天无精打采的，也有在国外打工，生活却表里不一。从肯德基到废旧工业区，再到简陋的工作室，最后建成了庞大的教学机构。他们的成功是汗血的沉淀。在挫折面前，他们依旧坚定自己的梦想。第一次出国找投资人，却受到白眼，不被看好。回国后继续发展教育事业，即将飞黄腾达时，却被外国公司投诉他们侵犯了教育方式的使用权。三人受到媒体及学生家长的无情质疑与打击，依旧永不放弃，最终证明了他们的清白。

自身的高度永远是必不可少的。想要有所改变，不仅仅需要外在、肤浅的物质改变，内在改变也是极为重要却一直被人们忽视的。如果只提高外在，最后你会发现成功近在咫尺却无法触及。提升个人品位、特性、习惯等内在事物，不能急于求成，要步步前进。

收录你的这篇作文，不是说你的作文写得有多好，而是因为我从你的文中读到了比较正面的思考。坚持只是通往成功之路的照明灯，只有坚持，才能实现梦想，这似乎是你高三阶段的真实写照。

– 什么是成功 –

你刚上高三那段时间，我看了电视连续剧《小别离》。剧中讲述了三个不同家庭面对孩子升学、留学以及青春期的故事。三个家庭中，琴琴学习最好，琴琴爸爸是一名出租车司机，他不赞成琴琴妈妈送女儿出国留学。琴琴大姨从美国回北京开饭店，在商贸区大楼下，她对琴琴爸爸说了这么一段话：来来回回接送乘客，你从来没进过这些楼吧？这里进进出出的都是精英，在其中没准就有那些将来很成功的人。按琴琴大姨的话来说，琴琴只有去了美国读书，才有可能像这些进进出出的精英一样，有机会把握更好的前程。

我问你：什么是成功？成功和成就有什么不同？你说一个是“successful”，一个是“achievement ”。

我把亨利·戴维·梭罗在《瓦尔登湖》里关于成功的句子读给你听：“如果你欢快地引来了白天和黑夜，生活像鲜花和香草一样芳香，而且更有弹性、更加繁星、更加不朽，那就是你的成功。”你说，成功就是快乐。

究竟什么是成功，一直以来我没能找到一个完美的答案。也许像你说的那样，成功就是快乐。试想如果没有快乐，成功的意义又在何处呢？我不敢说我是成功的，但我知道我是快乐的。快乐地工作和生活，是不是成功似乎不重要。如此，我希望你是拥有快乐的，在快乐中追求卓越和成功。

对于将来，你说你虽然倾向理工科学习，但具体什么专业却没有明确的方向，你问我怎么想。

如今，我们可能给到你的参考非常有限了。但我想说的是，无论你将来学什么、做什么，重要的是你有你自己的思考和选择。专注于你从事的工作并能从中感受到快乐，做什么便都有了兴趣，做什么都会成功。我想，成功也是一种自我完成。

- 认清自己 -

高二暑假里，我和你一起聊起大学生活。想到再过一年，你就是一名大学生了，你很期待。是的，比起高中，大学校园生活将会更加丰富多彩，伴着青春与梦想，你将开启人生中极其重要的一个篇章。

我很怀念我在大学的日子，特别是和几个室友一起穷乐的开心往事。尽管这么多年过去了，我们虽然天各一方，却也时常互相想念、牵挂。你说现在有些人太古怪，不可能像我们当年那般亲密和睦。如今，网络、电子产品普及，“宅男”“宅女”比比皆是，人与人之间的距离越来越远。你说，将来，人会越来越孤独。

你说你比较喜欢独处，认为有些人不配做朋友，觉得和一些人相伴不如不见。我知道你一直都有很要好的、无话不谈的朋友，虽然不多，你说你很知足。有时候和你聊天，感觉就像照镜子一样，不知是从我身上照见了你，还是从你身上映照了我，这样的感觉真是很微妙。

和你一样，我也不会花太多的时间或精力投注在我并不认同的人和事情上。但凡周边无趣无味时，我便充耳不闻、不为所动，可以专心做自己的事情。你说我这样好有“个性”，难道不怕旁人有意见？

旁人是谁？谁又会有意见呢？还记得我曾和你聊过的那个话题吗？人生就是一个舞台，台下关注你的只有父母，和一些为数不多的真正爱着你、关心着你的人。你真正要面对的是你自己，所谓“旁人”“他人”，不过是过往行人，很多时候还有可能是自己臆想出来的。

我很清楚，不论我喜欢与否，总会有这样、那样的人存在；不论我看见或看不见，身边总有这样、那样的事情发生。但这些并不妨碍我热爱身边的美好，包括一花一草。我专注于我的工作，我相信它的价值所在。我尊重身边每一个值得尊重的人，无论职位高低，甚至是不曾相识的路人、街边小贩。当同事、朋友需要时，我会报以我的真诚和帮助。然而，我有我的坚持和原则。毕竟，有些人不值得花时间深交，有些事徒劳而无益。你说你羡慕我这般随意，左右逢源、游离其中，你把我比作排球比赛场上的“自由人”。你说你很难做到，有时候你觉得面子上过不去。

你说我“胆大、有能力、有文学素养”，其实我认为自己最大的优势在于自信：不是说我个人能力有多强，而是在于我比较了解自己。我知道我自己的长处和不足，既能认识和把握自己的特长，也能看到并很好地接纳自己的不足。如果是自己没做好，别人批评也无可厚非，能则改之，不能就寻求其他更恰当的解决办法。所以我不会特别在意别人的批评，对于一些莫须有的或是主观意识比较强的批评，我不会让它们过多地影响自己。

相信自己，不需要过多解释。好的还是好的，真的就是真的。就像前些日子，很高兴和一位多年未见的大学同学见了面，聊起过去。同学说，很多年前，她从另一位同学口中听到了我说她的坏话后，非常震惊和失望，这也是我们这么多年中断来往的原因。听同学这么一说，我也被伤到了。当年，她是我大学里最亲密的同学和伙伴，在我的记忆里，我们简单又质朴，只有一起傻乐的时候，想不出会有怎样的矛盾和分歧，我能说出怎样不好的话来伤害她。这么多年来，就算我们已经断了音讯，我仍时常想起过去她的好。在同学生日的那天，我还是会默默地念想，为她祝福。时隔多年，我不想解释什么，也不想探究那个“别人”当年到底说了些什么，过去就过去了，多年后的见面还是映照了我们心底的那份情谊。当同学看到我还完好无损地保留着毕业前她送给我的布娃娃后，感慨万千。随后，同学在她的微信朋友圈中分享了布娃娃的照片，并写下：“20 多年前睡在我下铺的挚友，北京上海相隔 9 年后重逢，不经意间发现在学校时送她的娃娃仍被好好收藏。当她轻轻说起数次搬家带着它很温暖时，我瞬间已被温暖致死。记录、纪念，见证我们的友谊万岁。”

其实也不难。坚持自己，做自己能做到的，又何必在乎别人会说些什么？记住，你是导演，你是演员，你也是观众。走进自己，认识自己，终究有一天你会发现——你的舞台你做主。

如何能做到自己的主人？那就好好读书吧。

我给你读过龙应台写给安德烈的那段话：“孩子，我要求你读书用功，不是因为我要你跟别人比成绩，而是，我希望你将来会拥有选择的权利，选择有意义、有时间的工作，而不是被迫谋生。当你的工作在你心中有意义，你就有成就感。当你的工作给你时间，不剥夺你的生活，你就有尊严。成就感和尊严，给你快乐。”

你说这是千篇一律的教科书观点，没有什么新意。我之所以读给你听，是因为在和你说到工作中一些自己排斥的人和事之后，我突然意识到选择权利的重要性。我的切身经历告诉我：是否具备选择权利或者说选择能力，完全取决于个人的投入和付出。而这个能力将决定一个人所能达到的高度，决定一个人的成就和尊严，决定他(她)对自己、对家人、对社会的贡献和存在价值。

所以，在开学之际，希望能借此激励你在高中最后一个阶段，为实现理想而努力学习。最后，回到孤独和朋友的话题上，我想补充的是：善待自己、真诚待人，就像丰子恺说的那样，心存美好，世界便好，你的身边就会有和你一样友善的朋友相伴：

你若爱，生活哪里都可爱
……
你若成长，事事可成长
不是世界选择了你，是你选择了这个世界。

◆ 贴心小棉袄 ◆

- 前世“小冤家” -

高二下学期，有一天我整理以前为你写的日记时，发现你的红色批注。我问你什么时候“批阅”过？你比我还惊讶：“啊？有这事儿？”

你想了想说：“哦，想起来了，好像是几年前看过，几年前的话不是我说的。”你的意思是现在和几年前的思维方式、处事态度已经不一样了，大概你也知道那时你的逆反不羁，就像跟我有仇似的。

我舒了口气：“我说嘛，看到批注吓得我不要不要的。”

我问你：“你发现没有？这半年来你的变化很大哦！”

你回答我：“是啊，知道学习了，知道时间不等人了。”

我说：“还有其他特别明显的变化，你对我更和气了。”你一个“呵呵”回应我。

我又问：“你以前对我怎么那么凶啊？”

你好坦然：“对自己人嘛，当然厉害些了。对别人厉害那可是有危险的。对自己人凶点却是安全的，可以发泄发泄情绪咯，而且过去就过去了。”

过去已经过去，你若安好，我便释然。对了，那句话怎么说的来着？你一定是我前世的小冤家！

- 不打招呼 -

高中比初中离家远些，每天早上我开车送你去学校，下班后再去学校门口接你回家。高一上学期，元旦过后的一个礼拜，我在学校门口等你，左看不见，右等不来，眼见学生一个个走远，就是见不到你出来。我给你发信息你不回，电话也打不通，问过班主任说你们早就放学了。

你去哪儿啦？一遍遍地拨打你的电话，听到的总是“对不起，您拨打的电话已关机”。我好心急，赶紧跑进学校找你，看到你在教室里，我总算放下心了。你说你去超市了，手机没来得及开机。我有些生气，心想：那你倒是先打个招呼啊，一个小时还没时间吗？生气归生气，我又不能说你什么，要是说你一句，你会更生气。可是我还是生你的气，你这么不为我考虑，让我担心。有什么可担心的呢？不就是去了趟超市吗？你不理解。也许，等你有了自己的孩子，你就知道了。

第二天晚上接你的路上，收到你发来的微信："堵车吗？"我说马上到。看来昨天的事情你还是记在心上了。回家路上说了不少班里发生的事情，还说这次物理考试感觉不错。我趁机向你表达昨天一时间没找到你时我的焦急心情。你问我什么时候出行不用给我随时报平安，十八岁以后吗？我对你说："你爸每次乘坐飞机，登机前、飞机降落后都会给我发信息报平安的。"你说你爸是我的"男票"。我又说你大姨往返上海也是要打电话或发信息报平安的，你又说那是我姐。可你是我女儿啊，真不知该怎么跟你说了。

－ 搬箱子 －

高一那年的春节，我们坐飞机回西安过年。上了飞机，我吩咐你把箱子放到行李架上，你费了好大的劲才把箱子放上去。可是你生我的气，还在QQ上写道："要老子搬箱子！"飞机起飞好一阵子了，你都不理我。我挺难过，我个头小你好多，拿不动重物已经有一段时间了，你放箱子的时候可以请边上的人搭把手嘛。直到我替你点了晚餐、要了饮料，不愉快才算过去了。春节很快就结束了，我们在机场和你爸告别。回程路上你主动拎大箱子，上了飞机你自个使劲把箱子搬到行李架上，一路上高高兴兴的。再后来，我们一起出门，你都会帮着我搬箱子、提重物，再没有以前"愣头青"的小模样了，我也是打心底高兴啊。

－ 打电话 －

爷爷过生日的那天，你在电话里主动问候爷爷奶奶，爷爷奶奶都夸你长大、懂事、会说话了，你"嗯嗯嗯"地听着奶奶说了很长时间，不像以前拿起电话那么不耐烦了。提到给爷爷奶奶打电话，你说有些形式化。我对你说，以后你长大了，离开我们自己生活了，我们还是希望你能经常回来看看我们。你问为什么，我说你不在我们身边，我们会想你的。你问我们老了会不会吵架。你担心我们吵架么？不会的，这么多年过来，我和你爸都吵不起来，不过，小小的分歧可能还是难免的。你却说："哦，内部矛盾，你们自己解决吧。等我良心发现，嗯，等我爱心爆棚时我会看你们的。"好吧，以后，你忙了，得空给我们打个电话也是好的。

– 谢谢你 –

冬日里的一个傍晚，天黑得比较早。回家的路上，因为看错行车指示牌，我拐进自行车道并被警察拦下，不知怎么车子熄了火，手刹拉上了，车子还往后溜，结果碰上后面的一辆电瓶车。这下可麻烦了，驾照被交警扣下，还要处理后面的电瓶车。

你跑回路口拍了照片，因为路口前立了一个临时指路牌，提示前面路口处封路要提前绕道，谁知这个路牌指示就放在一个自行车道口前。

我一个劲儿地向交警认错，当你冲到交警跟前出示你拍的照片替我解释时，交警立马又严肃起来。我赶紧把你推到一边，向交警赔不是，说你人小不懂事。我知道你是在帮我，虽然指示牌放置地点不合理，但也不是违章的理由，当下最要紧的是拿回驾照。好在交警看我态度比较好，可能也看在你的用心上，万幸，交警把我放了。不管怎样，我都要谢谢你！

– 贴心小棉袄 –

明显的，高一年级的那个春节前后，你有了明显的变化。随后的日子里，风平浪静，天气晴好，一如你我。每天按部就班地早起送你上学，晚上接你回家。你做你的作业，我做我的家务，各得其所。听到电视里报道国际劳动妇女节即将到来，你随口一句“祝你节日快乐啊”。虽然就一句话，但我很受用，因为过去你很少会这么主动跟我说。

高二下学期开学后，你学什么、怎么学、学到什么程度，我已无须过问。感觉2016年的春天格外妩媚，你也越来越温柔可人了。以前少言寡语的你，渐渐地话多了，有时候还会夸赞我了。那天我去烫了头发，你说我很漂亮，你还自嘲怎么就会夸人了。哈哈！听你这么说，我很开心，看到别人的好是因为你心里存有美，因为你越来越好的缘故。

以前想起给你做饭我就有些头疼，生怕你不仅不爱吃，而且不高兴。现在好多了，有时候给你做个西红柿鸡蛋汤，你也会称之为“美味”。不知从什么时候开始，很多事情和你商量起来比较随意，不像以前总是要看你的脸色，问你话的时候，你也不像以前那么粗声粗气、不耐烦。感觉你开朗了许多、贴心了许多。

你买奶茶的时候经常也会为我订一杯柠檬蜂蜜水；你和好朋友去商城打游戏、吃小吃，回家时还不忘给我带一份章鱼小丸。你开始和颜悦色，放学的路上总能听你娓娓道来你在学校学了什么、做了什么，有什么有趣的事情，有什么你不理解、不认同的事情。听你说说，又听我说说，这样的感觉真好！

圣诞节，我特意为你挑选了一串红珊瑚手链，希望能为你“串起点点快乐”。你很喜欢，还谢谢我了，我很开心。

你一向比较含蓄，以前几乎收不到你的祝福语。2016 年，在我生日那天，头一次收到你发来的微信。虽然只有“生日快乐”这四个字，但我还是非常开心，因为这是你第一次主动发给我的。

春节前的一天晚上，你说有个“surprise”给我。我很期待，到底是什么？意外，也很惊喜，原来是两支香奈儿的唇彩。这应该是你第一次送给我的礼物，你说是春节期间微商活动促销买的。我悄悄扫了下二维码，价格不菲。想让你爸套套你的话——为什么送我礼物，结果你爸也没问出来。呵呵，不管怎么样，我都笑纳了。你爸夸你是个好姑娘，越来越贴心了。

春节后有一天正上着班，我突发急症，疼痛难忍。下午 4 点还没下班，我一个人就匆匆赶到医院挂号、化验、挂水。如果不及时去医院，估计晚上熬不过去还是要去急诊。我给你发微信，说我在医院，要晚些回去，你问我怎么了，我说肚子不舒服要挂水，你说“可怜的孩子”，看在我不舒服的份上，你送我一个你刚买的小记事贴。其实我在医院特别难受，收到你发来的话语，竟然觉得好些了。

春季高考录取通知下来后，你彻底解放了。同事问我你不上学的时间里做什么。从紧张的学习氛围中走出来，感觉你神清气爽了许多。这段时间，你会主动做些运动，这在以往是根本不可能的事情。你有时会学习英语，看英文读物，当然你还是会乐滋滋地毫无顾忌地打网游、看电视。

你还迷上了厨艺，还亲自下厨为我做饭、做甜点。为了学做菜，你照着网上教程，亲自到超市、菜场选取食材。亲自哦，以前你可是大门不出、二门不迈的骨灰级宅女呢！更让我感动的是，你说以后的午饭、晚饭都由你来做，我来点菜！同事羡慕我“好幸福”。是的，幸福的感受是真真切切、无以言表的，有轻松、甜蜜和满足。

我好开心，你也很自得。虽然莴笋切片很厚，但是莴笋炒肉味道还是不错的。你第一次做的煎饼除了忘了放盐，色、香还是很到位的。你第一次做的红烧鸡腿、可乐鸡翅根，调料恰到好处，比你爸做的还好吃。你信心满满、成就感十足。你设计好菜谱，让我每天按单点菜。热菜有红烧鸡腿、可乐鸡翅、香烤鸡排、番茄龙利鱼、黑胡椒杏鲍菇炒牛肉粒、蒸糯米丸子、烤鸡、土豆炖鸡肉、西葫芦炒鸡蛋、煎鸡蛋、时令小菜；零食有蛋挞、泡芙、酸奶蛋糕、牛奶布丁、巧克力曲奇、香草芭菲；冷饮有自制奶茶、香蕉奶昔；主食有米饭。有些菜品还在开发中。你提议，你出力，我买单，这样你可以挣些零花钱，你让我放心，你不会要价太高。好哦好哦，我满口答应。

晚饭后，你意犹未尽，开始琢磨第二天的菜谱，要我点好后天想吃的菜，你说有些菜需要提前备料。然后我俩一起给每道菜定价，有包工包料的价格，也有单独核算工钱的价格。晚饭包括 2 个红烧鸡腿、3 个可乐鸡翅根、1 份酸奶蛋糕、1 份奶茶。报价 34 元，成本价 12 元，盈利 22 元，你很开心。你爸说你定的菜价太高，是暴利。我说这还抵不上小时工的费用呢！你为了给我做这顿晚饭，自己在厨房里忙乎了半个下午，还不包括出去买菜的功夫。况且，你忙着，我乐着，这样多有趣！后面你又开发了更新的菜品，有烤鸡、烤鱼、羊肉焖饭、糯米丸子、冰激凌、蛋挞、饼干。平日里厨房被你“占领”，你成了一名快乐的“厨子”，而我最受益，因为我的午饭丰盛极了，更因为我的心里甜滋滋的。

2017 年母亲节，你说要送我一个礼物，在厨房忙到很晚，凌晨时分给我发微信：“节日快乐啊，睡了。”第二天一大早，我就在冰箱里看到你为我做的两杯精美的甜品，忍不住在微信群里晒出两张图片，并附言：“母亲节里，女儿特地为我做的甜点，美到心里了。”群里点赞无数，有“羡慕嫉妒恨”的，有夸“你家小棉袄不错”的，有赞“幸福”“好幸福”“太幸福”的……真的开心，说不上的愉悦，就是这么简单。你还答应和我一起参加单位组织的春游，止不住的开心。

如今，你时不时还会给我做些甜点，一起聊天，一起看大片。你帮我网购，买了护肤品与我分享……是的，“有女儿就是贴心”，我的心里暖暖的。

◆ 十八岁寄语 ◆

在你17岁生日那天，我们送了你一本书、一支笔。我在《苏菲的世界》扉页中为你写道："推一扇门，踏上奇幻的旅程。开一扇窗，放飞梦想的翅膀。身未动心已远，天高云阔片帆扬，纵享青春嘉年华！"希望你能像书中乔斯坦·贾德说的那样："生命的意义必须由我们自己来创造，存在的意义就是要创造自己的生命。"

时间过得很快，2016年11月18日，你们学校全体高三学生在嘉兴中共一大会址纪念馆广场举行了十八岁成人仪式。应老师要求，每个家庭要给孩子写一封信，每位学生也要给父母回写一封信。虽然这只是一个仪式，离你十八岁还有半年多的时间，但我有很多话想对你说，我们更期待你给我们的那封信。

十八岁成人礼寄语(妈妈篇)

女儿：

不去感慨转眼间你就长大了，因为一切就是这么自然。也不想说为人父母、养育你会有多辛苦，因为这根本不足为道。更不想历数你过去有多倔强，因为那都是成长路上必经的阶段。

看到一天天长成的你，有的是越来越多的欣赏和欣慰。慢慢发现，我们已经不能为你做太多，因为未来将把握在你自己的手中。不知该为你写下什么，只愿你能有着你想要的快乐人生：

"推一扇门，踏上奇幻的旅程；开一扇窗，放飞梦想的翅膀。

身未动 心已远，天高云阔片帆扬，纵享青春嘉年华！"

还记得吗？这是你十七岁那天时我送给你的生日祝福，写在《苏菲的世界》的扉页。送给你，希望你能像书中乔斯坦·贾德说的那样："生命的意义必须由我们自己来创造，存在的意义就是要创造自己的生命。"

看到你或是想起你的时候，心中不由地涌起一股暖意：有些眷恋，也很珍惜一起的日子。

你说好幸运，生长在一个美满的家庭。

知道吗？那一年，在我们满心期待下你如约而至，来到我们身边。感谢你，我的女儿，感谢你给予我的所有。因为有你，让我慢慢懂得母亲平淡朴实背后的那份挚爱，感受到爱与被爱的幸福。

我很希望我对你能像你外婆当年对我的那般包容和关爱，可是做起来真的很难！

那一天，你感冒头疼坚持了一天才打电话给我，听到电话那头你的哭泣，不知道你会有多难受，我在单位请了假，以最快的速度赶到学校带你上医院就诊。还好，只是着凉感冒，医生为你开了药，说是吃了药好好休息。可是回家的路上，我止不住地提醒你要注意穿衣、盖被子保暖，不要着凉，特别是说到你生病的代价是不低的医药费和我请假扣去的工资时，你我有了冲突，原本简单的事情似乎就不那么简单了。

我确实不该在你身体不舒服的时候去说那么多，本来是关心，怎么几句话就变了味道了？想的和表达的怎么就不一样呢？是的，你打来电话时，还差 20 分钟下班，我犹豫是否等到下班去接你，是否回去拿了医疗卡再去接你。但是想到你在电话里的哭声，我想我要马上去接你，扣工资也好，不拿医疗卡多付医药费也罢，相对于你都不重要，真的是这样的，只怪那天我嘴太笨，那天我太性急。

就像你说的那样，我不是什么时候都对的，我不过也是个生了孩子的孩子。但无论如何，我还是会默默地守望着你，任你呼之即来、挥之即去。似乎这是一种本能，虽然难免会有些许抱怨，但是又无法抗拒。你说，这是不是一种爱？

到底爱你有多深？我不知道
我就知道，欢喜着你的欢喜
曾经的失落和难过，总会转眼成云烟
究竟你有多好？我不知道
我只知道，你在我眼里是那样美丽
喧闹遮不住你的纯真
尘世难掩你的善良
未来之路有没有崎岖坎坷？我还是不知道
但我知道，风雨之后定有彩虹
今后

无论有没有我们的陪伴
我都相信，你能勇敢面对
祝福你，我的女儿
愿你的青春，阳光灿烂

妈妈
2016年11月4日

虽然你没有对我给你写的这封信有过只字半语，但我相信你一定是读到心里去了。当我再提醒你加衣服、多喝水时，你已经不再抵触，有时还“乖”得可爱。我想你是知道的，你知道我们是爱你的。

可是你会给我们写些什么呢？看到你把键盘敲得噼噼啪啪的，我很好奇。尽管可以在电脑中查看你写好的那封信，但我还是坚持等到你把信交到我手上：

十八岁成人礼(致父母信)

爸、妈：

这么多年了呢，十八岁，终于算是成年了。想想初中举办的十四岁典礼也是记忆犹新，我本以为看到家长写来的信不会怎么样，但最终，无论是因为受到周围氛围的渲染，还是我意识到内心深处从来没有正视的那一面，我哭得稀里哗啦。在那次活动中，我记得导游说他见证了一批又一批的参加十四、十八岁典礼的孩子，尤其是十八岁成人典礼，更是孩子和家长抱头痛哭。当时的自己觉得这个东西离我好远啊。

我总觉得我比同龄人更成熟，甚至超过一些大人，然而在我的成长过程中，每当我再有这种想法的时候，我就会发现曾经的自己是那么的纯真、稚嫩，慢慢地，我觉得真正的成熟往往不是那些说自己很成熟的人，而是体现在一举一动一言一行。我能感受到我和哪路人不是一类的，就是那种思想和三观完全没有交集的人。有人告诉我，要觉得这是很正常的，不能以自己的评判标准来评价他人，也就是所谓的换位思考吧，但是我终究不是“他”，所以我永远无法确切地学会这种容忍接纳。初中四年，这些日子，我总是游离在网络世界里，你们也对此感到有些头疼吧，一个女孩子怎么能天天打游戏呢，虽然我可能以这些时间为代价失去了更好的高中，但是失去了就是失去了，无法改变，它带给我的是很多丰富的经历，多到可能你们根本想不到。网络这个东西，说来确实很神奇，可以说它是虚拟的，因为确实摸不到；也可以说它是真实的，毕竟和我交涉的人真真正正存在于这个世界上，可能我们口中的网友友情确实不堪一击，确实现在已经很少交际，但是我们当时的友谊确实是真诚的、纯洁的，我和曾经所有的网友都不会长时间交际，但是每当我们遇到困难的时候，网上的一条"说说"，得到的关心和鼓励，正是支持我坚持的动力。网络教给我很多东西，不能随便相信别人，但同时我也找到很多臭味相投的伙伴。在我打游戏的进阶之路上，遇到了形形色色的人，就像是那个触不可及的社会吧，不停地在交际，LOL（英雄联盟游戏）里的喷子，TNT（腾讯自主研发的一款网页游戏）里的人民币玩家，鲜活的人，或堕落、或消遣地出现在那个世界。

等我到了高中，我放下了很多网络里的东西，因为我渴望能体会到真正融入一个集体的感觉，我不想再被班上的人称作"活死人"，我不能太害羞以至于从来不把自己的感想表达出来，还好我一开始就很成功，夸夸自己，优秀的人格魅力获得了全班人的青睐吧。游戏一开始也在打，当然现在这种非常时期我还是很拎得清的。

你知道我写作文很随性，想到什么写什么。

说说社会吧，在我的观念里，社会就是一个无底洞，一个残酷的战场，不能说我很悲观吧，我自我认为这是很客观的描述，有钱就能活，适者生存，因为我们无法选择自己的生活，因为我们拥有信仰，相信只要是人，无论条件如何，知道自己努力了就一定能得到自己想要的，这也就是为什么我想做一个人而不是做一只猪。什么"$F=ma$"什么"$f=Mn$"什么物理什么化学什么英语什么语文，虽然我不喜欢它们，但我知道必须学。第一个"必须学"，是迫于中国的应试教育；第二个"必须学"，是因为我要活着，我需要知识作为基础给我提供更好的平台去实现理想。我讨厌这个世俗的、虚伪的世界，但是我更希望我能好好地活着，因为我得到了这份能活着的机会，所以我必须珍惜，必须活出我自己的风采。

从小我一直和家长吵架，一来是我不懂事，二来他们也还是个孩子啊，对于血缘这个事情，我最近又有了新的看法。具体问题具体分析，其实没有真正的错和真正的对，没有真正的合适和真正的不合适，一切都是经过了我们后人的主观判断才形成的潜规则，二十三四岁的父母，他们也不过是个刚刚成年没十年的大孩子，没有经验、没有方法。对于那些素质极高的父母来说，他们的教育可能相对来说都是比较合适、比较正确的；相反，素质极低的，他们的教育可能就是毁人了吧。试想，如果分别身为他们的孩子，你会产生多少种可能、多少种想法，至于法律上的什么义务，是不是也很不人性化了。也许这就是为什么每次和父母吵架都忍不住会哭得稀里哗啦的原因吧，主要是我觉得委屈，为什么呢，因为我觉得我没有错。但是在小时候，主动权还是掌握在父母手里，他们也觉得自己没有错。

我们就是逼不得已活在这个处处都是矛盾与不公平的地球吧。它永远都不会公平。

说这么多是为什么呢，因为随性啊，开心就好。

初中我从来没想过以后要干什么，高中开始想做工程师，后来又想搞计算机啊。分数说话。

好几次熬到凌晨三四点的时候，其实内心真的很崩溃，就是那种感觉我要困死了，然后赶紧去查一下熬多久才会猝死。每次上化学课，明明想认真听，可是一听到老师的声音就忍不住犯困的感觉，不停地在翻白眼，上课都是煎熬的感觉。以前我考试一点都不紧张，因为随便啊，不是说不在乎，而是说照常发挥就好，紧张干什么。到这个阶段，我真的几乎要疯掉了，可能在家里表现不出来吧，一个期中考，两天，在学校我就哭了七、八次，考完就觉得炸了，心态时刻都在崩溃，本来我对数学还是有信心的，因为我根本没有特别努力钻研啊，考出来就是那么好，现在呢，同学都在进步，我啊，也没聪明到哪里去吧。

本来对自己要求不是很高，生活过得挺滋润的。现在有了要求，有了梦想，可是竞争是那么激烈，光是一些平日里的小事情就足以让我郁闷个大半天，比如说物理一道题没听懂吧，数学老师声音太大了吧，我很烦啊，我真的很烦啊，烦得不得了。

高考完，我们都解放了吧，我学得累，你们也累，说真的我这个女儿不算贴心，就像个男孩子一样叛逆、思维活跃。前些日子我爸回来，我们一起看电影，他老了，背驼了，变矮了，我第一次感受到自己那从没正视的一面那么强烈的反应，眼泪忍不住留下来，我最终欠你们太多，所以，我更不能辜负我的将来。

女儿

2016 年 11 月 18 日

你的信，我认真读了两遍，你爸读后很感慨，说你的信写得随性而感人，说你懂事了，成熟起来了，有一定的心理承受能力了。你爸问我感觉怎样时我竟一时答不上来，感动你心底一直有着的暖意，心里更多了份踏实，为你，也为我们。

你和你爸视频对话很开心，你爸说他要为你的十八岁生日写封信。2017年春节后，你爸提前把你的十八岁生日祝福写好了，你爸说他“自己被感动得够呛”：说一千道一万，无非是只为一个朴实的心愿，愿你一生幸福。不求你荣华富贵，不求你功成名就，只求你一生平安、幸福。

十八岁生日祝福(爸爸篇)

豆姑娘……我亲爱的女儿:

你好!

在你很小的时候,我就决定在你步入18岁成年之前给你写封信。时间过得真快,不想这么快就到了。

光阴荏苒,日月如梭。那天,你来了,把爸爸这个称呼和最温暖的爱给了我。自从你来到这个世界的那一刻起,妈妈和我对你倾注着无限的爱。从手术室出来那双好奇而大的眼睛的淡定到起床和上幼儿园的哭闹;从牙牙学语到踉跄学步;从教你认表识字到背诵唐诗;从小时的胆小怕事到初中的叛逆举动;从学习跳舞、吹笛子到现在的知书懂事……一幕幕如幻灯片般浮现在我眼前。回首过往的时光,我们有太多的故事、太多的感叹、太多的欢乐,还有太多的酸甜苦辣。是你让我又“重生”一次(因为你的到来和成长也让我回忆起我的成长过程和经历),也与你共同成长。

女儿,你十八岁了,从法律意义上讲,你已经正式告别无忧的童年和少年,正式步入多姿多彩的青春时代。正是因为她的多姿,所以有诱惑也有陷阱,也正是因为她的多彩,所以有彩虹也有阴霾。想说得太多,一时不知从何说起,只是有些期望与你共勉。

女儿,你十八岁了,你要学会学习。你拥有让妈妈和我羡慕的机会。你拥有优越的教育条件,享受良好的教育资源。你有你的梦想,要学会为实现梦想而拼搏,要学会为梦想而坚守,要学会独立面对寒风冷雨,要学会……当然更要学会学习,这不仅是为了考上一所大学,更是为了给自己造就一项终身受益的现代人的基本能力。

女儿,你十八岁了,你要学会承受。让自己受得起失败和挫折,坦然面对得失。要保持乐观的心态,快乐地去应对每一次挑战。坦然地面对今后可能遇到的失败和挫折,总结失败和挫折的经验,让下一次做得更好,你会发现你正积累宝贵的经验,迟早有一天,你会发现你手中正握着满载经验的钥匙,能开启成功的大门。

女儿,你十八岁了,你要有自信心。有了自信心,思想上也会变得乐观、豁达,从而你的生活也随之变得美好了。所以只要你有自信心,它就会激发你的生命力量,这种力量如同火,可以焚烧困难,照亮智慧。自信对你的一生都非常的重要，你的事业、你的爱情、你的生活、你的工作，不管是哪一个领域，它都是无比重要的。自信给人以力量，给人以快乐。

女儿，你十八岁了，你要承担责任。法律表明：十八周岁以上的公民是成年人，具有完全民事行为能力，可以独立进行民事活动，是完全民事行为能力人。你要对事业负责，对家庭负责，对工作负责，对所有经办的事情负责，也要对自己负责。你现在的角色是学生、是女儿、是孙女、是同学、是网友……你将来的角色会越来越多（女朋友、妻子、妈妈、儿媳、班长、主任、总经理……），家庭责任和社会责任都不轻，希望你尽心尽力做好。

女儿，你十八岁了，你要学会爱与被爱。18 岁成人了，选择自己的真爱也是你的权利，这是不可回避的问题。我真心地祝愿你找到自己的真爱和幸福。需要提醒你的是：只有自己有出色的学习成绩和自立的生存本领，才能有更优的选择。你是女孩子，一定要注意保护好自己的身体，要做到自尊自爱自立。

女儿，你十八岁了，你要学会热爱运动。运动不仅有益于身体健康和保持良好体态，而且有益于精神健康。古希腊人说：健康的精神寓于健康的体魄之中。毛主席也说过：文明其精神，野蛮其体魄。一个拥有良好运动习惯的人，通常都是意志品质坚强的人。而一个意志品质坚强的人，通常都能成就一番事业。

要说的太多太多，信有点长了。说一千道一万无非是只为一个朴实的心愿：愿女儿一生幸福！我不求你荣华富贵，不求你功成名就，只求你一生平安！一生幸福！

爱你的爸爸

2017 年 4 月 14 日

生日里，你收到很多礼物，爷爷、奶奶、外公、外婆都送上厚厚一摞的生日礼金，大姨送了一串精美的手链，婶婶送的是金灿灿的小天使项链。你爸送了一副蓝牙耳机，给你写了一封信。我则把这本书的初稿、为你记的日记以及过去的收藏，在这个特殊的日子里一并送给了你。

二十八年前，在我上大学前，你外公、外婆曾经送给我一本笔记本（不是电脑，是书写的笔记本），首页中写下了“八要八不准”：要认真学习，不准谈情说爱；要勤俭节约，不准铺张浪费……如今，你即将步入大学校园，再多话语也不能一一道尽我们对你的祝愿，送上这本书和过去的点点滴滴，祝你未来一切安好。

第二部分

『成长建设』

自我保护

◆ 女儿当自强 ◆

在女儿很小的时候，我常告诫女儿，好孩子不打架、不骂人，如果小朋友之间有争执和委屈，一定要告诉我们，爸爸妈妈还有老师会帮助她的。

女儿和善，在小朋友面前从来不争不抢。可是有些孩子任性妄为，不是抢东西就是动手打人。幼儿园班里就有这么一个名叫奇奇的男孩子。奇奇在班上打小朋友早已经是“家常便饭”，不管奇奇妈妈怎么给家长赔礼道歉，奇奇还是见谁打谁。家长有怨言，老师也没办法，只好平时多盯着点奇奇，可总还有疏漏的时候。

我就亲眼看到女儿被奇奇打过，莫名其妙的，当时我和奇奇妈妈就在边上。就在奇奇妈妈赔礼道歉没多久后，奇奇又是一巴掌打在女儿脸上。我是又心疼又气恼，要不是奇奇妈妈在边上一个劲儿地赔不是，我真想当场抽那孩子一顿！

家长管不了，老师也无能为力，但是也不能由着他欺负。忍让不管用，自我保护才是硬道理。正琢磨着该怎么教女儿，恰巧女儿的班上发生了一件很有趣的事情。

那天傍晚时我去幼儿园接女儿，看见一群家长议论纷纷，“号召”女孩子们向红红学习。原来奇奇惹是生非，红红一反往日柔弱，愤起而痛打了奇奇一顿。

“对！就得像红红一样，要好好教训他！谁让他动不动打人！”我也同其他女孩子家长一起你一言我一语地赞赏小女生，鼓励女孩子们要勇敢，大家团结起来，就不怕被欺负了。尽管当时家长们有些煽动架势，但以我对这几个女孩子的了解，即便动起手来也不会有太大的动作，况且我们几个家长也和老师做过沟通，希望老师在班上能关注一下奇奇对其他小朋友带来的影响。换个角度来说，如果孩子们都不怕他了，奇奇可能也不会那么任性放纵，或许这样对奇奇也是一种帮助？

几天后，女儿有些不好意思，告诉我她把奇奇的鼻子踢流血了。幼儿园老师没有批评女儿，反而向我解释，说奇奇先打的女儿。女儿告诉我她只是想警告奇奇一下，没想到奇奇低下头，正好被踢到鼻子。

◆ 言传身教 ◆

叮咚！我正做着饭，门铃响了。

“妈妈，开门！”我听到女儿急切的声音，怎么好像在哭？这个时候女儿应该是在小区里玩耍，还没到平常回家的时间，怎么回事？摔跤了？我想着心里咯噔了一下——小时候女儿经常在玩耍中摔跤受伤。

开门听见楼梯上传来女儿咚咚上楼的声音，我松了口气：“还能上楼，应该没什么大问题。”

“怎么了？”看见女儿脸上挂着泪珠，我关切地问。

“妈妈，有人欺负我，抓着我不让我走！”女孩儿哭着告诉我，她在楼下玩的时候，有一群小男孩围着她不让走。不想看到女孩儿那么委屈，我带女儿去刚才她玩耍的地方探个究竟。在小区健身场，我看见有几个五六岁大的男孩正在玩着，旁边一个中年妇女向我证实，就是其中的一个小男孩使劲拖着女孩儿不放，而那个小男孩和女孩儿相比，个头明显矮了一大截。

我问怎么回事，那个男孩子一副无所谓的样子，好像刚才发生的事情与他无关。我把女儿带到小男孩跟前，对他说："看见了吗？她是姐姐，比你高出这么多呢！干吗欺负姐姐呢？"小男孩不吭声，我接着说："以后在一起好好玩，不要让姐姐哭了，好吗？"看到小男孩无动于衷的样子，我有些生气："要是你再欺负姐姐，姐姐就打你！我还会来帮忙，就是你爸爸在边上，我也饶不过你！"那个小男孩在我的威吓下怯怯地答："听见了。"

有我"撑腰"，回家路上女儿蹦蹦跳跳，一扫刚才的委屈。我问女儿如果他们还欺负她怎么办？女儿摇摇头懵懵地望着我。我安慰女儿说不要怕，如果他们再来捣乱，要想办法。我把详细"方案"说给女儿听："如果那个男孩子再欺负你，记住不要哭。你先警告他，警告没用就打他。他那么小，你一抡胳膊就能把他摔一个跟头，让他知道你的厉害。但是如果他手上有什么树枝棍棒什么的，或是拿石头来打你，你就快点跑回来，我去教训他。如果那个男孩子伙同其他孩子一起来欺负你，你还是赶紧往家跑，我去收拾他们，看他以后还敢欺负别人！"我说一句，女儿点一下头，听得甚是认真。其实我也知道女儿不会去打谁，告诉女儿这些是想让女儿遇事不怕，还有我这么一个"强悍"的妈妈给她撑腰。

接下来的几天里，女儿照常在楼下玩耍，没有遇见那个小男孩。一天我在小区碰到那个小男孩，小男孩认出我了，贴着墙溜边跑了，我想当时我是镇住他了，不要找女儿的麻烦就好。又过了一阵子，女儿回家告诉我那个小男孩又来捣乱。女儿给我比画她是怎样警告了那个小男孩，那个小男孩又如何嬉皮笑脸地往跟前凑。女儿抬脚一踢，结果那个小男孩一句话也没说，转身就走了，女儿说只是轻轻踢了一下。我微微一笑，表扬女儿做得好。事后没再听女儿说起过在小区被谁欺负。

在此需要特别说明一下：教女儿"打回去"是因为我了解女儿的个性和可能发生的后果。其实，女儿并不会因为我的"教唆"真去打谁。我教女儿的目的更多是消除女儿对那些霸道不讲理的孩子恐惧，增强女儿的安全和自卫意识。

每个孩子的家庭环境、教育理念各不相同，只有适合的才是对的，在我看来，一味地强调"打不还手"或是"以恶制恶"对孩子的成长都是不利的。

◆“暴力女生”的转变◆

刚上初一，除了个别男生，班上女生的个头普遍要高些，尤其是女儿，个头比不少男生要高一头。起初班上有几个小男生经常追着女生惹是生非，女儿总是挺身而出。有一次班主任在课间到班上看见女儿正摁着一个男生暴打，班主任猜想一定是那个男生太捣乱，非但没有批评女儿，反而数落男生的不是。在班主任眼里，女儿是很温顺的，她哪里知道女儿竟然是“女汉子”。没多久女儿就把班上调皮捣蛋的男生都收拾遍了，再后来那几个男生见到女儿都躲着走。

到了初三，女儿说她要“金盆洗手”了。女儿说，前两年她已经“打遍班上无敌手”，已经打出“威望”了，如今没有什么可打抱不平的了。

进入高中，女儿和同学们相处融洽，老师和同学们都很喜欢女儿。在女儿周围，不再有什么同学间的“欺负”“委屈”，女儿在学会自我保护的同时，还经常帮助同学，同时也感受到帮助他人所带来的快乐。

◆“遇强不弱，遇弱不强”◆

如何从一个弱弱小小的女孩转变成遇事不怕而又懂得助人为乐的“女汉子”？我想，言传身教最有效果。如果遇到委屈怨天怨地，埋怨孩子胆小没出息，孩子还真有可能继续朝着懦弱的方向大踏步地前进。或者父母事事为孩子出头，却没有教孩子如何面对，久而久之孩子就失去了成长机会，离不开父母的关照。

在孩子遇到委屈时，父母就是孩子的“定海神针”，要让孩子有安全感，但绝不是依赖感。保护孩子不受伤害是一方面，深入浅出地去引导孩子学会面对则是更重要的另一面。

在孩子的教育上，我认为引导更重要。孩子在成长中获得坚强、自信和无私的正义感，将来才能很好地融入社会，成为有价值、有意义的一分子。有时候我会想起我母亲不经意间说起的那句话：“做人当遇强不弱，遇弱不强。”——真正的强者，不是事事逞强，而应独立、自信、开朗、积极，不为外物所扰，更能以宽厚的心态去包容、理解和帮助他人。

快乐分享

小时候有一首儿歌：李小东那个李小东，分果果，分果果，一个大，一个小，大的送给张小弟，小的留给他自己，小的留给他自己。这大概就是我们70后最初接触到的关于分享的教育和倡导：最好的应该留给身边那些受人尊敬、需要爱护的人。到了女儿这一代，生活条件好多了，孩子成了家里的小太阳，要啥有啥，可还是有不少父母感慨孩子太“独”、不懂得分享。

◆“小气”变“大方”◆

朋友家就有这么一个“护”东西的女孩子西西，朋友说西西的玩具连爸爸妈妈都不让碰。那年西西大概四岁，女儿十岁，女儿在那个女孩面前诚然是个大姐姐了。在西西家，我刚拿起一个小玩具，眨眼间西西就飞快地跑来夺了过去。女儿懂事，不拿西西的玩具，女儿推着西西坐小车，还给西西讲故事。西西高兴了，主动拿出她的玩具和女儿一起玩，朋友看到后很诧异。在女儿的影响下，西西对我的戒备渐渐解除。我也加入到孩子们中间一起讲故事、做游戏，夸赞西西的舞蹈跳得好。看到西西的玩具慢慢转到我的手上，朋友更惊讶了，说是从来没有过。我呢，趁机好好谢谢西西，夸她大方、懂事。我想，如果能继续让小女孩从分享玩具中得到乐趣，那么她的戒备和占有心就会渐渐淡化，“护”的意识就不再那么明显了。

其实，孩子大方也好、小气也罢，都是一个慢慢形成的过程，关键看家长在这个过程中是否能明眼观察并正确引导。不是一天到晚妈妈给孩子说应该这样、不要那样就可以让孩子做到大方、懂礼貌的。孩子能否理解和接受，方式方法很重要。就说以前在小区里见到的那个小女孩，如果家长没有恰当的互动和引导，久而久之养成“自私”“爱抢别人东西”的习惯，大了也很难改变。

◆“大姑娘”和“小姑娘”◆

婆婆曾经开玩笑说：“咱家里有一个‘小姑娘’，还有一个‘大姑娘’。”女儿是“小姑娘”，而我就是婆婆嘴上的那个“大姑娘”，不仅是因为我个子小，更因为我经常和女儿“抢”东西、在家“撒”娇气。遇上女儿和我都爱吃的东西，有时候我还要追着女儿“让”我，每次看到这般场景，婆婆就在一边就纳了闷儿，不明白我这个妈妈怎么就不知道让着女儿，好像我也还没长大似的。当年他们带孩子可是省着这个、那个，只为了孩子。

道理自然是有的，那可是我的“小九九”：适当地和女儿“抢”东西，是不想让女儿养成凡事独霸的习惯；适当地让女儿“让”着我，是想让女儿有种主动关爱别人后的幸福和满足感。

很多时候父母特别是祖辈对孩子非常疼爱，公公婆婆也不例外。在女儿五六岁的时候，我经常买些女儿爱吃的肯德基烧烤小鸡翅、油炸虾仁带回家。小食品一份有四块，我让女儿依次分发，希望让女儿品尝美味的同时学着和家人一起分享。看到公公总把他的一份留给女儿，老公背地里悄悄“警告”公公，告诉他这是在锻炼女儿，希望能配合。每次女儿给我们分派小食品的时候，我们都夸女儿乖巧懂事，女儿听着挺高兴的。时间长了，女儿会把家里的食品都分配到位，从没有说一个人霸着不放手的。

现在大多数孩子在家里都是独生子女，是全家的焦点，很多家长就怕孩子营养不够，总是把最有营养的食品送到孩子碗里，所以孩子也早已习惯这种待遇。

在女儿三年级的时候，父母一行来京到家里小住，有一天做了我爱吃的鱼头，当然也是女儿的最爱。说实在，自从发现女儿爱吃鱼头后，我基本上没有吃过完整的鱼头。那天母亲做了四个鱼头，侄女看见可高兴了，对女儿说："今天咱俩一人两个大鱼头！"女儿欣然同意。我听了不乐意了，强烈反对："为什么是你们一人两个？一共四个嘛，我们怎么就没有了？"母亲听了还过来劝我："她们爱吃，就让她们吃嘛。"我不服气，和她俩商讨，最后达成协议：她俩一人一个大鱼头，另外两个我们吃。呵呵，我就是这么"讨价还价"的，当然饭桌上不忘把她俩再好好夸一下。

有一次我买了两个杯子，一个粉色，一个紫色，女儿看见了问我选哪只杯子。女儿一向喜爱粉色，我故意说我想用粉色的，没想到女儿很痛快地答应她用紫色杯子，我很开心地亲亲女儿的小脸蛋，谢谢女儿。过了很久后，和朋友聊天时，才得知女儿竟然还记得她把粉色杯子让给我的这件事。

和女儿打牌、下棋，最开始我故意让着女儿。等到女儿水平逐渐提高，遇到我总输的时候，女儿就经常提醒我、让着我。最后我们打牌、下棋不再谦让，正常水平发挥，谁赢谁输都没有不开心，女儿也说了："打牌嘛，就是个娱乐，输了赢了都不要紧。"

再往后，我已记不起还有什么刻意的事情了，好像都已习惯成自然了，女儿吃瓜子的时候经常会剥一堆瓜子仁给我们，女儿会切橙子给我们吃，遇到好吃的，女儿会顺手塞进我们的嘴里，有时间时女儿还会给我剥鸡蛋……

◆ 舟舟的快乐分享 ◆

朋友说起她五岁大的儿子舟舟，有一天看见姥姥先给爸爸盛饭，感到很委屈，一个人跑一边哭去了，因为平时家里什么事情舟舟都是排第一。恰巧过两天，女儿十二岁生日，朋友带着舟舟过来玩。在分蛋糕的时候，我征求了舟舟的意见，第一块蛋糕分给女儿——今天的小寿星，舟舟很爽快地答应了。我又特别建议最后把蛋糕分给舟舟，因为舟舟是我们当中的小男子汉，舟舟也很痛快地答应了。我让舟舟亲自操刀分派蛋糕，舟舟很认真，也很快乐。我们一起表扬了舟舟，舟舟很开心，还以大孩子的语气劝说另一个小弟弟好好吃饭、听妈妈的话。

其实，对那些在家里爱抢东西、独霸一家的小孩子，在家里营造一个良好的分享氛围，加上正面引导，穿插情景、场景，打打牌、做做游戏什么的，让孩子亲历与人分享的快乐，慢慢能改变孩子独断专行的习惯，就看父母是否有足够的耐心，更要看父母自己是否懂得分享和关爱。

助人为乐

为什么帮助别人会给自己带来更多快乐？那是因为在关爱和帮助中，人与人之间的联系更紧密、更亲切了，在真诚和友爱中，生活就会更加多姿多彩。

◆ 送老人回家 ◆

生活中，只要是能帮得上别人的，我都很乐于助人，这样对女儿会有好的影响和借鉴。

女儿五岁那年，饭后我带女儿在小区附近散步，遇到一个老人家问路。看到行人匆匆忙忙路过，看到老人一脸困惑的模样，我忍不住上前询问，原来老人从外地来，正巧他的亲戚和我一个小区。

我牵着女儿领着老人回小区，可是到了

小区，老人却又不知道他亲戚具体住哪里，又没有联系电话。天渐渐黑了，怎么能找到他亲戚家呢？老人有些不知所措。我一边劝老人别着急，一边提醒老人好好想想他要找的亲戚叫什么名字。老人好不容易想起一个名字，却又不太确定。我去物业照着老人提供的名字在小区业主登记册上查找，最后找到两个比较相似的名字，然后按照小区登记的两个电话打过去，终于第二个电话找到了老人的亲戚，问到了他家的具体位置。最后我和女儿把老人送到亲戚家楼下，女儿很乖，一路上跟着跑前跑后，看到老人找到亲戚后很开心。

◆ 失而复得的车票 ◆

女儿三年级暑假，我带女儿坐火车回老家。去往站台的路上恰巧捡到一张同车的车票，我带女儿去车票所在车厢却没找到失主，最后只好将车票交给了列车长，因为我的一个小小举动给别人带来了很大的帮助，因为帮助别人女儿感到很开心。女儿清楚地记得这些事，五年级在我的指导下写了这篇作文：

这件事真让我感动

说起感动的事在生活中是数不胜数的，但是在我的记忆中只有一件事让我至今难忘。

三年级暑假，我和妈妈准备坐火车去合肥外婆家游玩。我们坐在候车间等车，时间过得真慢，我真想马上就坐上火车。突然，一个声音从广播室里传来"乘坐 Z64 次旅客到检票口检票上车"。我迫不及待地拽着妈妈冲向检票口。我和妈妈走在候车通道上，大家拖着行李，扛着背包，摩肩接踵，你追我赶地涌向站台。突然，妈妈停下来，大叫："咦！地上有张票呢！"她弯下腰捡起票："竟然是和我们一列火车的，谁丢的票呀？赶不上火车怎么办啊？"妈妈赶紧带我来到那张票的车厢口，询问列车员有没有谁丢了车票，最后妈妈把票交给列车长。然后回到自己的车厢，一路上妈妈还在挂念那个丢票的人到底坐上火车了没。火车开动了，妈妈去洗脸。这时一位高大的男士走了过来，问我："小朋友，刚才是你妈妈捡到票么？"我说是。那个叔叔把水果往我手上塞，一个劲地说："真是谢谢你的妈妈，要不是你们捡到我的票，我可能还上不了火车，这个送给你。"妈妈正好洗完脸过来，对叔叔说："不客气，大家应该互相帮助，以后可别丢票了！"叔叔点头道谢走了。

我的心却很不平静，妈妈和我只是做了一件小事，却能给别人带来很大的帮助。我体会到帮助别人是很快乐和简单的！

这件事情的确给女儿留下很深的印象，女儿六年级又把这段助人的经历写到《半截铅笔》读后感中：

读后感

《培养学生高尚品德的故事全集》是我很喜欢的一本书。《半截铅笔》是其中的一个故事，讲述了一个女孩子把自己的铅笔掰成两半，借给考场上另一个急需铅笔的中年人。恰恰因为这种善良、友爱的行为，使女孩子顺利通过考试，最终成为一名国家公务员。

《半截铅笔》里的那个女孩子成绩很优秀，在第二场考"专业知识和公共道德"时，有一个考生没有带铅笔，希望其他考生能借给他，可是大家都只带了一支笔，没法借给那个考生。在监考老师的再三询问下，看到那个没带笔的考生一脸焦急、渴望的目光，女孩子鼓起勇气举起手，然后用力折断了她那唯一的铅笔，把半截铅笔递给了那个考生。

女孩子事后才知道，那天每个考场里都有一位"借铅笔的人"。原来那些借铅笔的人就是招生办的工作人员，而那天考试的内容不是专业知识，而是考一个人的公共道德水平。

这个故事给我很深的启迪：不管什么时候，只要我们从身边的事情做起，把一些善举和关怀放在心里、放在手上，我们就会发现世界将变得美好动人。

我身边这样的小事也很多，三年级暑假，我和妈妈准备坐火车去合肥外婆家游玩。在去往火车的通道上，妈妈发现地上有一张和我们一趟列车的火车票，眼看着火车就要开了，妈妈赶紧带着我把火车票交给了列车长。我还记得那个丢票的叔叔过来感谢我们时，妈妈说的一句话："不客气，大家应该互相帮助，以后可别丢票了。"

在妈妈的影响下，我学会了主动关心和帮助同学。我想和妈妈一样，虽然只是做一些小事，却能给别人带来很大的帮助。我体会到帮助别人是很快乐和简单的！

◆ 好"姑姑" ◆

大概在女儿小学五年级的时候，有一次在超市的卫生间里，看见有人落下一个小包，我带着女儿主动把小包交给超市服务台处理。一路上我和女儿都因为别人得到了帮助而很高兴。我问女儿：如果包里不只是几十元钱，而是好几百或是有几千元怎么办呢？女儿冲我一乐，说：“废话！”我不理解，追问女儿，女儿说：“当然要交出去，丢钱的人多着急啊！”

上初一时，女儿班上一个女生成绩不好、说话做事不得体，经常受到其他同学的挖苦、讽刺。女儿不仅和她一起玩，劝说其他同学不要再欺负她，还以自己的学习经历和亲身体会去鼓励那个女生不要泄气，一步一步来，争取考过六十分。

从初中到高中，女儿帮助同学已成习惯。高中阶段，老师在家长会上总会提到女儿，除了表扬女儿的学科成绩和学习态度外，经常夸赞女儿是一个品行极好的孩子，是个让老师放心的孩子。

女儿在高二上学期期末总结中写道：“每个高中生都不容易，我能感受到很多女生背后的压力，她们变得很敏感，我是幸运的女孩，没有太多外来的压力，挺心疼那些小姑娘。”女儿说她很幸运，能够生活在我们这个和谐的家庭中；而她的一位同学，学习用功，成绩却不理想，在家经常受到父母的打骂。看到班上有的女生因为学习压力大、有的女生因为同学间的矛盾而烦恼，女儿心有不忍。

在一次数学考试中，女儿又考了班上第一。女儿开心的同时还非常详尽地把学习经验给那些向她请教的同学一一分享。看到有一个女生因为没考好而情绪低落，女儿不知道该如何相劝，只好搂了那个女生，轻轻拍了拍她的肩膀。其实，无声的肢体语言有时候就是最好的安慰。

遇到同学烦闷，女儿经常会陪着同学，听听他们倾诉。当听到一位同学过去的辛酸往事时，女儿也难过地流下眼泪。班上有一位女生因为同学关系而困扰，女儿不仅陪她去学校的心理辅导室，还问我是否可以给她同学做专门的心理咨询。

因为班上不少同学来自单亲家庭，和一些同学说话时，女儿会比较小心，注意避开一些敏感话题。女儿说她有时候不知道哪些话该说，哪些话又不该说。我问女儿，如果面对不熟悉的或是不喜欢的同学，说话是否还要反复斟酌？女儿却很认真地告诉我，关键是她和同学关系都很好，所以她都想好好对待。女儿就是这么善良，除了帮助同学，课后还主动为老师分忧。

高一下学期，班上有同学对粉笔灰过敏，希望从第一排调到后排。看到老师和同学在调座位上的尴尬，课后女儿主动找到班主任，提出和那个同学对调座位，为此班主任很感动。放学后，老师经常看见女儿一个人在班上，默默地打扫教室、整理教室桌椅、帮老师做事情。补习课上，别的女生下课都走了，女儿留下来和一群男生帮老师搬座椅，我曾经嬉笑女儿是“一枚女汉子”。

有一次在放学路上，女儿说起老师向她吐“苦水”的事情。原来班上有一位学生成绩落后，家长跑到学校对老师一通抱怨，埋怨老师没教好。女儿对此很愤慨，替老师鸣冤抱屈。的确，孩子学习成绩不好，家长不好好反省自身的原因，反而把责任一并推给学校和老师。对这样的家长我不想多说什么，但是从中我更看到了女儿的善良和豁达。再后来，老师说喜欢和女儿聊天，感觉很舒服，我也是见怪不怪，习以为常了。

校园文化节上，因为担心新买的舞蹈鞋磨脚后跟，女儿准备了不少创可贴，说是其他同学可能用得着。因为要参加太极拳表演，女儿又把同学们的演出服统统带回来，让我提前洗净晾干。是的，女儿就是这样热心肠，难怪同学们都喜欢和她相处。后来，女儿又告诉我她的泪点很低，看到班上过去的点点滴滴就会感动得不要不要的。我知道，这些都是因为女儿的善良。

同事小张向我求助，说她儿子又谎报了期中考试的数学成绩，问我怎么办。因为平日里女儿很喜欢这个小张阿姨，所以我问女儿有什么建议。女儿主动给小张阿姨发微信，提出了她的意见和想法：“小张阿姨，我还不太了解情况，但是我觉得这件事情如果严厉批评可能会有负面影响。”女儿建议小张阿姨让孩子明白，如果想考更好的初中是需要付出努力的，但是一次、两次没考好也没关系，只要努力了，父母是没有理由批评他的，那他也没有必要去篡改分数了。当时女儿不过是一个高中生，有些时候，女儿所表现出的豁达和通透，已远远超过了她的同龄人。

在学校，女儿和老师、同学相处很和谐，出门在外，女儿对陌生人也很友好。乘坐地铁时，女儿经常给老人、孩子让座；主动帮扶行动不便的老人；小声提醒身边的小伙子，告诉他的背包拉链没拉上。女儿还在一个“轻松筹”资助平台上为一个得重症的小孩子捐了 100 元……有时候，我也会把朋友、同事间相互帮助的故事与女儿分享。女儿还是那句话：与人方便就是于己方便，帮助别人的同时自己也很快乐。

春考录取后，女儿回学校帮同学整理笔记，帮助他们备战秋季高考。二模考试在即，女儿在家忙乎一天，做了冰激凌和饼干，带到学校去“慰劳”同学和老师们。同学们见到女儿都很亲切，女儿也很开心同学们给予的热情“熊抱”。高考当天，女儿去考场，陪着老师、同学一起度过高中的最后几天。班主任见到女儿倍感亲切，说能遇到这样贴心的好学生是她的福分。

虽然女儿有时在我面前表现得还比较生硬，但我知道，女儿内心一直有着非常柔美的地方。

诚实与守信

◆ 旱冰场门票 ◆

小区体育公园里有一个旱冰场，门票10元。女儿二年级时喜欢滑轮滑，逢周末我和老公都会带着女儿去体育公园玩，有时在旱冰场外围的水泥地面上滑滑，虽然没有旱冰场平整，练习玩耍还过得去。有时候玩耍时间比较长，我也会带女儿进场地滑个痛快。

一个周末公公婆婆带女儿去公园滑轮滑，回来后婆婆说女儿胆子太小。当时旱冰场没人把守，婆婆想让女儿进去滑，可女儿不敢。晚饭后我带女儿去公园散步，路过旱冰场，我问女儿为什么没听奶奶的话去场地里滑轮滑。女儿摇摇头说不出来。我试着按我的理解问女儿：“是不是觉得没买票进去滑不好意思啊？”女儿点点头。我又试着帮女儿解释：“豆豆不是胆子小，而是觉得这样做不诚实，是不是啊？”女儿认真地点头。我笑着把女儿搂到怀里亲了亲，夸赞女儿：“就是嘛，豆豆多诚实，没有买票就不进去了，我们不占这个小便宜。要是有时间真想进去滑啊，我们买票好不好?”女儿高兴地直点头。

过了一周，我又带女儿去公园，到了旱冰场，女儿说想进场玩。我把钱交到女儿手中让她自己买票进场。门口还是没有收票员，女儿拿着票进了场地玩得很嗨。回家路上我问女儿进场时害怕吗，女儿说不怕。

我又问：“为什么不怕呢?”女儿摇摇头，还是不知道。

我接着问女儿：“如果没买票，进去以后是不是怕别人发现了会被赶出来啊？豆豆买了票，就可以在里面放心、开心地滑啦?”女儿肯定地点点头。

女儿比同龄孩子偏高，不到5岁就开始买儿童票了。每次带女儿乘坐地铁，女儿总是提醒我要给她买票，再大些时候，女儿能在我的眼神鼓励下自己去买票，通过闸机验票时，女儿很认真也很自豪，很有一种长大的成就感，看着真的好可爱。

放假我带女儿坐火车回老家，在出站口经常看到车站工作人员堵着大人补买儿童票的场景。时不时也会看见一些家长在乘坐地铁、公交车时故意带着孩子逃票。女儿见了很不理解，她说这样多不好啊。是啊，女儿小小年纪就知道这样做不好，这样做不诚实，可还是会有人为了占取一时的小便宜，逃避自己应尽的责任和义务，殊不知家长带着孩子逃票后的侥幸感和“成功”感无不影响孩子今后的行为模式和价值观。

不是自己的东西不去拿，道理简单，也是诚实的基本所在。然而现实中总是会有些令人遗憾，甚至招致公众唾弃的行为。在女儿高中阶段，基于移动APP和智能硬件开发的共享单车给包括女儿在内的很多人群的出行带来了极大的便捷，但有不少人为了出行“免单”，煞费苦心地去破解单车密码，不过是五毛钱或者一块钱，果真是负担不起吗？女儿对此行为感到很愤慨，我也不知道该说什么好。我只能说，日常生活很多看似不经意的小事情中可以看出一个人的品质，选择诚信的人真心交往。

◆“我脸红了”◆

女儿刚上小学时，在学习自觉性方面还比较欠缺，总是忍不住先看电视、玩耍一番再做作业。有几次我发现女儿放学后不做作业，总是在我开门之前把电视关掉，然后装模作样地做作业。我认为这样很不好，认真找了女儿谈过，又给女儿讲列宁小时候打破花瓶勇于承认的故事。在我的指导下，女儿写了作文《我脸红了》：

我脸红了

新学期开始了，我又回到紧张的学习中。寒假里我每天完成作业后都能开心地看电视、做游戏，真怀念寒假生活啊！

第二天放学后回到家，我的脑子里还是装着过年时吃年饭、放鞭炮、看电影、和弟弟打牌玩游戏的事。吃过饭，妈妈出去买东西，叮嘱我在家好好做作业，我爽快地答应了。

妈妈走后，我一个人坐在沙发上，忍不住拿起遥控器打开电视机，心里想着看一会儿就去做作业。电视里是我喜爱的《喜羊羊与灰太狼》，我一口气看了下去，不知过了多久，突然听见楼道上传来熟悉的脚步声，呀！妈妈回来了，我赶紧把电视关了。

妈妈进门看见我在客厅，问我怎么没去做作业，我回答妈妈说：“刚才做作业了，现在休息一会儿。”说完我赶紧跑到房间里做作业。

过了一会儿，妈妈走到我的房间，问我刚才做了哪些作业，我脸红了，不知道该说什么。

妈妈表情很严肃，希望我做个诚实的孩子。我低声告诉妈妈，在妈妈走后我一直在看电视，没有写作业，我不应该撒谎。

妈妈常常说的一句话：要想人不知，除非己莫为。通过这件事，我更加懂得做了错事，就要勇于承认，要知错就改。

“要想人不知，除非己莫为”，这句话母亲也对我说过，的确是这个道理。后来女儿看《柯南》，发现很多时候为了掩盖一件事情的真相，需要编制无数个谎言来弥补，可最终还是“真的假不了，假的真不了”。女儿无不感慨地说，太累了，还是简单得好。是的，承认既成事实的错误最简单不过了，但是是需要勇气的。面对孩子的刻意隐瞒，父母的态度非常重要。了解、理解、抱持、鼓励，比起粗暴的批评、责怨是不是更好呢？

◆“借”来的玩具◆

女儿二年级时，从学校带回来一个玩具，说是同学借给她的，但是过了好几天都没见女儿把玩具还回去。我有些纳闷，看样子那个玩具很新，怎么也是几十元才能买到的，问女儿是哪个同学借的。

女儿在我的追问下“坦白”了一件我并不知道的事实，原来是在学校通知交一百元课外辅导费用时，我给了女儿两百元。显然那多出去的一百元被女儿“私吞”了，女儿自作主张地买了个新玩具，又担心我说她，所以谎说是向同学借的。

因为女儿给我讲了实话，所以我没有批评女儿。和女儿小时候出入轮滑场地一样，我鼓励女儿说出在隐瞒真相时担惊受怕的感受，告诉女儿有需要时要和爸爸妈妈商量，不去做偷偷摸摸的事情，为此打消女儿原有的顾虑。事后女儿学会了和我们商量，只要女儿提出请求，在没有原则性分歧下，我们都能很好地尊重她的需求。这样女儿就没有必要刻意去隐瞒我们什么，就算我把很多零钱放在门口的柜子里，女儿也不会悄悄地抽出去自己花掉，因为我们之间有着相互的诚信。

孩子为什么会偷东西，孩子会偷什么东西？孩子见到自己喜欢的东西，比如玩具、食品什么的，有时候因为价格过高父母负担不起，或者是父母觉得没有必要买，而导致孩子的愿望落空。但在强烈的内在需求下，父母又没有及时给予疏导，有的孩子会铤而走险，把平时父母的“好孩子”教导抛到一边，不计后果地“先下手为强”。偷窃，既有得到之后的满足，又有被发现、被批评的恐慌，一段时间过后更有了“瞒天过海”的自得和窃喜，无形中对偷窃行为进行合理化的处理……久而久之，习惯也就这么养成了。

偷东西是偷，通过小聪明“免单”骑车难道就不是偷吗？逃票、考试抄袭、论文报告的剽窃呢？小偷、大偷皆为窃，归根到底，都是不诚实的表现。我曾经对女儿说过，虽然我希望女儿考试能考出好成绩，但是我不稀罕那些通过偷看、抄袭或是更改分数获得的高分。分数再低，也是自己的，只要认真去总结、学习，一定会有好成绩。

◆ 诚实 ◆

过去女儿问我：人为什么要诚实？我说诚实最简单，也很容易做到。女儿又问我：为什么说诚实最简单？相比之下，隐瞒或杜撰并不存在的事实需要极大的想象力，就像侦探片《柯南》里出现的那样，凶手要不断编造谎言、制造一个又一个假象来迷惑大家，然而再漂亮的谎言都抵不过事实存在。特别是，诚实让人胸怀坦荡，没有担心谎话被戳穿的忐忑不安。

既然简单，为什么还是有不少人有这样那样的不诚实呢？说实在的，过去我很少去想这个问题。如今看来，无非是因为做错了事情怕受到批评，或是不想付出但想拥有：想把本不属于自己的事物占为已有，或是通过不正当的手段赢得名利，这就有了说谎和剽窃。懦弱自卑的人害怕批评，软弱无能的人不愿意付出就想获得，内在空虚而又贪婪的人不择手段索取名利来自我满足，如此出现这样那样的谎言、欺诈和诚信缺失也就不足为奇了。

◆ 诚信 ◆

诚信包含诚和信两个方面。“诚”是一种美德，意为真实、诚恳；“信”是信守诺言，体现的是一种态度。诚信，就是说真话、做实事，表里如一。

有时和女儿说起工作上的事儿，女儿会觉得我很“强势”，不给人“面子”，但我认为这是诚信的一种表现。但凡承接下来的工作，我会尽职尽责地去完成，遇到自己力所不能及的时候，我会事先主动和领导沟通调整，而不是什么都答应下来却不管是否能做好。女儿说我这样做太有个性。我倒觉得就事论事，不仅是对自己负责，也是对工作负责。

工作、生活中很多小事情都能折射出一个人的诚信度，特别在守时方面。单位开会，到了会议时间，有人迟到、有人缺席，但不论职务高低总有人能够准时参加会议。我发现那些准时参加会议的同事或者领导工作上都比较务实、工作完成率比较高，经常迟到的同事在工作中拖延现象比较普遍，而那些不打招呼就缺席的同事，平时也是我最不愿意相处的。

朋友聚会时经常会有这样那样的拖沓不准时现象。女儿一年级时，我们和朋友一家约好上午 9 点在我们小区门口碰头一起出去郊游。8 点 50 分我和老公带着女儿到了小区门口候着，9 点 20 分还没看到朋友一家人影，堵车了吗？绝对不是！朋友家到我们小区门口仅一街之隔，不过 5 分钟的路程。女儿等得不耐烦了，我也很纳闷，电话打过去问问什么状况。朋友说马上就到。好一个马上就到，等真正见到人已经快10 点了，朋友说是起晚了。我真是无语了，起晚了不要紧，打个电话说一下啊。

女儿有时候会对周边的一些不诚信的现象表示反感和不理解，问中国人的素质还有希望提高吗？这个问题好大啊！我的回答是："随着经济、社会的稳定发展，国民素质会慢慢提高的，因为有你、有我们，还有很多诚信的他们。"

建立自信心

◆ 成也老师　败也老师 ◆

一个人的自信与否很大程度上取决于父母的养育方式和相处态度，很多时候还和老师有着莫大的关系。

初一英语课上，老师点名让我读“ship”，听到我的准确发音，英语老师大为赞赏。大概也就是从那天起，我自然而然地开始在英语上下功夫。在英语老师的鼓励、肯定和表扬下，我越来越自信，英语成绩一直名列前茅。老师非常喜欢我，认定我是难得的好苗子，课堂上总是让我回答问题，考试后老师通常安排我给班上同学讲解试卷。有一次英语考试我得了满分，老师赠我一本书，并为我题写了一首藏头诗：“池清水秀人如玉，翠竹桃李柳先知。英姿争得群芳首，高枝须待新芽续。”仅仅缘于一个单词发音，老师就能激发我在英语上的兴趣和莫大的自信，这份自信一直陪伴我至今。然而，同样是老师，一件小事情也能把我的自信击得粉碎。

在我工作后的一次面试中，当面试官问我什么事情让我感到最挫败时，恍惚间我仿佛回到了那个令我窒息的时空：物理课上，老师在黑板上板书了一道题后点名让我去解答。时值初秋，刚刚踏入高中不久，我在物理学习、理解和应用上比较困难，加上我对物理老师无由来的惧怕(物理老师是班主任)，走向黑板的路上，我的脑子里一片空白，我不知道握在我手中的半截粉笔在黑板上都写了些什么，也不知道是怎么回到座位上的，只看到老师利剑般的犀利眼神。老师罚我站着，直到我的同桌上去写下了正确答案、直到下课铃声响起之后，从此我对物理的感知力就停留在那一刻。看见班主任就想起物理课，拿起物理课本又想起班主任厚重眼镜后面那双我不敢正视的眼睛。物理课上提心吊胆，害怕老师提问。迷迷糊糊总想打瞌睡，困得不行了就拿圆规尖扎手心、手背，就这样脑袋还是架不住像鸡啄米一样点个不停……唉！不是我不想学习，是真的不知道该怎么学。父亲、老师只知道看我的考试成绩，却不知其背后的缘由——那年我十四岁，短短十分钟罚站致使我在物理学习方面一蹶不振，最终高考物理以五十分的成绩“回报”了我的物理老师——一位教学优秀、带教严厉的中年教师。时至今日，我想对老师说，不是我不努力，实在是我被吓到了。

一个人不自信是因为自己做得不够好，但并不代表永远做不好。如果当年物理老师能真正去了解我为什么不会做，而不是那样简单、严厉地批评我，也许我的物理不至于那么差，因为我本来也不差。同样是老师，数学老师就平易近人许多，他会利用他的课余时间盯着我们这些住校生，只要我们有问题，老师都很乐意为我们解答。物理老师太优秀，他眼里的学生更优秀，当年我们班考上 3 个清华、1 个北大、1 个人大，还有重点高校无数，而像我这样的学生不在他真正关注的队列。他没看到，除了那些顶尖级的学生，包括我在内的一些其他学生需要一个渐进过程。女儿很多时候也是如此。

◆ 迟缓型孩子的慢适应 ◆

从托马斯（A. Thomas）和切斯（S. Chess）的婴儿气质类型划分可以看出：孩子不是一张白纸，孩子的一些主要性格特点是先天带来的：

“按照婴儿适应性、生活节律、情绪状态、趋避性等表现，托马斯（A. Thomas）和切斯（S. Chess）将婴儿气质类型分为容易型、困难型、迟缓型及混合型。其中容易型约占40%，困难型越占10%，迟缓型约占15%，其余35%属于混合型。其中，容易型婴儿生活习惯规律、情绪愉快、喜欢探索、主动交往，容易型儿童容易获得父母和周围人的喜爱；困难型婴儿生活无节律、负面情绪多，对新异刺激反应消极，容易使亲子关系有所疏远；迟缓型婴儿适应环境慢，生活习惯逐渐变化，情绪通常不是很愉快，对新刺激慢慢感兴趣，慢慢活跃起来。迟缓型儿童引起父母的反应往往介于前两种类型之间。”

依照托马斯（A. Thomas）和切斯（S. Chess）的气质三类型划分，女儿偏向迟缓型，从情绪表现和对外界接触接受能力上来说，负面情绪占优势，相对敏感，不善于主动交往和探索，不善于情感理解和表达。我想女儿表现出的迟缓不是个别现象，“他们对环境变化适应缓慢，情绪经常不甚愉快，心境不开朗……但是在没有压力的情况下，他们会对新颖刺激缓慢地发生兴趣，在新情境中逐渐活跃起来。这类儿童随着年龄的增长，特别是随着成人的抚爱和良好的教育作用会逐渐发生变化”。（《国家职业资格培训教程·心理咨询师》，2011 年版，第 220 页）

一些在家长、老师眼里看似很简单的事情，对于慢热、内向型的孩子却很困难。过早地放弃、责备，或是给孩子贴标签，说孩子“胆小”“怕事”“不聪明”“慢性子”，往往限制了孩子未来可能发展的动力和方向。

纵观女儿的成长经历，我认为：对迟缓发展的孩子应当采取比较温和的教育和引导方式，前期鼓励和引导非常重要。我的体会是，在孩子还没准备好的时候不要揠苗助长，因为自信心培养有一个长期、渐进的过程。我们所能做的就是充分了解孩子、理解孩子、相信孩子并陪伴孩子，让孩子按其能有的速度和方式去适应、去提高。

◆ 助教 ◆

女儿小时候遇到不熟悉的人或在陌生的环境下都会很拘谨，经常躲在我们身后。作为父母，我们也希望女儿能像别的孩子那样大大方方、主动表达或是参与其中，但是女儿在我们的鼓励下还是很难挪动她的脚步。站在女儿的角度，或许“胆小”“不好意思”是因为女儿没有足够的安全感和信心。没关系，女儿想做但又不敢做的时候，我就做给她看，我想让女儿慢慢明白，原来做起来是很简单的。

女儿经常见到我向陌生人问路，去询问处寻求帮助。女儿夸我“面子”大，什么都敢问，我告诉女儿，其实没什么“面子”，寻求帮助是一件很平常的事情，同样，帮助别人也是很寻常的事情。

在超市里，有正在促销、试吃的小食品，我会鼓励女儿去尝试，女儿在促销员身边扭扭捏捏。我一边大方地接过促销员递过来的小食品和女儿分享，一边对促销员表示感谢。女儿还想尝尝，我就趁机鼓励女儿学着我的样子去促销员那里取小食品。当然一般情况下女儿还是退缩不前，我就顺着女儿，帮她再取一次，偶尔也能见到女儿在超市自己去拿促销小食品的那一份满足和开心。我相信这些小小的成功经历给女儿的自信培养起到了添砖加瓦的作用。

在超市里挑选水果后要排队称重量，最初女儿不会也不敢。后来我们陪着她挑选水果、排队和称重，渐渐地我们把距离拉大些，看着她做，最后就是我们买我们的，女儿大大方方地去挑选她需要的。

女儿十岁时已经能在饭店里很大方地去服务台领取餐巾纸，替我们通知服务员买单，这些对于五六岁的孩子来说都很容易的小事情，却是女儿在多次胆怯和退缩后的不断尝试、进步的结果。

◆ 课堂举手 ◆

课堂举手回答问题，这对一个学生来说是再简单不过的事情，可女儿六年级上半学期就没有主动举手一次，每次都是被老师点名回答问题。女儿上课主动性不够，主要还是因为她不够自信。女儿告诉我她就怕老师点她的名字，看到老师提问就紧张，心中默默念叨：“别叫我，别叫我。”眼见老师将目光转向其他同学，女儿才长长舒了口气，悬着的心总算落下来。女儿说回答问题时感觉自己声音都在发抖，总是害怕答错了。我让女儿在课堂上观察其他同学答对、答错问题时老师是怎么回应的——一般来说老师不会批评学生，而是会给答错的学生认真讲解。答对了能得到老师的表扬，答错了还能多一次学习机会。我建议女儿在很有把握的时候试着主动举手，同时我把女儿的想法、顾虑和老师当面沟通，希望老师能在课上多关注女儿，培养女儿的自信心。

六年级下学期开学不久，女儿放学回来很高兴地告诉我：“妈妈，今天我上语文课举手了。”“哦，是吗？后来呢？”我很好奇。

女儿模仿老师眼前一亮、做出一副请讲的姿态说：“哦，×××，这个问题你来回答。”“然后呢？”我又问。

“然后我就站起来回答问题了，答得有些哆嗦，然后我就坐下了，心跳加速啊！”女儿意犹未尽地回忆当时的场景。

呵呵，我很为女儿感到开心，感谢老师如此珍惜了女儿半年来的第一次举手，相信有了第一次就会有第二次、第三次……果然没过几天，女儿放学回来告诉我：“妈妈，今天公开课上我举了两次手，老师都点名叫我回答问题了。”“是吗？这么棒呢！你举手老师都叫你了么？”

“是啊！”女儿开心地答道，“我举手，老师没见到，是我后面的同学提醒老师：‘老师，×××又举手啦！’”

呵呵，听着挺逗乐的，女儿不爱举手，班上同学、老师都清楚哦！女儿一次答对了，一次同学说没听懂，不过这已不重要，关键是女儿已经有了第一、第二、第三次，相信以后还会有更多次。其实习惯了，举手也就不是困难事了。到了高中，女儿已经能在数学课上多次主动指出老师的错误。

◆ 唱歌 ◆

小时候女儿不敢单独唱歌，她说她害怕唱得不好。其实唱歌对我来说也是比较困难的，过去我在卡拉OK都是听别人唱歌，拿着话筒却出不了声音，高音上不去，低音下不来，中音还跑调。在女儿一、二年级放学回家的路上，我牵着女儿毫无顾虑地唱着女儿熟悉的歌，女儿受到我的感染也跟着我一起唱。我们还经常去附近的卡拉 OK 唱歌，约上女儿熟悉的同学、朋友，在卡拉 OK 厅里找女儿能唱的歌曲陪她一起唱。后来女儿已经有不少她熟悉的歌曲，只要去唱歌，女儿通常都要点唱韩红的《青藏高原》，还能大大方方地唱很多其他歌曲。再加上吹奏竹笛的功底，女儿高中以后唱歌很好听，一扫小时候的害羞，有时还在同学群里分享她录制的歌曲。换个角度，如果当初和一些家长一样说女儿"没有乐感""五音不全""唱歌难听"，没有鼓励女儿去尝试、去感受，也许就没有女儿如今甜美的歌声和自信了。

所以，对女儿，给她足够的时间，只要她适应过来了，很多事情还是能做得很好的。

◆ 笛子 ◆

最初女儿学习笛子，我们答应女儿只练习不考级，因为那时候女儿非常不自信。笛子老师在给女儿带教两年后夸赞女儿在笛子学习上很有天赋，鼓励女儿考级，按笛子老师的经验，女儿有能力报考七级。基于稳妥考虑，我们按女儿的想法报考六级。女儿说考级时不但说话哆嗦，握笛子的手也哆嗦。女儿顺利拿到六级证书，考试成绩还不错！女儿开心，我们更开心。有了六级通过的经验和经历，女儿自信了许多，接下来女儿顺利地考过了八级、九级、十级。初中、高中阶段女儿经常抱着笛子参加班里、学校的演出，高中主动报名参加学校的声乐团，再也不是那个过去躲在我们背后的小姑娘了。

◆ 自信心的建立 ◆

在女儿身上我深深地体会到"好孩子是夸赞出来的"这个道理：越夸赞，女儿就越自信；越自信，女儿便会良性循环好上加好。然而夸赞并不是空穴来风或逮着什么就夸什么，夸赞要到位。捕捉女儿一点点小小的进步，客观及时地表扬女儿；在女儿对自己取得的进步和成绩感到兴奋和骄傲时，与女儿一起分享成长带来的快乐和喜悦，不失时机地赞许女儿；在女儿没有做到或退步时，给女儿一个抱持的态度，相信女儿通过努力可以做得更好。这些说起来容易，做起来却不是那么简单。

“宝贝，你真棒！”听起来很鼓舞，可是毫无指向性，当它成为父母和孩子对话的口头禅时，孩子很少能体会到成长带来的愉悦和自信，甚至在父母经常性的、无原则的表扬下发展出非客观的自信心——孩子以为自己什么都好，却又不知道好在哪里。这样的孩子或者以自我为中心、标杆，看不到他（她）与周围其他人的区别。当孩子发现在父母眼里他（她）的聪明、能干在别人面前是那么微不足道时，自卑便会替代自信。

孩子取得进步和成长时，希望得到家长的肯定和表扬时，有些家长却本着尽善尽美的态度：“要是你能……就更好了”，或者“这道题怎么还错了？……”，这些话好似一盆冷水浇灭了孩子原有的热情，孩子如何能体会到成长带来的自信？这就像我们平时在工作中，希望获得领导的肯定和激励一样。不是说有了成绩就沾沾自喜或是听不得意见，但是把庆功宴和工作总结报告混在一起是否恰当？该表扬的时候一定要真心实意地去表扬，特别是面对孩子时。善于发现孩子的优点，鼓励孩子的一次次进步，孩子只会越来越好。

我在培养女儿自信心方面，只做加法，不做减法。虽然在重点学校读书的话，女儿的学习成绩可能会比现在好，能考上的大学可能也比现在好，但是从中却极有可能会削减女儿好不容易培养起来的自信心。成绩固然重要，但我更看重女儿的感受，这样的减法我不做。我希望女儿在她力所能及的范围里拥有她的自信，我会找准机会寻求老师的帮助，及时给女儿鼓励和肯定，一次、两次……的加法足以增强女儿的自信心。

自信心建立需要一个长期过程。这些年，我们没有赶鸭子上架强行让女儿去上补习班，而是针对性地“陪跑”“带跑”，累的时候不妨歇会儿。不管别人跑多快、多远，只看自己有没有一次次地比以前跑得更快。曾经我们是女儿的“陪跑教练”，路上时不时还要帮扶女儿一把。慢慢地，女儿步伐越来越稳、越来越快，我们更多的是为女儿提供后勤保证。再后来女儿越跑越有信心，越跑越有劲头，我们为女儿加油，女儿一次次超越自己的同时也渐渐跑到了队伍前面。如今，女儿再也不是那个遇事退缩不前的小姑娘。我们看到女儿正迈开步伐、坚定地奔向远方。

与人相处

◆ 自己的东西要看好 ◆

小学二年级，女儿放学回家要我给她再买一支自动铅笔。不是才买过的吗？我很奇怪。女儿说同桌喜欢那支笔，借去用了一直没还，所以女儿还想再买一支。我和女儿商量：同学如果喜欢可以让她的妈妈给她买，只借不还不是好习惯。如果同学确实家庭困难，女儿也可以把笔送给她。女儿似懂非懂，但我还是坚持没给女儿买第二支笔。不久，女儿告诉我她把笔要回来了。

还是二年级，女儿在小区里玩耍，把一个刚认识的小女孩带回家，小女孩看起来比女儿大些。说实在，我挺不喜欢这个孩子，因为小女孩很喜欢女儿的玩具，一会儿要这个，一会儿又要那个。不过我倒想看看女儿是怎么和她相处的。

女儿在小女孩的请求下送了些小玩具、发卡给她，后来那个女孩子看到女儿戴的手表，非常希望女儿能把手表也送给她。女儿委婉地拒绝了那个女孩："这个手表是我争取了好久，因为我的表现好，我妈妈才送给我的。"女儿很认真地告诉那个小女孩，说她可以回去要求她的妈妈送她。我很高兴女儿对手表的珍惜之情，我更高兴看到女儿的这次拒绝——因为我知道，与人相处，合情合理的拒绝是多么重要。

◆ 合理拒绝 ◆

女儿上了高中，班上同学都喜欢和女儿相处，包括老师也很喜欢这个善解人意、温和、大度、乐于助人的小姑娘。没有太多得失计较，也就少了很多烦恼，女儿和同学们相处融洽，帮助同学，但不勉强自己、迁就自己。

刚上高中那会儿，经常听女儿说起班上女生之间的事情，女儿说看不懂班上有些女生。女儿说班上有些女生，总有那么多是非，好像整天生气过来、生气过去。面对女儿的困惑，我以旁听者的角度为女儿提供参考，女儿开始有些理解那些女生爱生气的缘由，不再过多地为周围的不和谐而感到不愉快。

班里同学喜欢和女儿相处，个别同学大事小事都爱拉着女儿，有时候女儿碍于面子不好意思拒绝。女儿问我该怎么处理，在我看来，合理拒绝是每个人应有的权利，既是对自己负责，也是对他人负责，是相互尊重、诚信的表现。

为什么有时候自己不愿意却又不得不勉为其难？女儿提出的这个问题，也是我经常思考和观察的问题。在看似简单的事情面前，我发现有些人不知道如何拒绝，有些人则是担心拒绝后带来的负面影响，本着"多一事不如少一事"的态度委曲求全，但其内心却时常体验到违背意愿的挫败感。

为什么有的人不会拒绝？是因为他们在成长过程中没有得到必要的锻炼和实践。孩子三岁左右处在自我意识的第一个飞跃期，也是人生必经的第一个逆反期。这个年龄段的孩子认为自己长大了，希望参与到成人的生活中，想去做自己想做的事情。孩子开始反抗父母的控制，常常逆着父母意愿说

“不”，希望自己的“长大”和“能干”能得到父母的认可和接纳。由于这个阶段孩子发展出的“长大感”和实际能力并不相符，不少父母常为孩子“淘气”“不听话”“捣乱”，甚至屡屡做出比较危险的事情而头痛不已。有的父母为了安全起见，没有给孩子必要的发展空间和恰当引导，而是通过责罚或恐吓去打压、限制孩子的自我探索和实现。久而久之，孩子与父母的关系退回到婴儿期的依赖需求中，这样的孩子往往长大后缺乏自己做主、自己做决定的能力。还有些父母甚至以“爱”的名义，诱导孩子远离探索、回到自己的怀抱，同样扼杀了孩子自我发展的能力。这些孩子习惯于放弃自己说“不”的权利而去迎合父母，长大后仍旧被动地接受别人的安排，缺乏灵活自主的问题解决能力，给工作和生活带来不少困扰。

拒绝是一种能力，也是自我尊重和个人成长的表现。学习说“不”很简单，就拿女儿不想陪同学去教导处的这件小事情来说，通过几个自问自答，女儿很快就找到了答案：

①有无必要？——如果同学确实需要，自己力所能及，那就陪着去好了。对于同学间的帮助，女儿还是很有诚意和主动性的。没有必要时就问问自己是否愿意。

②是否愿意？——同学、朋友之间相互陪同也很普遍，尤其是好朋友之间更是有事儿没事儿都爱黏在一起。如果是好朋友，应该不存在愿意不愿意的困扰。如果同学提出的请求违背自己的意愿时，就要想想自己内心的真实感受。

③内心的感受是什么？——对于自己并不喜欢的人提出的可做、可不做并且是自己不想做的事情，内心是抗拒的，为什么不可以采取其他方式或者直接拒绝以维护自己的正当权益呢？

④拒绝之后是否会影响同学关系？——良好的同学、朋友关系是建立在相互尊重的基础上。其实好朋友之间的相处很简单，平日里的合理拒绝是不会影响到朋友关系的。比如朋友约我周末一起玩，因为我有其他安排，朋友就会说以后再约吧。我不会因为拒绝朋友而感到不安，朋友也不会因为我不给“面子”而感到不快。

如此一来，还有什么担心呢？对于那个经常拉着女儿陪同的同学，女儿愿意陪同就高高兴兴地陪着去，不想去就直接告诉同学。选择权在自己，大可不必委屈自己、迁就别人。

与人相处，相互尊重是根本，尊重别人的同时也要尊重自身的感受。对他人说“不”并不等同于粗鲁无礼，也不代表自己不随和。敢于说“不”的人有着一种“自我坚定”。他(她)能在充分考虑自己和对方需求之后，表示出中肯的、真诚的拒绝，而不是无奈的妥协和让步。

我希望女儿将来自信而“自我坚定”，能够很好地与自己、与他人和睦相处。

应急处理

对于紧急事件的处理，现实中的应用更有实际指导意义。在一个深冬的夜晚，我和女儿就有这么一次经历，那时女儿大概十二岁：

晚上正和女儿一起看电视，突然电视频闪，紧接着房间里的灯光忽明忽暗。我赶紧关了电视关空调，关了电热毯关电磁炉，能关的电器都关了，可是照明灯还是渐渐暗淡下来，我楼上、楼下找手电筒，女儿战战兢兢地贴着我，两分钟后，屋子上下静悄悄、黑漆漆一片，隐隐看见女儿慌张的大眼睛，我努力保持镇定，安慰女儿不要害怕。

我领着女儿搜罗出家里所有可用的手电筒并一一分派给女儿，要求女儿节约用“电”。说实在，我也不知道停电是个什么状况，是自己家电路出了问题，还是整个楼道或是居民区出故障了？对面楼房灯光依旧，看来不是区域电路问题，从窗台望去楼下有照明，估计是家里的线路出问题了。开门一看，哎呀！着火啦！楼道上我家的电表正呼呼地着着火，火焰蹿起半米高了！楼道上一股呛人的橡胶烧着的味道。怎么办？当时我的脑子里就飞快地计算着：着火了，找物业？打 119？119 接到电话再过来估计也烧完了！心里一阵发麻之际，突然想起家里有一个备用灭火器。

那个灭火器还是 4 年前在北京的一次消防知识讲座后购置的，当时买灭火器的时候只是觉得应该有个安全防患，也没琢磨琢磨怎么用。这回遇上真正的火情了，顾不得会不会用了，拧着灭火器上面的那个销栓就往外拔，还好，很轻松地就拔下来了，我拎着灭火器跑到电表跟前，对着火扑哧一下，只按了灭火器压舌一下，火就灭了——好险啊！

从最初看到火到我用灭火器把火扑灭，女儿紧紧地跟着我不离半步。看着火灭了，女儿惊慌之余也有了些镇定，不忘竖起拇指夸我的果敢动作。

电表烧毁了，家里没电了，大冬天的晚上怎么办呢？老公出差不在家，我赶紧电话报修，电力公司一个小时后才能到。为了排解女儿的恐惧，黑暗中我搂着女儿，和女儿说起以前我在大学时遇到的火灾经历。

那年我上大一，女生宿舍晚上 10 点统一熄灯。半夜里我朦胧看见眼前有光亮，醒来发现斜上方床铺上的蚊帐着火了！宿舍的几个女生只顾着来回到水房接水灭火，完全没发现那个女生竟然还坐在火堆中没有跑出来，事后才知道她当时被吓傻了，只知道坐在火堆中把着了火的蚊帐片到处扔，蚊帐片落到哪里，哪里就出现一个新的着火点，真是惊心动魄。原来，那个女生在点蜡烛看日记睡着了，蜡烛点燃了蚊帐，不仅把床上的东西烧了个精光，还把她自己烧得不轻，如果不是我们奋力扑灭满天飞的火星，只怕整个宿舍都被她点着了。灭火时宿舍里的女生都尽力了，火情发现比较及时，只是水房里的水太小，火一时无法扑灭时；只是这个女生太不懂得应急保护，把自己烧得那么重。

当时我们为了保护这个女生，隐瞒了起火原因，否则按学校规定，她会被通报批评、记过处分。因为我们隐瞒了事实，我们宿舍其他女生被一些人误解和谴责，包括老师、同学还有那个女生的老乡们，他们更是谴责我们不尽同学情谊。而我们宿舍的五个女生，没有辩解，一直默默地照顾那个女生。

整个夏天，那个女生都是罩在我们几个室友们举着的雨伞下，为的是她烧伤的皮肤尽快康复。我们轮流给那个女生打水、买饭，我还在宿舍里为那个女生洗澡擦背…… 即便那个女生事后到处说我们的不是，我们都一直保持沉默。我对女儿说，有些时候，宽容是最大的美德。如果那个女生能本能地自我保护，保持镇定，马上离开床铺，无非是床上用品付之一炬，起码不至于被烧伤得那么严重。学校宿舍里时不时着火，从没有听说把人烧伤的。那之前不久，其他女生宿舍的上铺也着了火，床上的人就是直接跳下来跑出去的。我告诉女儿，临危不惧、保持镇静有多重要。

和女儿说到这些，也是希望女儿能够慢慢明白：现实生活中难免会有被人误解和曲解的时候，只要自己心里坦荡荡，“没做亏心事，就不怕鬼敲门”，学会宽容和理解，不是什么事情都要去计较得失的。

在我的故事和讲解中，女儿听得认真，不再有停电、失火时的那份惊慌，反而一个劲地夸我的镇定果敢。两个小时后，在物业和供电局的紧急抢修下，家里用电恢复正常。虚惊一场后，我特意把灭火器的使用方法教给女儿，再把遇到火情时的紧急处理和逃生方法详尽说明，希望通过这次停电和灭火的亲身经历，让女儿学会危急时刻保持镇定、自我保护。同时，我也希望女儿能通过我的故事明白什么是包容。

第三部分

『青春期的碰撞』

愤青少年

◆ 女儿的愤慨 ◆

女儿上了初中，特别是进入初二以后，经常愤慨地指出老师的诸多不是，为此还写下评论《这样的事还要发生多少次》《如何做一名好老师》。

这样的事还要发生多少次

好多次都会觉得：老师的心，好难懂。

真的，我们好像永远都不懂老师的想法。

原本十分清楚的是非观在老师面前仿佛扭曲变形。

到底谁是对，谁是错？

多少次，在老师的打击下，自己仿佛一无所用。

多少次，在老师的批评下，自己仿佛在同学面前毫无尊严。

要是说金钱是万恶之根，那么老师也是万恶之根。他们都能使事实颠倒，把黑变成白，把白变成黑，把好变成坏。

——————事实颠倒 · 白变黑 · 第一篇——————

那一次，班长月考考得非常好，全年级第一。

大家想想看，班长得到了这么好的成绩，老师一定会很欣喜，对吧。

谁料，老师竟然把班长留下了谈话，谈了半小时。

这其中的内容更是让人咋舌，老师居然怪班长考了一个年级第一，说是把自己的能力泄露出去了，还说什么这种月考，考一个年级第二就足够了。（想法：班长怎么会知道考第二名的分数，除非"开外挂"）

我真的不知道老师的心、老师的想法。

我相信，如果班长没有考年级第一，那么老师一定会批评班长没有做好榜样，说她退步了。

这种事还要发生多少次？

——————事实颠倒 · 好变坏 · 第二篇——————

这一次的 4 米 8 字的跳绳比赛，我们班得了年级第 4。

一回到教室，老师就大发雷霆，说了很多话损我们。说什么比赛成绩放一边，参与才是最重要的，但是这次的比赛让她非常绝望，还说什么我们现在不团结了，还有很多人没有尽力，说什么我们又露出了那张丑恶的嘴脸。

我也是参加比赛的 12 人中的 1 人，到底团不团结我知道。

我真的不知道老师的心、老师的想法。

12 个人之中，哪一人没有尽力，哪一个人不为班级的荣誉而奋斗啊！（想法：不这样的人是"白痴"）要是我们班得了年级第一，那么最自豪、最荣幸的人一定会是我们 12 个。

我真的很想问一下老师，到底在你的眼里什么才算得上是团结，什么才算得上是尽力，是不是要我们的腿都给跳断了才算尽力，是不是要我们手拉手一起跳才算是团结，我切切实实地告诉你，过度的尽力会使人紧张，发挥失常啊，你懂不懂，懂不懂？

真心的不希望这种事再发生，可是，又有谁能阻止呢？

这种事还要发生多少次？

——————事实颠倒 · 大变小 · 第三篇——————

某一次数学考试，一位在老师印象当中很老实的男同学（至于我为什么认为老师对他印象好，你们看看后面就晓得了）抄了另外一名女同学的试卷。

这件事情被爆料出来后，所有人都以为老师会让这位男同学反思，当同学的面批评他，可是老师却只是说这位男生最近有点浮躁（具体怎么说的，因为当时没怎么注意记，所以有些忘了）。

我真的不知道老师的心、老师的想法。

这难道就是告诉我们印象的重要性吗？

如果抄试卷的是一位成绩差而且在老师印象中很不好的同学，老师还会那么仁慈吗？我相信，老师一定会让他（你）当同学的面检讨，再被老师"教育"一节课。

这种事还要发生多少次？

——————事实颠倒·白变黑·第四篇——————

有一天的语文晚自习上，一位男同学向另一位男同学问下课的时间。

这种平常到了可以忽略的行为却被老师提出来了。老师对那位问时间的男同学一阵批评，怪他没有问离他更近的班长。

谁都看得出来，那位男同学并没有错，似乎只有老师看不出来。

那位男同学鼓起勇气，反驳了老师。老师非但没有听劝，还变本加厉地说那位男同学不尊重她。（想法：这明明就是老师不尊重同学嘛）

我真的不知道老师的心、老师的想法。

我相信，如果这位男同学问班长下课的时间，老师也一定会批评他上课不认真听讲，还问下课的时间。

这种事还要发生多少次？

不久，女儿又"牺牲"自己的休息、游戏时间，"愤"笔疾书、一气呵成另一篇"大作"——《如何做一名好老师》：

如何做一名好老师

"老师"，在我的眼里，是复杂的代言词。在某些人眼里，老师是伟大的，在某些人眼里，老师是讨厌的。那么，如何去做一位受学生爱戴的好老师呢？我就来说说我的想法吧。

首先，做一名老师，比较容易，只要有学问就足够了。老师嘛老师，之所以在学校工作，就是为了教学生知识。如果老师没有足够的学问，那么学生有一些问题就不能得到正确的解答，继而学生考得的分数就不会很好。所以，足够的学问是老师的一大要求。

其次，做一名好老师，很难，一定要会上课。这里所说的"会上课"并不是指教学的材料背得熟，而是指懂得如何让学生记住她（他）所讲的知识、要点。不能将非常死板的知识让我们强记，否则的话，非常容易遗忘。同时她（他）还需要有自己上课的方法，而且这种方法得非常新颖，能够吸引住学生的视线，让学生在快乐中学习。所以，有好的教学方法是好老师的一大要求。

最后，做一名受同学爱戴的好老师，非常难，必须要懂得学生的心理。懂得学生的心理真的非常难，因为人心是复杂的，就算是学生的亲生父母也未必能完全了解自己的儿女，老师必须要从学生的角度来看待生活中的某些事，还要随着年龄的变化来改变看待事物的角度。另外，如果有学生做错了事情，不能当所有同学的面批评她（他），要知道，随着时间的流逝、年龄的增长，人的自尊心也在不断加强，若是这样当面批评她（他），会让她（他）自尊心受挫，更甚者则会对老师心生恨意。在做到这两点以后，如果想了解学生的日常生活，最好直接问学生，或者家访，一定不能指示家长偷看学生的个人隐私，一旦事情泄露了，那么老师在同学眼里的地位会一落千丈。所以，了解学生是好老师的终极要求。

如果哪位老师能够做到以上这三大要求，那么她（他）一定是一位受学生爱戴的好老师，至少我是这样认为的。

亲爱的同学们，你们又是怎么看待如何做一名好老师这件事呢？

◆ 我的曾经年少时 ◆

我很欣赏女儿的这两篇作文，也很认同女儿文中提到的一些观点，过去我也有着和女儿一样的感受和不满。因为，老师或家长，不是什么时候都是正确的。

记得我上初一那年，学校要求学生一大早去学校上早自习，在学校吃早餐、交饭费，以便集中管理。那个年代，家家经济条件都不太好，因为学校早餐要比在自家吃饭花费多得多，所以大多数学生在学校早自习后回家吃早饭。可是如果早自习后回家吃早饭，家住得远的学生一来一回在路上花费将近一个小时。班上大多数同学都能按时到校早自习，只有包括我在内的三个学生“无视”学校规定，天天迟到，即便被老师“威胁”通知家长，仍是“屡教不改”。巧的是，我们几个平时学习都很好，不听老师的理由也一样，因为家比较远。老师天天批评，我们天天迟到。最后老师发威，放学后把我们单独留下来。办公室里老师低头批改作业，既不训话也不搭理我们。我和另外两个男生在办公室翻东翻西，待了近一个小时，谁也不说话。最后还是老师先开口，问我们为什么会被叫到办公室。其中一个班上最聪明的男生立马向老师承认“错误”，待老师批评教育一番后，溜之大吉。另一个高个子男生在老师的注视下哭得上气不接下气，他说：“老师，我错了……但是，我认为我不上早自习是对的。”当时我差点要笑喷出来，哪有这样做检讨的？等着两个男同学陆续被老师放走，天渐渐黑下来，办公室里安静了好一会儿，老师才抬头问我：“你想好了吗？”我只好敷衍老师说：“嗯，明天上早自习。”老师没再说什么，放我回家了。第二天早自习，班上依然有三位同学迟到，没错，就是“不知悔改”的我们这三人。庆幸的是，老师没再找我们，因为没过多久，学校的早自习、早餐活动取消！

女儿听我说起这段往事，对我们那时的“勇敢抗争”大呼痛快。那时我们几个学生违反学校规定的行为与女儿愤慨陈词的表达方式有所不同，但同样都是对老师、对权威的挑战。为什么我们几个总是无视学校规定？因为“早自习”“早餐”统一管理并不切合实际，我们只不过是为了维护自身利益而采取了“无声”的抗争。

女儿作文《这样的事还要发生多少次》中提到的老师和同学，我多少知道一些。我理解女儿的感受，因为不是所有的老师都那么了解自己的学生，不少老师和家长总是戴着有色眼镜看孩子，使孩子感到委屈，受到伤害。

在高中时，我就很不满老师对学生的区别对待。我能很清晰地从老师的眼光和表情中辨识出他的喜好：面对学习优秀、聪明“绝顶”的学生，老师眼里透着柔柔的喜爱，可是当视线转到我的身上时，不过五厘米的距离，老师眉头立马就紧锁起来了，我有那么让他头疼吗？同样是住校生，同样的早自习迟到，同样的一句“怎么搞的又迟到了？”，却是不同的语调和态度：升调里满满的关心和包容，被老师关爱的那个男同学笑嘻嘻地吐个舌头跑进教室，而老师转过脸问到我时却是重音加降大调。什么怎么搞的？不就是起晚了些，迟到不过两三分钟，又不是天天迟到，至于吗？我无视老师问话，昂首挺胸地进了教室，管他怎么想呢！说我叛逆也好，清高也罢，那也是老师不尊重我在先。

后来老师单独找我谈话，问我：“你的学习不是那么好，你为什么还这么傲？”是的，我在他眼里不“优秀”，但是我从不认为我就低人一等。老师的问话我不作答，因为他不懂。2017 年北京高考满分作文《尺子》让我回想到老师当年的疑惑：老师举着他那把高标尺子量过能考上北大、清华的同学，再来衡量我，当然会对我的“傲娇”诧异不解。但我不认为他眼中的“优秀”是唯一可骄傲的资本。

那时我和女儿一样，都有些“愤青”，而我，在老师眼里更是“叛逆”。在我看来，“叛逆”不是什么坏事，“叛逆”不过是青春期的普遍现象，也是一个人自我表现的体验和表达方式。经历过青春期的叛逆和磨炼，才可能发展成为一个拥有独立意志的、有着真正自我的人。

如何看待孩子对老师的态度？我想，不应一概而论。做到倾听和理解，就事论事，不妄作评论。对女儿，我希望有一把适合她的“尺子”。

◆ 青春期的心理特点 ◆

从初中到高中这个阶段，11～12 岁至 15～16 岁的孩子经历着身心发展迅速而又不平衡的青春期。这个阶段孩子与家庭、社会甚至自己都充满了矛盾。

青春期也被称为困难期或危险期。这个阶段的孩子由于生理上的快速成熟而产生成人感，但是心理发展的相对缓慢使他们仍处于半成熟状态。他们往往在心理上过高评价自己的成熟度，认为自己的思想和行为属于成人水平，要求与成人的社会地位平等，渴望社会给予他们成人式的信任和尊重。由此产生的成人感强化了他们的独立意识，希望脱离父母的羁绊拥有独立自主的权利，表现出不同形式的“逆反”。但在面对复杂矛盾和困惑时，他们依然希望在精神上得到成人的理解、支持和保护。

青春期孩子对抗父母或者态度强硬、举止粗暴，或者将反抗隐于内心、冷漠相对（不顶撞，对不满的，乃至需要反抗的言行置若罔闻，实际上却是将其内化为不良的心境，难以转移）。①

最初的青春期叛逆不过只是意识上的冲突，并没有“张牙舞爪”“来势汹汹”那么可怕，真正可怕的是父母不恰当的引导和打压。有些父母不能充分意识到孩子自我成长的客观及主观需要，而是一味地按其自身意愿，在精神和行为上过度保护、约束或者控制孩子。自我发展需要与现实之间的矛盾导致孩子反抗，亲子关系激化，甚至会给孩子个性发展带来不可弥补的缺憾。

① 摘自《心理咨询师·基础知识》，2011 年版，第 256－257 页。

艾里克森将人的一生从婴儿期到老年期划分为连续不同的八个阶段，每个阶段都有其特定的发展任务，每个阶段都带有普遍性的心理危机。如果可以顺利渡过危机，可以形成相应的积极品质，反之则不能。

过去做心理咨询时遇到一对母女，一边是焦虑不堪的妈妈，一边是漠漠无谓的孩子——一个正处在青春期的女孩子。那位妈妈提到女儿就头疼，说孩子问题太多，在学校讨厌老师、学习成绩退步、经常和社会上的人混在一起、谎话连篇……从那位妈妈明显表现出对孩子的不信任和控制欲来看，孩子抵触和反抗也在情理之中。孩子为什么讨厌老师？因为老师和她妈妈一样不理解她；孩子和社会上的人在一起，因为在那里她可以找到认同和理解，可以远离妈妈的管制和约束。所以说，孩子出现的问题绝不是一个人的问题，其背后折射了家庭环境、家庭教育乃至父母人格方面的因素。据我所知，女孩来自单亲家庭，父母关系对孩子的影响很大。我认为那位妈妈更应该单独接受心理咨询，可是她并没有真正意识到，还是紧紧抓着孩子不放。她越逼得紧，孩子就越逆反，逃课、偷东西……很遗憾，我担心这个女孩子很可能会走上歧路。

听到一些父母抱怨小孩子淘气、调皮时，我会恭喜他们，因为淘气、调皮的孩子聪明、有挑战精神、有创新能力，关键是父母如何疏导和引导。有的父母羡慕别家孩子懂事、听话，殊不知太懂事、太听话的孩子在父母强制打压或是在父母以“爱”的名义裹挟下可能迷失了自我，长大后或者沉沦在庸常乏味的日子中，或者跃过青春期后还要带着对自我的不安和怀疑，异常辛苦地去补回曾经缺失的那一课。然而，错过的要真正补回来谈何容易！

在这里我要感谢我的父亲，感谢他对我那些“出格”表现给予的“纵容”。当年因为住校管理员不查实情而诋毁我们，我挺身而出与管理员老师针锋相对。父亲不仅没有应老师的要求训斥我，反而让我读到了他眼中的一丝赏识。其实老师看到的“叛逆”，不过是因为他们的主观使然。好好的，我又何必对着老师“擦枪走火”呢？

不少熟悉我的人都说我很有个性，还有朋友说我有“反骨”，有着挑战权威的勇气和个性，我承认。个性也好，“反骨”也罢，这都是我个人的事情。不是说有个性就可以任意胡来，我有我的原则，我只不过做了一些人想做不敢做的事情，说了一些人想说不敢说的话。我认为，诚信、包容和担当，与维护个人的正当权益并不矛盾对立。我坚持人与人之间的平等，不因财富、地位的高低而改变原则。

曾经与同事一起闲聊“把人分成几类”的这个话题，我说分两种，一种是“看得见”的，一种是“看不见”的。同事笑我太嚣张，“目中无人”，我说是也非也。我可没有竹林七贤阮籍的青白眼，但是我能分辨出真诚与敷衍。我所能“看得见”的人不只有领导、同事，也有打扫卫生的保洁人员，还有路上偶遇的友善的陌生人；我所“看不见”的人中同样也有不少领导和同事，因为我被“看不见”，所以我也就“看不见”。当然，我知道，我的“看得见”“看不见”于他人无关，那不过是我的处事态度，我努力做到对事不对人，我坚持人与人之间的平等与相互尊重。

◆ 青春期基本对策 ◆

我知道，女儿这些逆反正是当下青春期自我意识的强烈体现。有时候女儿不过是在发泄她的情绪，寻求理解和认同。过去看到女儿时常对老师愤愤不平，我们多少还是有些顾虑的。不过女儿说，她不会因为对老师有意见而影响学习：“我对老师有意见，要是上课不好好听，作业就做不好，考试考不好，老师会找我麻烦，这是两码事……”

后来，当女儿“慷慨激昂”地痛诉学校里的事情时，我不再批评女儿对老师的不恭敬，也不为老师辩解什么，甚至有时候还会接着女儿的话说：“是啊，老师怎么能这么说你们呢?”女儿在被接纳、被理解、被认同下，也就不会有那么多怨气，反而更加理性、客观地面对人和事。渐渐地，女儿学会了思考，而不是一味地被动屈从或自我打压。女儿把对老师的不满转换升华到写作上，我想，这也是一种很好的排解方式。当然，我自己的态度和行为方式也会对女儿带来影响。我从过去吐槽、抱怨转变到对领导、同事的夸赞，有时和女儿分享如何有效地解决工作中的困难和冲突。我相信这样的示范会对女儿有借鉴作用——学生眼里看老师、员工眼里看领导、孩子眼里看父母，因为角度不同，总能找到这样那样的缺点和瑕疵。但是，人无完人，不能因为局部而全盘否定。

女儿的青春期并不是一帆风顺的，在一段时间内女儿的叛逆让我们感到艰难。不过，我越来越不焦虑。因为我相信女儿在成长，能够拥有自己的见解，多角度客观地对待人和事情，看到自己长处，认识并接纳自己的短处，看到别人的长处，并善待他人的缺点和不足，慢慢做到“不盲从、不偏激、不自大”。

冲突开始
（初一）

◆ 自作多情 ◆

有天晚上女儿做英语作业，一会儿问我这个单词怎么拼，一会儿问我那个阅读什么意思，我给女儿解答后建议女儿“遇到不会的内容先在文中前后查找一下，不要动不动就翻阅字典或问别人”。结果女儿不耐烦了，嘴里嘟囔着说我“自作多情”。我听了很生气：“怎么能这么说话呢？怎么能说我自作多情?!”我走出女儿的房间，还觉得没说够，回头又补充了一句：“不要以为就你有脾气!”

女儿不理我，拿书的声音很重，过了一会儿，我过去看到女儿房间地上有撕碎的纸片，知道是女儿生气撕的。我没说什么，继续做我的事情，女儿做她的作业。想到女儿还要准备周末的班级表演，考虑到女儿的作业还很多，我征求女儿的意见，帮她抄写简谱。女儿同意了，我也就松了口气——女儿让我帮着做事情，说明她没有那么生气了。

我想当时我有些敏感了，因为在心里对女儿时而挂在嘴边的“旁白”是有意见的，对女儿三番五次的招呼，我明显有些不耐烦，对女儿的反应是过了些。况且，我的言语中多少存在我对女儿的不满情绪，如果就事论事地提醒，我想女儿也不会那么抵触。太晚了，想给女儿解释一下，又怕女儿不能理解反而影响她的心情，等等吧，找个合适的时间和女儿说说。

第二天早起，不知是没睡醒，还是受昨天晚上的影响，女儿出门时闷闷不乐。下午放学，看见女儿心情还不错，我向女儿道歉：“对不起，昨天我的态度不好，不该对你那么嚷嚷。”女儿没有理会我，拎起书包以比平时要快一倍的速度先进了家门。进了家门我就踏实了：女儿主动跟我说起学校的事情，找些话题和我聊，学习上也比平时要主动，看得出女儿的心情很好，我心里也舒坦多了。

有时候我在问自己，对待这么一个十二岁的孩子为何这么小心翼翼？如此纠结在这些小细节上面，是不是很累？我要经常“察言观色”，观察和领会女儿的情绪变化。在女儿面前，不是什么话都可以说出来的。

◆ 棉花糖和“死样” ◆

初一下学期的一天，放学时女儿说想吃路边的棉花糖。从学校出来的路上，我一直在找路右边的摊子，没想到卖棉花糖的在路左边，结果错过了，女儿有些不高兴，不过女儿还是说不买了。看女儿一副不高兴的样子，我也挺委屈：不是我不给买，是因为我不知道摊子在左边，女儿也没给我讲清楚，开车的时候我一般都看右边。看女儿不高兴的样子，我也不高兴，想想更不高兴，我自言自语地说了句“死样”。结果女儿接过我的话说：“嗯，就是死样，我从楼上跳下去摔死得了。”女儿这一句话把我噎着了，一时间我觉得心里有什么堵堵的，好难受。我指责女儿这样说话太不负责任，告诉女儿我很伤心，然后一路无语。晚上，在女儿比较平静的时候，我又告诉女儿，那么说真的不好，女儿没吱声。

“死样”是我的一个口头禅，打那之后，我很少再说了。如今，我也不需要这个字眼来发泄心中的不满。况且，哪有那么多的不满呢？

◆ 汤包馆的不愉快 ◆

那个周五晚上，我和女儿在汤包馆，女儿香喷喷地吃着，还要打包。我说："好啊，你去拿饭盒和袋子吧。"可女儿立马回应我说："那就什么都不要了。"接下来我俩好一阵子沉默。

之前我和老公专门和女儿开过一个家庭会议，希望女儿能在公开场合表现得更大方些，比如在餐厅点餐、取餐具、向服务员寻求帮助等。女儿十二岁，已经上初一了，但这些看似简单的事情对女儿来说还是比较困难，女儿经常扭扭捏捏，不情愿。

看到女儿不开心，我心里也很不舒服。我不好再说女儿什么，自己取来餐盒和袋子递给女儿，女儿倒是帮着一起打包。

出了餐馆，女儿口渴想买瓶水喝，我说一会儿回家再喝，大概也就十分钟的时间。可是看到女儿的表情，我立马就后悔了：因为女儿吃饭的时候就说口渴，这会儿我还要女儿坚持回家再喝水，真是不合适，随后我说去路边超市买水，却没见女儿情绪好转。

女儿推着车子慢腾腾地在我后面跟着，明显是要和我保持距离。唉，我也高兴不到哪里去，我回过头问女儿是不是可以快些，女儿二话不说，蹬上自行车一个人就骑走了。

我到路边超市买水出来，已不见女儿身影。走了一段路，见女儿在路口等着。我上前把水递给女儿，女儿接过去喝了。

回家后，我们都没太说话，女儿主动去吹笛子，我自己看了会儿书就早早睡觉了。

早上女儿起床后，竟然主动把被子叠好了。我还是没什么话和女儿说，我不知道我该说什么，一边看自己的书。女儿看电视、吹笛子。到了中午，女儿问我午饭吃什么，我说没想好——的确没想好。昨天打包的，中午吃吃也差不多。不一会儿，看女儿进了厨房，忙着炸馒头。我问女儿："要做汤吗？"女儿要我做西红柿鸡蛋汤。女儿一边炸馒头，我一边做汤，看样子，我们和解了。

吃午饭的时候，我们还是比较轻松的，我趁机问女儿昨天为什么不愿意去拿饭盒，女儿的脸色一下子就不好看了，沉下脸："什么为什么，我就是不愿意!"看到女儿这样的态度，我也不高兴了，给女儿解释昨天我的想法，说着说着就引申到日常学习、生活或者以后工作中需要主动争取和行动方面，还说希望女儿能更开心。女儿呛了我："你不说这些，我会更高兴!"

女儿气呼呼地回到房间里，窗户关着，空调没开，屋子里闷热。我对女儿说："太热了，把空调开开吧。"随后离开女儿的房间，不再说什么了。

想到之前说好去看电影，我在网上查过影讯，去女儿房间征求女儿的意见，还好，女儿不再生我的气。看过电影，我和女儿都挺开心，虽然遇上了瓢泼大雨，虽然鞋子都湿透了，却没有带来任何不快，能够这么开心，我感到很轻松。

看过电影回到家，女儿又高兴地围在我身边，睡觉前和往常一样聊天。女儿近来有些"小问号"，问我好多"为什么"，我总是在自己的能力范围内给女儿耐心讲解，有时候女儿会问我是不是她的"为什么"太多了。我告诉女儿，我很高兴女儿能有这些"为什么"，因为就是这样那样的"为什么"才能让我们获得更多知识和更大进步。

这两天过后，我总在反思：为什么女儿在汤包馆里不愿意去取餐盒？过去我们一直鼓励、示范女儿在饭店去服务台取餐巾纸什么的，小时候女儿都还是能做到的。为什么最近一段时间反而表现得那么不大方？问题在哪里？

对女儿我们多少还是有份担忧：平时同事朋友聚在一起，女儿一直都显得比较拘谨，我们总觉得女儿不大方，总觉得这与十二岁年龄不相符。女儿从小到大很少主动去做什么，很多事情在我们眼里手到擒来，但是对女儿来说，却难以启齿、退缩不前。女儿有时也羡慕同学的大方和胆量，尽管我们经常鼓励女儿，身先力行地为女儿做榜样，但还是收效甚微。

为什么小些时候女儿都还能在我们的鼓励下去找服务员打包结账，现在大些了，却不是那么情愿呢？当我看到女儿在 KFC 自己点餐、用餐时，我不再那么纠结了。

女儿慢慢长大，也许女儿并不是那么情愿再在我的鼓励下去做些什么，或许我的这种鼓励对女儿来说反而是一种负担。没有我们的"手把手"，女儿其实也能走稳的。

冲突升级

（初二～初三）

◆ 周末玩耍 ◆

初二的一个周末，女儿你准备做完作业后，周日中午和同学一起出去到超市逛逛。

到了周日早上，女儿比平时起得早，还洗了澡，十一点半同学打电话约着出去。因为女儿作业没有做完，我不同意女儿出去。女儿去做作业不再理我，她生气我也生气。明明计划要出去玩，还不提前安排好时间，好像我不让她出去玩是我的过错。

中午饭后女儿上网，我看见女儿在 QQ 上的留言后更郁闷。女儿在 QQ 上写："孩子，别管那么多，我不想跟你吵架，也请你不要挑战我的底线。"我忍不住问女儿为什么这么写，女儿很不耐烦，懒得理我。下午老公打来电话，我在电话里发了一通牢骚。之后我再细细回想老公说的话：我是不是有时候对女儿期望太高了，是不是有更合适的方式呢？晚饭前女儿做完作业让我签字，好像没事一样，我有些诧异，问老公是不是他说过女儿了。老公说没有。

◆ 游戏无限时 ◆

晚上八点不到作业就做完了，女儿愉快地“游到”电脑旁，开始她的“游戏之旅”。九点半没动静，九点四十分也没动静。我实在忍不住了，冲着女儿说：“玩起来就没个节制了吗？从一个小时到一个半小时，现在还要突破两个小时吗？”

女儿也很不耐烦地回我道：“马上就关，以后一个小时好不好？！”我没再理会女儿，可是心里却很有怨气，一时真不能平静下来。就这样不愉快地，我和女儿各回各的房间，那一刻我不知道到底该如何要求女儿了。

一直希望女儿能有效地管理时间，一方面期待女儿能培养一个良好的习惯而获益终生，另一方面也期待女儿不用我这么紧紧跟催，我也好落个清闲自在。一路走过来，有些事情似乎总是在反反复复、迂回迭荡中。

女儿有她的进步，但时间管理上的纠结和冲突也不少。

◆ 肚子不舒服 ◆

晚上八点，收到女儿的短信，责问我怎么没看到放在洗衣机里的裤子，还在短信里一并把老师也给骂了，因为老师布置的作业太多了。知道女儿今天肚子疼，我热了女儿平时爱喝的巧克力牛奶给女儿暖胃，然后把裤子洗好，用熨斗熨得差不多半干了，晾到阳台上。

九点多了，我到女儿房间问女儿是不是要休息会儿。这会儿女儿情绪平静下来了，一反平时赶我出门的态度，有些撒娇地说饿了，要我送吃的，还拽着我陪着做最后一项作业——为“如何拯救地球”整理一个提纲。在我的建议下，女儿以开发利用绿色能源为主题，很快完成了作业。

心情舒畅的女儿看起来真美。中间我要离开会儿，女儿又半撒娇半要求我陪她聊会儿。大概从初一下学期开始，女儿就已经很刻意地要求保留她自己的单独空间，现在这么近距离和女儿相处真是难得。

从女儿冷冰冰的短信到嘻嘻哈哈完成作业，期间变化还是挺大的。我想真的是学习心理学之后，自我反省起了很大作用——以不变应万变。女儿喜也好，怒也罢，我不急不躁，试着站在女儿的角度去理解，去认识。

看到女儿情绪不错，我找准时机询问女儿因为什么事情不高兴，女儿说做作业时睡着了，醒来发现还有不少作业，心里恼火，加上肚子不舒服……原来，真没原先想得那么严重。

我适时向女儿表达了我的感受：“你不喜欢被人挖苦，可是怎么你给我的短信却是那么苛刻呢?”女儿答：“被人挖苦我就不爽，我不爽就要找个人挖苦一下，才能解我心头之恨。”

嗯，这时我再说什么也不顶用，还是那句话，放空自己，用积极心态接纳，适时、恰当地沟通和反馈，我想总有一天女儿能明白的。

◆ 感冒在家 ◆

初二下学期的一天，早上女儿嗓子痛，发烧 38℃，吃了药在家休养，一天没精神。晚上体温 37℃，还是有些低烧。第二天早上体温又到 38℃，去医院查血常规正常，大夫说是一般感冒，要注意休息，随后开了些药。女儿拿到药后，又开始活跃起来，走在街上感叹道：“唉，豆苗的幸福生活就要结束了。”看样子女儿已经恢复得差不多了，明天该上课了，话说也落了两天课了。第三天早起，我在厨房、客厅忙碌着，女儿在她房间给我打来电话，说是不发烧了，但头有些痛，想再休息一天。

还要在家待一天？昨天已经挺好的了。在家待一天，除了睡觉就是看电视、上网，又耽误一天的学习。我说如果不舒服还是去医院再查查看。女儿回应我：“那还不如上学去!”女儿挂断电话就起床，脸没洗，早饭没吃，带着一腔怒火，急匆匆地赶去上学了。唉，我也不知道该说什么好了。如果真顺了女儿的想法，有点困难就不想克服，这样终究不好。感冒总是要有个恢复期，不能有点感冒就不能克服。

那天晚上我有事要晚些回家，出门时我给女儿留了张字条：头疼好些没有？到家给我打个电话，记得按时吃药。女儿到家没有给我回电话，我打电话问女儿好些没有，女儿在电话那头粗声粗气道："不知道。"一天下来，女儿怎么都不理睬我，第二天早上我问她头还痛不，女儿还是冷冷的三个字："不知道。"那个时候我真的只有一声长叹了。

"都很生气！"

女儿在QQ上的签名："就你有理，就你厉害，没治的，你真没脸活了！"老公打来电话问我怎么回事，我一阵眩晕，芝麻点儿的小事情，女儿怎么反应如此强烈呢？

女儿上初二的一个周日下午看到女儿在电脑前坐的时间有点长，我问女儿还要玩多少时间，女儿犹豫片刻告诉我5分钟。说好了5分钟，足足让我等了15分钟，看见女儿依然纹丝不动地端坐在电脑前噼里啪啦地敲打键盘，我实在忍不住又问女儿还要多久，女儿冷冷地答："不知道。"我很不高兴，强制女儿："不知道就立刻停下来！"

晚饭很不愉快，女儿不理我不说，还绕着我走，离我远远的，看都不看我一眼。唉，不能说，一点都不能说女儿，说了就这样，跟爆竹似的，一点就炸，在QQ里那么诋毁我。可是总这么延时也不太好吧？总归要有所控制吧？

晚饭后女儿洗完澡上网，我还是不厌其烦地提醒女儿把握好时间。女儿嘴上应答，却又在QQ上写道："好烦，无视你。"不过这次女儿时间掌握得比较好。在女儿清闲时，我和女儿说起下午上网的事情。我是因为女儿时间延迟太长生了气，女儿则说是因为我的态度而生气。当时我的态度是不太好。"我对女儿说。后来女儿也向我解释，因为QQ上线游戏的阶段性，不是马上就能结束的，这也是当时女儿不确定具体时间的原因。

事情说开了，女儿也就不那么对抗了，一场小风波就这么过去了。但我心里的波澜迟迟未平。虽然我能理解女儿这个阶段的心理特征，十二岁的女孩子，有着青春期普遍存在的逆反情绪。每每看到女儿眼镜片后的冷漠、读到女儿在QQ上的那些话语，心里总是有些寒意和不安。可是看到女儿进入校门后一反家里的活跃身影，我就想，究竟什么原因造成这样的反差呢？

可能是在女儿小时候，我们对女儿比较严厉的要求、对女儿的不耐烦，特别是偶尔的暴怒情绪影响到女儿了。诚然，女儿刻印了我们的影子。如今后悔和埋怨都没有用，我们该怎么做呢？

我经常向女儿说起过去我小时候和母亲在一起的许多往事。每每想起我的母亲，心里总是涌起一份暖意和感恩之情，正如比昂的“容器理论”，母亲用她的善良包容我的任性。我想，我也愿意像母亲那样，为女儿努力营造一个好的环境，也许很难，但我愿意为此而努力。

◆ 开不起的玩笑 ◆

周末下午，女儿的短信把我从睡梦中震醒：“我告诉你，开不起的玩笑就不要开，你承担不起。如果你脸皮足够厚，如果我胆子足够大，我会非常乐意地当着你的面喷你一脸狗血。在签名里多少骂人的话是说你的，你知道吗？别说我是不孝女，我本就如此没心没肺。别说我不尊重你，那是你不值得我去尊重。多大的人了，竟然不给自己留条后路。既然做了就要承担后果，不经意的行为，或许会让你遗臭一辈子。你是个失败的女人，永远得不到我的尊重。就是因为你以前的种种行为，你会牵动我的情绪。你只是个失败的跳梁小丑。我的心里话，这段话送给你，想转发也行。”

朦胧中被女儿的短信给镇住了，怔怔地，泪湿枕巾。我不就是看到女儿玩游戏时间久了，提醒她要休息下，至于这样吗？这是一个女儿对妈妈说的话吗？我躺在床上难过了好一会儿，想着女儿马上十四岁了，再逆反也不该这么诋毁我。我不敢说自己做得有多好，但是我一直在努力啊！伤心归伤心，该做的还是要做。缓过劲儿后，我起床开始准备晚饭，照常去超市给女儿买了平时要带上的零食，将水果洗净后送到女儿跟前，只是我对女儿说的话很少，我也不知道该说什么。在我没有考虑周全、有着足够的心理准备和承受能力的时候，“不说”是没有办法的办法。

◆ 背默单词 ◆

吃完晚饭，女儿让我在她的作业本上签名。我顺便给女儿抽背英语默写本上的单词，在十七个单词中随机抽了七个单词，女儿有五个背不出来，再抽，女儿的脸就沉了下来，反问我：“你去替我考试？”

我：“不，那是你的事情。”

女儿：“那你问这么多？”

我也不依不饶：“我得为我给你签的字负责。”

女儿不理我，气冲冲地上楼了。

晚上女儿的QQ签名火药味更冲：“哈，越大越不懂事。这句话真的经典。劳资就是不听你们的话，怎么滴？什么都要告诉你，凭什么？就算你是我的亲人，我也没那个义务，别太把自己当回事啊。”

唉，这孩子！我心里真失落，一晚上没和女儿说话，说什么呢？女儿那么不领情，那么冲，一点都不顾及我们的感受，一点都不能被批评，况且我也没怎么批评她。或许女儿那么强烈的反应更是表达自我的一种方式？真正理解、给予空间并尊重到了，女儿自然也不那么防备和阻抗了。

周末的风波好像平息了，周一照常上班、上学。女儿放学回家，吃饭的动作快了，还主动找些话题问我，说话时也不是前两天那么硬生生的态度了，我趁机应着女儿，给她讲解了一些她不太清楚的概念。晚上我早早睡了，女儿学习、休息时间安排得挺好。

第二天早上女儿看错时间提前一小时起床，起来之后就自习、复习。看来女儿还是知道学习的，我应该放心放手的，也许我真不该那么操心。

◆ 成绩下滑 ◆

女儿初二下学期期末成绩的班级和年级排名下滑很厉害。我把成绩和名次单交给女儿，女儿不说话。我又把家长会上老师的鼓励和要求转达给女儿，希望女儿能从假期开始，为明年的中考好好准备，女儿还是闷闷不乐，我也不便再说什么，打电话让老公安慰、鼓励一下。

晚上女儿在网上玩着游戏，老公在QQ上找女儿聊了一会儿。看样子老公和女儿聊得并不愉快，收拾完书本，我留在女儿房间准备和女儿再好好谈谈。女儿怔怔地看着我，那种感觉真让我感到很无助，仿佛我又要去伤害她了！在女儿漠然和冷淡面前，我打破沉默，对女儿说：“我们谈谈吧，或者我给你说说我的想法。今天成绩排名下来，我挺难过的，因为这样的排名如果是明年中考的话，是非常困难的。我没有埋怨过你，就在你告诉我成绩的时候，我还劝你要总结过去，从现在做起，相信自己。”女儿回我：“你是不埋怨我了，可你把埋怨转给爸爸了。你知道爸爸怎么说我吗？什么价值观了，什么不正常了……”女儿很委屈，委屈的背后更多的是犀利。

看女儿那么委屈，我也觉得委屈。委屈之下，我还是向女儿解释：“我因为担心你心里难过，才让你爸安慰你，希望你不要有太多思想负担，也希望你爸能鼓励你利用假期好好补一补，能赶超上去。但是今天下来，看到你这么不愉快，我很疑惑，你对我那么冷漠，就好像是我做错了什么。你一个人关着门，我跟你说话你不回应我，我很难过你这么对我，是我做错什么了?”女儿硬生生地回答我：“关门是想一个人待着，我开着窗户看楼下的小屁孩吵闹，没听见你说话。”

我接过女儿的话说：“但是你这样我真的很难过，也不知道你心里怎么想，总是希望你能开心……”我话语哽咽，说不下去，忍不住落泪。女儿没有吱声，我也没再说什么，擦了眼泪从女儿房间走出来。过一会儿女儿又去上网了，噼里啪啦在网上一通吐槽：“啊喵。。。小妹子，今天哭得不够爽喵，建议你尝试那种撕心裂肺，那种上气不接下气滴哭滴方式喵。。保证让你爽歪歪。”“you are too foolish who has two face... very two, too two... 啊喵。啊喵喵喵。。please don’t reserved seats... 啊喵。help！我被绑架啦。”

……

唉，这个孩子……

虽然已经习惯了女儿这样的语气与方式，虽然也知道青春期的叛逆，但是没想到她会如此“张牙舞爪”，我只有深深地叹一口气：“母女间就没有一点亲密的情感吗？一定要以伤害我的这种方式来保护你自己吗?”失落中我又回想过去的日子里，究竟我们哪里没做好，导致今天这样的一种处事方式呢？往事渐渐浮现在眼前……

在那一幕幕里，看到了女儿无助的哭泣，看到了老公曾经低沉的怒吼，看到了我那时的严厉和不放过，看到了我的不耐心……女儿从小不善言语和表达，遇到不开心的事情只会生气和哭泣，很多次在我用尽所有的耐心去询问关心后仍不起作用。求助老公，可是老公却经常问劝无果后大声责骂女儿，女儿哭得几乎要背过气，小身子都哆嗦着，最后还是回到我的身边，让我慢慢安慰才平静下来，但究竟为什么女儿不开心我们却不得而知。（女儿的哭就是她在QQ上说的那种“上气不接下气”的哭法，经常哭得呕吐）也许，正是那些时候，在我们为女儿不解人情苦恼的时候，一次次错过了认真面对的机会。曾经的缺失，需要今后成倍的努力。

心疼女儿，也心疼我自己。我想，会有一天，女儿会成为我们的“贴心小棉袄”。

我坚持，我等待。

◆ 都很烦 ◆

初三上学期月考结束。早上去学校的路上，女儿坐在车上望着窗外，我问女儿怎么不吃早饭，女儿不高兴了：“烦死了，知道了！”一大早我给女儿热好包子和烧卖，想着女儿能吃得饱饱地去上学，没想到会是这般。我只好默默地开车送女儿到学校。

这一段时间里，女儿放学回来经常抱怨这个抱怨那个，但也有时候听到女儿津津有味地说起学校里的一些事情，似乎上学也不是那般无趣。面对女儿的抱怨，我有些心痛，可是我知道，有些美好是需要自己去发现和挖掘的。帮不了女儿什么，能做的只有给女儿做好榜样，希望有一天女儿能明白。

周末睡觉前女儿让我准备周一要带的资料，我问女儿把资料放在什么地方，女儿说“随便”。女儿的这个“随便”又把我的不满给勾了出来。我对女儿说：“你放学回家吃饭、洗澡后就是玩游戏，直到睡觉前才告诉我有事情要做，你应该知道我是最不愿意把事情拖在最后做的。”女儿又一动不动地瞪着我，我再无他话。

离开女儿的房间，不久就收到女儿的微信：“为什么有张损嘴？为了贬低自己恶心你。”“我一直想在你的批评中停下眼泪，坦然微笑……”“别问我现在怎么变成这样，近墨者黑，这些，没有任何理由！”

默然，无语。

网络游戏
（初二～高二）

一封信

这是女儿初二上学期时，我给女儿写的一封信：

给女儿的一封信

女儿：

这学期开始，你放学后上网游戏的时间一直有变化：最初周一至周四不上网，后来放学后电脑挂 QQ 游戏挣积分，慢慢地发展到晚上做完作业后玩半个小时到一个小时，再后来就是放学后玩上差不多半小时，作业完成后再玩上半个多小时。

我也知道，这学期你的学习有很大进步，学习自觉性也提高了很多。但你在电子游戏上这样的态势还是很让我担心的。

网络成瘾、网游成瘾在学生，甚至在成人中都很普遍。如果网游、网聊的吸引力越来越大，大到做事情时总想着赶紧做完或是不想做什么只想在网络的虚拟空间里放松轻松时，那就很危险了。

我想，在我必须限制你上网前，你最好能对自己有个约束，从今天开始的一周时间内，你自己安排时间，但你要把每天上网的时间记录下来，一周后我们再讨论。

妈妈

2012 年 11 月 21 日

接下来的一周里，女儿还是和往常一样。也许是心理作用，我能感觉到女儿上网时比较放松，没有以往我偶尔到女儿房间里我们之间暗暗的那份紧张。

我试着接受这一周任由女儿安排：饭前上网、饭后上网、作业完成后上网，晚上睡觉前除了吃饭、做作业和片刻的休息，其他时间都在上网玩游戏。想着一周后可以和女儿好好谈谈，我只好把我想说的话压在心底。

一周算下来，女儿总共上网时间十七个小时。周六、周日每天四个小时以上，一周下来平均一天近三个小时在上网玩游戏！放学后半小时，饭后近一小时，睡前近一小时，看得我触目惊心——真的除了吃饭、睡觉、做作业，就是上网了！长此以往，对身体、对学习总是不利的。

如此，真应该好好和你谈谈了。

◆ 商定协议 ◆

和女儿约好时间谈。知道女儿不情愿，我搬出老公和女儿理论，要求女儿在保证学习的前提下控制上网游戏的时间。说到限定的上网时间时，女儿更不乐意了，当着她爸的面，女儿不好反驳。女儿计划一周上网时间控制在十七个小时以内，老公认为太多，最后“达成”十四个小时。为此，我给女儿写下原则和要求，希望女儿能有节制地上网和游戏：

①作业自主完成，保质保量。

②不能上网时间：晚饭后到作业完成前；晚上发过火点后(包括周末)。

③吃饭优先，不能出现催叫吃饭现象。

④睡觉优先，确保十点前洗漱睡觉。

⑤连续上网时间不超过一个小时。

⑥两次上网间隔时间不少于二十分钟。

⑦特别说明：

◇ 周五晚上到下个周四晚上为一个统计周期。

◇ 一周上网累计不能超过十四个小时。如果提前用完十四个小时，就算作业做完了有足够的时间也不能上网玩游戏。

◇ 周五晚上网时间与作业时间按 3∶2 分配，即上网一个小时，需要做作业四十分钟。

◇ 按实际时间填写表格（虚报有罚）。

接下来女儿遵循协议，记录了两周的学习、上网时间。不论女儿乐意不乐意，女儿都很好地遵循了规定。第一周，女儿和以往一样，周末累计上网十二小时，到了周三、周四时，尽管女儿做完作业后还有闲暇时间，因为游戏时间已经用完，女儿只能闲溜达，看看电视，看得出女儿有些怅然。第二周，女儿调整了周末游戏时间，由原来的十二个小时缩减到九个小时，这样每天都能有游戏的时间，这样的作息持续到上学期结束。

寒假里，我们默许了女儿在完成作业的前提下放开网络管理的建议。然而，女儿基本上都是先玩后做作业，开学前几天还在突击赶作业。

◆ 终止协议 ◆

新学期开始，我们提前和女儿打好预防针：初二下学期非常重要，学习任务会越来越重，即将中考，玩网络游戏的时间要有所缩减。

开学前我再和女儿约定好一周上网时间十二个小时，但在老公的异议下，女儿同意缩减为一周八个小时的上网时限，说心里话，真是一个不小的进步啊！

接下来，第一周女儿省着用，周末还有五个小时，基本上够用。周末还是先玩，作业周日晚上九点才做完。我希望周末女儿能把作业提前做完，实际上女儿并没听进去。

第二周，周一放学女儿提出晚上要和网友最后视频一下，我一时兴起，举手示意向女儿先后提了几个问题：为什么是最后视频？网友是哪里的？网友是哪个年级的？视频聊天聊什么？没想到女儿一一为我回答：网友是外地的，主要是初三的，明天开学就不能上网了，视频主要聊的是游戏。女儿说我的样子很搞笑，有些抓耳挠腮的可笑。我说我是有些紧张，怕女儿以为我在打探她的隐私，没想到女儿能告诉我，我很开心。女儿笑笑，说她要抓紧作业，晚上还要玩一个半小时。我没吱声，女儿今天做作业的速度比往常要利落些，我多少有些心理安慰。但没想到才到第二周，女儿竟如此反对我们强加给她的这些限定。

第二周，女儿平时做完作业后上网，加上周三在家休息了一天，到周末只剩下一个半小时了，远远满足不了女儿的上网需要。女儿计划周五把作业做完，暗示我为此而奖励额外的上网时间，我没有表态。我不确定女儿是否能在周五完成作业，也没想好是否会因此给额外的时间。实际上，周五女儿并没有完成所有作业，直到周日上午才真正做完。

周六上网两个小时，包括额外给的半个小时，实际上周日已经没有可以上网的时间了。周日午饭后，我问女儿今天怎么打算，女儿看着墙上的挂表算算说要上网五个小时。

“五个小时？太多了。”我听到女儿说从中午开始到晚上睡觉前要上五个小时的网，眉头立马皱起来。我对女儿说：“再给你两个半小时。”

女儿一时没说话，坐在沙发上哭哭笑笑，哭着说她很反感我们这些大人所谓的“规则”，笑话我太幼稚，说这样不公平，怎么样我都是“老大”，说什么商量，最后你还是得听我的。

我对女儿说明了制订规则的理由，我又说明了我对此的一些担心，但很明显，女儿听不进去，女儿只是苦笑。

女儿问我：“上网五个小时现实吗？”

我：“可以实现，但我认为不合适。”

我俩无语片刻，女儿还是进去上网了，我没有干预。

就这样，从下午一点到晚上十点，除了吃饭、吃零食，女儿都趴在电脑桌上，我也不知道具体有多少时间。看着女儿这么全神贯注在网络上，我心里难受得好似有只小猫爪子在不停地抓挠。

晚上十点，女儿关机后告诉我她要去睡觉了，我问女儿今天上网多长时间，女儿说有五个小时。我实在是忍不住心里的怨气，问女儿这么看待这五个小时？女儿说是经过我同意的。

我：“我说的是不合适，可我并没有同意，是你自己理解的。”女儿瞪着我不说话，这更激发了我想控制女儿的欲望：“下周呢？”

女儿不动声色地回答我：“你说吧，是不是要有什么惩罚？”

我一阵恼怒，差点趁势强压给女儿最严厉的限定。当我看到女儿一副“英勇就义”的态势，我快速转过念头，重新考量眼前我和女儿之间的冲突和矛盾。

我：“既然你说很讨厌规则，我想有个办法可以让你不被我们制订的规则所限制，那就是你得自己管理好自己，承担起你自己应尽的一份责任，在此基础上很多事情你是可以自己安排的。学习是你自己的事情，以后早起上学我不再叫你，你自己定时起床，我不再催促；早上我可以送你上学校，但是七点半后你就得自己去学校，因为我要上班，你得为你自己的迟到负责；房间自己整理，书本、红领巾、手表、钥匙什么的自己保管，我不再替你收拾；客厅、书房物品从哪里拿的，要放到原处，要负担起家里清洁的义务，饭后要洗碗，周末打扫卫生。只有你承担了你应有的责任和义务，才可能得到你所希望的公平对待。”

我说的时候表情很严肃，心里也有不少矛盾——我并不希望和女儿以这样的方式相处。可是，我又该如何处理？那时女儿十分逆反，顺了她的心意什么都好，但如此下去我确实担心。女儿说因为没有朋友才会上网，而恰恰这也是我担心的一方面。我担心女儿长此以往沉迷于虚拟世界中，试想，在没有网络、没有媒介、一个人独处的时候，她该如何是好？

那个傍晚，女儿靠着门框，说了一通她心里的不痛快，她说将来绝对不会像我们这样做父母。我无言以对，说什么都是苍白的。结果，开学后两周，协议结束，女儿的时间由她自己做主。

◆ 游戏自由 ◆

自主权还给女儿后，第一天早上我没叫女儿起床。做早饭、打扫卫生时，我竖起耳朵听听女儿起床没，担心女儿睡过头，不希望女儿起晚了匆匆忙忙赶去上学，要是早饭没吃好，还会影响一天的心情。可是前一天我已经把话说得那么坚定，很希望女儿能担起自己的那份责任。

从六点四十分我就盼着女儿起床，一直等到六点五十分，女儿的房门终于打开了，我那颗揪着的心才放下来，这十分钟感觉很长很长。听到女儿在卫生间洗漱的声音，我有些宽慰：看吧，女儿还是能够做到的，我的担心有些多余。

女儿不理我，恨不得绕开我，不见到我，连平常我给女儿准备的小零食都没带。在车里，我从后视镜里看到女儿捧起我为她准备的早饭，迟疑了一会儿，我有些担心女儿因为生我的气不吃早饭。我没说话，这时候什么都不说为好，不吃就不吃了吧，饿一次也不打紧，我不想再把气氛弄得更僵，如果我去劝女儿吃早饭，女儿定是更反感我的，我无法想象，也无力面对。还好，女儿端详片刻，把早饭吃了，一路上我们都无话。

送过女儿，我有些恍惚、有点犹豫，反省自己，这样对待女儿是否合适？我的确过于严厉，有时候女儿表现出来的冷漠恰恰是我的写照；可是于理而言，我认为女儿应该有所担当，再看看吧。

下午女儿放学，我照常一句："回来了？"女儿也和往常一样问我晚上吃什么，看到女儿把早上我给她准备的小零食"扫荡"光了，我紧绷的神经一下子就松懈下来了，看来女儿没我想象的那么"记仇"。晚饭吃得很轻松。饭后我对女儿说："记得你要洗碗的哦！"女儿没有异议，问我具体细节，我一一作答。女儿洗好碗，我对女儿说了声谢谢。说得有些走过场，其实我觉得是女儿应该做的，但还是对女儿一个口头表扬，女儿听了没什么反应。晚饭后女儿自己安排做作业、上网、看电视，我做自己的事。

第二天，女儿按时起床，晚饭后洗碗、擦桌子。和前一天一样，作业、上网、洗澡、睡觉，都是女儿自己在安排。晚上八点女儿就把作业做完了，上网一个半小时。

我有些好奇了，女儿如何能早起？以往都是我从六点二十分开始，隔三岔五地去督促女儿，总是担心女儿一会儿又睡过去了会迟到。女儿告诉我，她定了三个时段的闹铃，到六点四十五分醒了就起来了，还问我如果她睡过了没起来怎么办。我说睡过了就睡过了，晚了就迟到了。其实，真要是看到女儿睡过头了，我还是会忍不住去叫女儿起床的。

慢慢地，在女儿的自由支配下，上网时间有增无减。渐渐地，女儿做家务递减到零，早起时不时还是要我去督促，看来之前所谓承诺只是我单方面的，女儿选择性地实现了她的自由。

看到女儿在网聊、网游里的那份酣然畅快，我有些不安，可是又不忍心把她强拖出来。父亲来上海住了一段日子，亲眼见证了女儿的游戏世界：放学一回家，女儿就坐在电脑跟前玩起来，要等游戏结束才吃晚饭，做完作业后女儿又是分秒必争地回到电脑前。周末只要有时间，都在玩游戏，周五、周六晚上往往要玩到十一二点。中途说是休息下眼睛，不过是在房间里转一圈找点吃的，又立马玩去了。看到女儿如此沉迷，父亲当面不好说什么，背地里说我对女儿太纵容，是溺爱，要我好好管管。老公在家的日子，女儿多少会有些收敛。但是看到女儿的沉迷，一时间，老公砸烂电脑的念头都有了。不过，最终，老公还是忍了下来。

正如父亲所说，在玩游戏这方面，我放任了女儿的自由。我何尝不想女儿能好好把握时间？但是现在我却无能为力。女儿不接受我对她的时间安排，而我又下不了狠心对女儿进行强行管制。毕竟女儿已经长成半大人儿了，毕竟在游戏中女儿是那么开心，我实在不忍心夺走女儿少有的快乐，况且女儿的学习没有受到什么影响，相反，进入初二以来，女儿的学习成绩在稳步提高，就这么玩着也拿到了班级前三名，获得了“三好学生”称号，似乎女儿有一定的可以玩游戏的资本。

既然给了女儿自主的权利，我就不再干涉，大多睁一眼闭一眼，只是偶尔会问问女儿的时间安排，有时晚上十二点甚至一点了，看到女儿还在玩游戏，我会提醒女儿该睡觉了。

如此，女儿从初二开始玩到中考前，直到中考前夕，才主动停了游戏。看到女儿一门心思地埋在学习中，我都有些不太适应，老公看到女儿能专心学习也暗暗欣喜，止不住要夸赞一番，女儿也洋洋自得。中考结束，女儿如愿考上了离家最近的一所区重点高中，皆大欢喜。如此，网游似乎并没有拖什么后腿。

假期里，女儿除了和同学一家杭州两日游、和同学相约去了一次 KTV、看了一次电影、游泳一次，其他时间都宅在家里抓紧时间在网上聊天、打游戏，玩得不亦乐乎，说是上了高中就没有这么逍遥了。

其实进入高中，女儿并没有多紧张。除了完成学校必需的功课，其他大部分时间，女儿都在看手机、网聊、游戏上，不过女儿的学习成绩却在持续进步。到了高二下学期期末，女儿不仅保持着数学、物理上的领先优势，英语成绩也有大幅提升。成绩面前女儿有些沾沾自喜，说打游戏是需要有足够智商的。我知道和女儿一起打游戏的是班上一拨比较聪明的男生，我还知道女儿的水平比一些男生高。以前看过女儿玩游戏，太复杂我看不懂，真不是想玩就能玩好的。虽然游戏给女儿带来快乐的同时并没有太影响学习，但我还是提醒女儿，希望她能看到自己的能力和潜力，还有更好的机会。女儿说，到了高三她会告别游戏，为了高考"往死里学"。

◆ 游戏结束 ◆

高二下学期还没放假，女儿主动报了暑假课外辅导班，把假期安排得满满的，女儿说要为高三做准备了。说到游戏，女儿说，如果能有闲暇，她还会和班上那拨男生在游戏中"搏杀"，这大概就是最后的疯狂片刻了，因为马上高三了。

放假前不时传来女儿的好消息：女儿被学校评为"花季少女"，女儿的年级排名又创历史新高，女儿说还有好消息让我猜，原来女儿提前把网络游戏给卸载了！女儿说，在期末考试结束后的几天里，玩游戏玩得恶心了，有些不想玩了。再加上和女儿一起玩游戏的同学家长专门找她聊了，希望他们能抓紧剩下的时间，为自己的将来好好学习，女儿说她听进去了。

我很感谢那位家长，当然我也知道，并不只是同学家长才让女儿认识到游戏与学习之间孰轻孰重，而是女儿已经到了明白自己该做什么的时候了。如此，我特别为女儿高兴，老公得知女儿的这个举动也十分高兴，夸女儿长大懂事了。

暑假里，女儿和同学们都停了游戏，有空时网上聚一块玩"你画我猜"，却也不亦乐乎，真是好玩。我忍不住凑个热闹，和女儿一起猜，恰巧连猜中两个，女儿忙着在键盘上敲字："这是我妈猜的，厉害吧！厉害吧！"同学一句"阿姨好"，又一句"再见"。得，我知趣走开，留下他们小伙伴开心去……

后来一段时间，上完辅导班、复习功课后，女儿和那几个小伙伴偶有闲余又回到游戏中了，但是明显玩的时间少多了，中间玩着玩着又把游戏给卸载了。如此前前后后有这么几个来回，到了假期后半段，我已经没有女儿玩游戏的印象了。

进入高三，女儿每天忙着背单词、复习功课，学习成了女儿的重中之重，网络游戏已彻底被搁浅，历时近五年的游戏终于告一段落。

回想这些年来在游戏上女儿和我们之间的矛盾冲突，充满了焦虑和不安。那些时候，我不知道该说什么、做什么。女儿有她的快乐，女儿似乎知道她该做什么。我们虽然打心里不认同女儿如此游戏，但我们最终还是做到了对女儿尊重和信任的承诺。

女儿在《十八岁成人礼》对我们说："初中四年，我总是游离在网络世界里。虽然我可能以这些时间为代价失去了更好的高中，但是失去了就是失去了，无法改变，它带给我的是很多丰富的经历，多到可能你们根本想不到。""到了高中，我放下了很多网络里的东西，因为我渴望能体会到真正融入一个集体的感觉。""我需要知识作为基础给我提供更好的平台去实现理想，我必须珍惜，活出我自己的风采……"

网络游戏是女儿曾经的伙伴，而今女儿更知道该何去何从。

冲突缓和

（高中阶段）

◆ 因为手机 ◆

高一上学期，女儿有一段时间由于晚上做作业犯困，只好半夜起来做作业。因为睡眠不足，结果一天都是迷迷糊糊的。影响学习不说，生物钟都打乱了，对身体也不好。我总觉得女儿可以充分利用时间，通过合理安排时间，既能完成作业，又不至于熬夜到那么晚。

当我提出女儿学习时把手机放到一边、需要时再用的建议时，女儿很抵触。饭后一个人靠着墙、看着我站了好久，然后又坐到地上将近一个小时，以此表示对我的抗议，回到房间还发给我差不多有五百字的短信：

“呵呵，做作业是吗？作业多了怪我咯？学校管不了你管我喽。试问，我再勤奋，再挤时间能几点睡？实话说，就我们班这作业量，给你答案，你两个小时都抄不完，更何况抄的时候还要思考，要是都一模一样，我也早就在这学校混不下去了。

看我睡觉晚不爽，你别看啊。你这种行为在作死 you know？我拿手机碍你事了？我抄作业碍你事了？我看老师不爽，英语学不动，你能改变什么？

我作业好多，你把手机拿走有什么意义？麻烦您老做事前想明白可好？

说实话我目前梦想其一是去法国留学，其二就是在将来的一天能把你们两个说得哑口无言。

我知道你最爱钻牛角尖，最爱吹牛，从我有记忆以来，蛮不讲理的就是你，明明不是专家搞得你很懂一样。

呵呵，上学累哇？你说啊，肯定累是不？

你不是爱比吗？最近可是长进了很多。想跟人比啊？不急。我给你找个对象比比，那叫别人家的孩子，最近班里有个同学每日练次次第一，你咬我啊。我讨厌老师你咬我啊，你改变了吗？乱嚼舌根很好玩吗？

我做给你看，孺子不可教也，有这种想法就对了。没办法就是贱，遗传的，我爱讽刺更爱"自嘲"，鸡蛋里挑骨头，我又有什么不能做的？没素质吗？满口脏话吗？习惯了，我要是什么都不说就把手机放到这里是有毛病。

哟，洗完了，我滚床上睡觉去，呵呵。"

唉，这个大刺猬！

看过女儿发来的长篇大论，我没有生气，微信回女儿："不是要拿走你的手机，只是手机暂时放在楼下，需要时你再用。上、下楼也可以活动活动，眼睛放松放松，缓解疲劳。"无他，这就是我的想法，我不生气。

女儿洗完澡直接睡觉了，早上四点四十五分，我敲开女儿的房间问女儿是不是要早起做作业，女儿很快跳下床。看到女儿房间透出的灯光，无语，心疼。知道帮不上什么，不帮倒忙也是好的。

◆ 关电视引起的冲突 ◆

心里一直在告诫自己要冷静，结果还是没忍住。当听到女儿说我"不开电视你能死人啊"，我把积攒多日的不满一股脑儿地撒泼出来："你怎么能这么说我？不就是没给你开电视吗？"顺便我还翻出老账：在小区开车时我被一只横穿马路的小狗吓了一跳，女儿说我大惊小怪。没错，小狗离车是有些距离，可我当时就是紧张，我惊叫一声，却又被女儿讥讽，我很不开心。真是的，一点儿都不体贴我。就算不能安慰我，也不至于摆出那么冷冷作怪的样子啊。停车时看见有一辆车前前后后、移来挪去，泊车困难，女儿又说："哟，还有比你停车困难的人呢？"我没有作答，我能说什么呢？女儿平日里总少不了说我开车技术不好，什么"见车让车"，"见人让人"，夸别人的车技娴熟，"让我多学着点"，时不时还要冷言几句，说"看你倒车我就难受""看看人家的技术"……

再说看电视，看见女儿转身走开，我以为她要去做作业了，所以我就顺手把电视关了，因为也到了平时做作业的时间。没想到女儿说还要再看会儿的，让我把电视再打开。看到女儿看我的表情，我很不爽，对女儿说："要看你自己来开。"结果女儿也不客气："不开电视你能死人啊？"女儿的这句话就像是个触发器，牵动了我的怒气："开车遇到小狗我吓一跳，你说我大惊小怪；人家倒车技术不好，你又奚落人家连我不如，你到底想表达什么？！不就是开个电视吗？我以为你要去写作业我就把电视关了。没按你的要求开电视，你就说那样的话，有意思吗？要是我叫你拿碗筷准备吃饭，你说不拿，我像你那样说你"不拿会死人啊？！"，你听了会舒服吗？"想着生气，说出来更生气。我越说越带劲儿，打机关枪似地数落着女儿。话说完了，我进厨房收拾去了。女儿没吱声，也不看电视了，而是回自己房间把门反锁上了。家里很安静，可我却很不平静：唉，怎么又这样大声嚷嚷了呢？其实可以换一种方式，或许更好，为什么我会那么动怒呢？

有时候女儿早上起晚了，为了赶时间要求我"速度"。因为我没能在黄灯闪烁时及时冲出路口左拐弯而耽误了她的时间，看到女儿不满时我会忍不住和女儿对呛。路口车很多，拐弯过去这么长的道，知道抢绿灯有多危险吗？难道就差这两分钟吗？从家到学校一共就三里路，最慢不过是七八分钟，开快车、抢绿灯的时间比起女儿早起磨蹭掉的时间差远了。我还是希望女儿早上能抓紧时间，不要把时间都押在我开车速度上。

再说看电视说什么"会死人"的话，我也知道这是女儿和同学之间经常说的口头禅，但是在我听来却是那么刺耳，我恼怒的是女儿对我的不尊重。

明明知道十四岁的女儿这个时候就是一个大爆竹，一点就炸，可我还是忍不住要去点燃她。为什么有时候我能静下来去理解女儿，有时候又是那么控制不住呢？好像有两个很对立的自己？为什么不能把我的感受好好告诉女儿："我以为你要做作业才关的电视，因为频繁开关对电视机不好，如果要的得话，等一会儿再开。"这样是不是会好些？我也有情绪不稳定的时候，女儿一样，就事论事的话，其实不是什么大事情。

好好说，好好沟通，一切会好起来的。

没话找话

2015 年国庆假期最后一天，晚饭后，我像往常一样随口问女儿作业做完没有，结果女儿很委屈，泪汪汪地瞪着我，我却不知所以。等她回了房间，我给女儿发了微信："刚才就是问问，没想到你那么不高兴。"

女儿："呵呵，搞笑，那么关心啊？呵呵，搞笑。每天问几次是不是特别爽？搞笑。你开心就好，继续问，没事。我以后让你自己看我到底做完没做完。我做完了你让我干什么？"

我："你自己搞定就好，我不多问了。"

女儿："说得多好听，说了几次了，真的好诙谐幽默。"

我："就是一句话，没想那么多。"

女儿："哦，那是我多想了。没有前因后果就冒出一句话，嗯，我回答没有，然后呢？你想干吗？"

我："跟你找话说呗。"

女儿："嗯，我回答写完了，然后呢？你想干吗？有趣"

我："我做我的，你做你的。最近我也没让你做什么。"

女儿："呵呵，是是是"

我："其实没什么事，只是想跟你说句话，没想要你做什么。"

女儿："请少和我说话。"

我："OK"

真的，我就是想和女儿说个话。

◆ 青春期不可怕 ◆

进入高三下学期，女儿在学习和睡眠时间安排上出现很大的冲突。周六白天女儿在图书馆学习时小睡了三次，晚上趴在床上做英语作业昏昏欲睡，看样子真就是缺觉。我有些不放心，过一会儿看见女儿趴着昏昏欲睡。女儿说要趴会儿，我什么也没说，出了房间。半个小时之后看见女儿还在睡，我去叫女儿，让女儿去洗把脸清醒清醒。又过了会儿，看见女儿还在睡，这一趴就趴了一个小时，我再也忍不住，说了女儿一顿。

后来想想都忘了当时具体说了什么，反正是把女儿说哭了。女儿警告我，说以后我再说她的时候让我把一些利器拿远些，因为她担心自己会忍不住要伤害我，我说“你不会”。小猫乖乖地蹲在女儿身边，女儿抚摸着小猫，说她有时候很想伤害小猫，我说“你不是”。女儿说她有些精神变态，我还是说“你不是”，因为我知道女儿的好。

女儿责问我为什么让老师来劝她不要那么背负压力？我说我就是心疼她给自己的压力有些大，担心睡眠不足影响身体健康，也担心女儿为把本来要用来学习的时间睡过去而实现不了她既定的目标而失落。我再次向女儿强调，我们并不会因为女儿考上好的学校而倍感荣耀，我们也不会因为女儿上不了好的学校而没面子，只要女儿自己认可，我同样也会为女儿高兴。

我只是希望女儿能对自己负责。既然有决心要冲刺，那么睡眠一定是短缺的，很多时候就是要打起精神来面对，而不是让时间悄悄流过；如果不能坚持，也没什么，踏踏实实地面对自己、接纳自己，即便上一般的大学也不是没有人生可言，关键还是看自己。

女儿说不用我管，我说：“我没管你。你好好回想下我是不是在管你？如果这个时间你说要睡觉，我一定不会来干涉你，也不会把你揪起来学习，就像昨天你说要在家休息不去上课，我也没有强制你一定要去学校。刚才因为你说趴会儿，而我知道你“趴会儿”的无限期，所以才一次次地过来叫你。你说你不知道你和我说过“要趴会儿”。可是你的的确确说过，所以我认为我有义务把你叫醒。”

我说：“我并不关心你是不是完成作业了，我关心的是你如果累了就好好休息，如果想学习，我就给你提供条件，就像你要早起学习，我说过我不怕麻烦，只要你需要，几点我都可以叫你。你说作业那么多，睡眠不够，每天都很困。我说这几个月可能就是这样，不接受也要接受，有些事情是改变不了的。既然你有决心冲刺，那就一定需要付出。如果觉得辛苦，也可以不要那么拼，只要你不后悔。”

女儿问我什么时候可以出门不再给我发消息告诉我她在哪里？我说要到18岁。女儿似乎很期待这个十八岁，我有些伤感。女儿又问我为什么总是要告诉我她在哪里。我说：“我最关心、最在意的是你和你爸。你是我最亲的亲人，因为你和我有着割不断的血缘关系。不管现在还是将来，我都是你的妈妈，你都是我的女儿，这是永远也改变不了的。你高兴，我也会跟着一起高兴；你不高兴，我就会为你担忧，但我不会因为担忧而责怪你。我从来不会说因为你而做出什么牺牲或是放弃了什么，没有。因为我为你做的事情都是我情愿做的，要说为什么，只因为你是我的女儿，我愿意。”

“我想你现在可能还不懂，我相信以后你会经常想起我，主动给我发信息、打电话。就像现在我经常给你外婆打电话报平安，和你外婆聊天，知道你外婆出去游玩开心时我也会发自内心的欢喜。”

女儿说不用我管她，我说：“我没有想管你什么，也许我的关心在你眼里就是在管你。所以，如果你在意，就和我说清楚，你希望我做什么，不希望我做什么。”

哭过之后，女儿还是起来做作业，不一会儿收到女儿发来的微信：“你说得挺对的，接下来你不用说话，你只用看着就行了。该叫叫、该送送、该吃吃、该睡睡。之前说得那么狠，我也是挺抱歉，想着你心里不好受，反正我就是这种情况，脑子乱得很，说一句话我都不知道是真是假，就这样吧。”我只回女儿一个字：“好。”十一点半，看到女儿还在学习。

第二天，晴天，我和女儿不再有隔夜的不愉快。听到从女儿房间传来久违的笛声，突然涌起一份感动：“你若安好，便是晴天。”

高中以来，我和女儿之间的冲突和不愉快越来越少。一路走过来，我发现，青春期的孩子并不可怕——可怕的是父母的无知和无能。

第四部分

『成长感悟』

幼儿的分离焦虑

◆ 短暂别离 ◆

女儿三岁时，我们准备装修房子。因为一时照顾不了女儿，我们决定把女儿送回老家住一段时间。女儿很听话，知道我们要把她留在外婆家，不哭不闹。后来父亲告诉我们，那天女儿很乖，看着我们渐渐远去的背影，对她外公说：“妈妈回北京，给豆豆盖房子，房子盖好了，妈妈就来接豆豆了。”但是接下来的几天，我们就发现女儿有些反常。刚开始，女儿听到电话都会忙不迭地抢接电话。过两天我再打电话，女儿怎么都不肯接电话，最后发展到一听电话响，女儿就哭。怎么会这样？姐姐说可能在女儿想我或者哭的时候，外公、外婆安慰她我就要来接她，可怎么都等不到，好像我们不要她了。我很难过，盼着回去接女儿。

过了一个多月，房子终于装修好了，女儿得知我们就要接她之后，非常开心，特别是有人拿她开玩笑或者她不高兴时，女儿就把嗓子吊得高高地表示抗议：“哼！我妈妈就要从北京过来接我了！”姐姐笑话女儿好像她在外婆家受了多大的委屈似的。

女儿后来在奶奶家小住的一段日子里会莫名地耍小脾气。我知道，那是因为女儿想我们却又表达不出、闷在心里难受的缘故。女儿的这两次经历让我看到妈妈和孩子分开对孩子造成的影响。

◆ 分离焦虑 ◆

因为这样那样的原因，现在一些父母把孩子交给外地的爷爷奶奶照顾。通常，老人可以照看孩子的起居日常，但很少能关注到孩子真正需要什么，不能及时掌握孩子的心理动向，孩子离开父母时间太长对成长是不利的，特别是一些比较敏感的孩子，需要父母更多的关注和照顾。

有个同事和我关系比较好。因为家庭安置困难，孩子长期在老家由奶奶照看，在谈论到孩子时，经常看到她眼中的泪花翻滚。我曾不止一次劝她，再难也要把孩子带在身边好好教育和爱护，因为在父母身边，孩子才最有安全感。

孩子大概从八个月左右开始认人。妈妈在身边时，孩子能感受到安全和温暖。一旦妈妈离开，或是从视线里消失，孩子就会表现出明显的焦虑不安或哭闹。这种分离焦虑一般要持续到两至三岁，有些孩子持续时间可能会更长些。

过去在一次聚焦语言的儿童精神分析治疗讲座中，听到一位法国著名儿童精神分析家深度描绘出孩子分离焦虑的心理状态：两岁左右的孩子对母亲主要以表象记忆为主。如果妈妈离开孩子视线较长时间，比如超过两周，妈妈在孩子记忆中原本留存的表象就会丧失。对孩子来说，妈妈长时间的离开就意味着妈妈已经死去。一段时间之后妈妈再次出现在孩子面前时，面对“死去的妈妈”时，孩子会表现出极度的恐惧。这也是有些妈妈离开孩子之后，孩子不认妈妈的缘故。

两三岁的孩子总是黏着妈妈，担心妈妈离开而焦虑、不安和情绪波动。

为了唤起妈妈的注意，有的孩子会采取一些特别的方式，想方设法要和父母在一起，其根源就是害怕分离。比如，为了不上幼儿园，有的孩子会以不起床、假装生病或者哭闹的方式予以抵抗。有的孩子由于情绪低落引起身体不适，容易患上感冒、发烧、头痛、肚子痛等病症。如果父母处理不当，认为“别的孩子都是这么哭过来的”“这是一个必经的痛苦过程”……而忽视孩子的情绪波动，那么孩子体验到的强烈的不安全感非但没有得到适度消减，反而会被潜抑下来，从孩童阶段带到成年。一些安全感缺失的孩子长大以后，容易混淆自我与他人之间的界限，总想找回“妈妈就在身边”的那份踏实，变相地抓着爱人不放，恨不能给爱人装上 GPS 以便随时随地都能知晓爱人在哪里，说了什么、做了什么，当无从把握、掌控时，儿时被“抛弃”的惧怕就会浮现出来，这种不安全模式甚至会延续并影响他们和他们孩子之间的关系。所以，过度的分离焦虑将会在很大程度上影响孩子的能力发展和健康人格的形成。

一个妈妈回忆说：“那真是痛苦的经历，现在想想当时自己也是粗心，认为别的孩子都在哭，所以她哭也是正常的。其实女儿从来都不爱上幼儿园，只是无奈。后来上小学时，慢慢聊过才知道因为和小朋友不熟悉，玩得少，而孩子刚到幼儿园比较内向，不会交朋友，所以不爱去幼儿园。”

朋友孩子刚满三岁，一听说要去幼儿园，马上直起后背，眼神中充满拒绝。朋友有些不忍，考虑到早晚都要适应，所以还是坚定决心、克服困难送孩子上幼儿园。朋友说她女儿很长一段时间都不愿意看到她去上班，每天下班后女儿就围上来弱弱地说：“妈妈我都想你了……”说得朋友心里酸酸的，但是工作和孩子之间存在的冲突却又不可避免。看到我写的这段文字，朋友问：怎样才能适度消减孩子的分离焦虑，避免给孩子带来负面影响？如今网络上已有不少转载和详细攻略，说明如何提高孩子的独立生活能力，如何正面引导，家长和幼儿园老师一起如何密切关注和配合等，给父母提供了一些让孩子尽快适应幼儿园生活的具体参考和指导。通常，在父母的关照和幼儿园老师的协助下，大多数孩子能比较顺利地融入幼儿园的生活中，但不排除个别孩子焦虑表现仍然很严重。为什么孩子之间会有如此大的区别呢？

一方面是因为不同性格的孩子对分离焦虑的承受力不同，另一方面，父母其自身的态度在很大程度上也影响了孩子的自我发展能力。有些父母过于担心孩子在幼儿园吃不好、睡不好，没人照顾，被人欺负，父母内在的焦虑和不安情绪无形中会传递给孩子。很多时候，与其说孩子不愿离开父母，倒不如说是父母害怕和孩子分开。父母对孩子的过度呵护不仅限制了孩子的独立适应能力的提高，而且他们自身的不安全感会增强孩子的焦虑和不安。

◆ 缓解焦虑 ◆

处理孩子分离焦虑，网上或者专题讲座中所提倡的原则和方法对父母有着具体的借鉴和参考作用。还有一些妈妈分享经验，比如“找老师好好聊聊，多给些鼓励”“看看有没有其他小伙伴做伴，平时多在一起玩玩”“及早发现孩子的紧张恐惧”……这些都是很好的建议。不过我认为，首当其冲要处理的是家长自身的焦虑。试想，一个焦虑十足的妈妈如何能带教出一个不焦虑的孩子？

父母是否焦虑？为什么焦虑？焦虑的表现是什么？焦虑给孩子带来的影响是什么？父母唯有自我反省并处理好这几个问题，才有能力去理解、处理并恰当地消减孩子存在的焦虑。

面对孩子的情绪波动，的确要像网络上或朋友提到的那样，细心观察，发现孩子焦虑背后的具体原因，因为不同原因的情绪波动，其应对方式各不相同。就像朋友女儿回家后两次提到老师的要求她做不到，是因为孩子不适应老师的相处方式还是因为孩子吃饭、睡觉时遇到了什么具体困难？老师看到是一方面，孩子表现的可能又是另一方面，有时家长要像侦探一样，对一些“蛛丝马迹”做进一步探究，去了解现象背后的真正原因。

也许有人会说，这样不累吗？如果真爱孩子，其实也说不上累或是不累，父母一定不希望分离焦虑影响孩子的健康成长。所以，应对孩子分离焦虑极其重要的另一面，就是让孩子真实感受到“爱”的存在。“爱”是一种能力，“爱”是一种抱持。拥有爱的孩子就能培养出安全感，孩子会逐渐懂得妈妈不在身边只是暂时的，不在身边的妈妈还是爱着自己的。

尽管上幼儿园是有利于孩子成长的，但孩子由此产生的焦虑和惧怕心理也是客观存在的。“爱”一个人就要多从对方的角度看世界，去认识、体会对方的感受，对孩子更是如此。有时我们可能已经忘了我们曾经的困顿，没有设身处地去理解孩子遇到的困难，而是以一个成年人的角度和应对能力去判断事情的难易度，这样对孩子来说是不公平的。孩子不会说，如果会说，也许他(她)会反问："你又不是我，你怎么知道我的害怕?"孩子最初对幼儿园的焦虑和一个成年人面对陌生环境的焦虑没有什么本质上的区别，都是主观感受。焦虑中的孩子需要理解，需要父母陪伴，不合时宜的安慰、指导、说教只能起副作用。

想起女儿五岁拔牙的经历：在医院拔牙时，婆婆好心安慰女儿说："妮儿别怕，一会儿大夫拔牙很快的，不会很痛的。"女儿还是闷闷地不说话，一双小手冰凉的。我搂着女儿，焐女儿的小手，悄悄问女儿害不害怕。女儿点点头。我又问女儿："要不要我们先到小朋友游玩区去坐一会儿?"女儿点点头。女儿很快就从惧怕中走出来，开始玩耍起来。等到女儿拔牙时，我透过门缝看见几个大夫和护士配合，按着女儿以"迅雷不及掩耳之势"就把女儿多生出的歪牙给拔掉了。牙是要拔掉的，女儿的害怕也是有的，我能做的只是接纳女儿的害怕心理，在可及的范围里给她温暖和理解。

回到朋友问我的那个问题上，我还是坚持我的观点：爱，以不变应万变。因为"爱"孩子，所以能接纳孩子暂时表现出的"不愿意""不听话"；因为"爱"孩子，在孩子遇到委屈时能真正去聆听、理解孩子的真实感受，和孩子建立起情感链接；更因为"爱"孩子，总能找到适合自己孩子的方式方法，知道哪些事情是真正有利于孩子成长的，哪些事情是需要放手让孩子去尝试和经历的。

我相信，父母自我接纳、积极进取的同时，孩子也就一天天健康成长起来。无论是上幼儿园、小学、中学、大学，或者走进社会，因为父母给予的力量，孩子都能很好地渡过难关，这不正是大多数父母所期望的吗?

胆小、怕生的孩子

怕黑、怕“鬼怪”

孩子胆小，怕黑、怕“鬼怪”，是再平常不过的事。不少成人曾经也有类似的经历和感受，尤其害怕在黑暗中独处。

在我小的时候，总听大人们说附近有狼出没，听人说马路拐角处那个茅草屋里晚上会有个死去的老人喂猪，还听说过许多这样那样古怪、灵异、诡秘的事情。曾经听奶奶和几个老太太黄昏时分聚在一起绘声绘色地历数不知从哪里听来的鬼怪故事，吓得我们几个小姑娘后脊背发凉，一伙伙地先串到东家，又齐刷刷地荡到西家，就是不敢单独行走，唯恐遇见鬼。初中体育课老师经常在雨天里给我们讲些无厘头的侦探故事，还有什么夜半歌声、半夜鬼敲门，听得我胆战心惊。我忘不了小时候在老家近距离看到黑漆漆的大棺材时心里那个哇凉哇凉的感觉，还有电影《画皮》《黑三角》里惊悚的一幕幕，想起来就毛骨悚然、心跳过速。

那时候我真怕黑啊！害怕晚上一个人去屋外的水池子接水，害怕晚上关窗户时会突然伸进来一双手，害怕床底下会有什么可怕的东西跑出来，害怕一个人走夜路，特别是经常路过的那个茅草屋路段。一个人走夜路时，走到离茅草屋还有三五十米处，我就拿出百米跑的势头，一路狂奔到家门口，总觉得身后有什么在追我，那一刻感觉我可怜的小心脏就要蹦出嗓子眼了。我讨厌黑暗，总想着黑暗里藏着什么鬼怪，可是越害怕越躲不开。我经常被吓得手脚冰凉，当时恨不能一下背过气去，晕死算了。

在我上初二时，家附近的一起杀人案更是把我给吓懵了。那桩离奇惨案一时间搅得人心惶惶，白天还好，晚上我脑子里一片空白，虽然表姐和她的孩子睡在一边，可我还是吓得躲在被子里哭。幸好母亲及时发现，招呼我过去一起睡。母亲真好，既没有笑话我，也没有像有些妈妈那样在我面前叨叨那个被杀的人还有那个杀了人的人，母亲只是用她一贯的不起眼的温情让我不再那么恐惧，但是我多多少少还是被吓到了。

等我长大些，胆子也跟着大了些，我明白鬼怪惊悚都是自己想象出来的，但小时候惧怕的感觉还时不时地游荡出来，即便已经当了妈妈。

和几个朋友聊到"胆小、怕黑"这个话题，朋友几乎都有小时候怕黑、怕"鬼"的经历，害怕"电影里看到的恐怖画面"。一个朋友说她小时候晚上一个人在家，把家里的灯全打开了还是害怕，那个晚上她什么也不做，只等大人回来才敢去睡觉。类似景象我也见过：女儿上初中那会儿，一天晚上我们回家有些晚，到家时女儿已经睡了，可电视开着，客厅、厨房、卫生间、楼道所有的灯都亮着。显然，女儿害怕晚上一个人在家，尽管一直以来我对女儿说，家里是最安全的，有爸爸和妈妈，还有一道坚实的大门。

家里安全，世上也没鬼没怪，为什么有些人，特别是不少孩子仍然惧怕黑夜？朋友说，从现实的角度来讲，那是因为缺乏安全感，一方面是因为成长过程中的外在环境因素影响，另一方面源自父母和孩子间不恰当的亲子关系，包括父母将自身的不安全感传递给孩子。更有一个朋友从深层剖析，提出恐惧是一种"集体潜意识"。我很难领会"集体潜意识"其中的内涵，但我明白最强烈的恐惧莫不来自于对死亡的惧怕，很多恐惧都是对死亡恐惧的变相表现。因为惧怕，所以人们不能面对与死亡有关的棺材、死人、坟墓，害怕可能带来死亡的鬼、怪，还有藏在暗处的坏人，因为这些无不对生命构成威胁。

写这段内容我用了很长时间，写着写着就糊涂了，不知道自己想表达什么，也不知为什么会单独挑这么一个主题写来写去。人与人各不相同，有的孩子或成人并不存在太多的恐惧和害怕体验。问过周围一些人，对他们而言，黑、鬼怪似乎没有什么大不了的。他们不怕那是最好不过的，但是如我这般直到成年还被过去困扰的也不是特例。

在我胆小怕黑的时候，我最恨有人简简单单地对我说“这有什么害怕的?”“你看我就不怕”，他们哪里知道潜抑下来的恐惧对日后带来的影响。很多时候，不是喊句口号就能把心中的恐惧驱赶开的。直到前几年我才知道，过去那些“鬼怪”在一次次有意无意的惊吓中早已深深地住进我的心底，就像幽灵般悄无声息地存在着，直到被一个偶然事件彻底激发——那段日子是我生命中最灰暗的时候，一种来自内心深处的震荡几乎把我击垮，灰暗中真真切切地体验到生命的脆弱和不堪一击。

怕了近四十年，如今已不再有太多恐惧，我知道，无论是否愿意面对，生命总有花开花落的时候。因为感受太深，所以更能体会到怕与不怕的天壤之别。因为怕过，所以更能理解那些正怕着的人，特别是孩子。我希望女儿能有一份笃定的安全感，能够面对现在和将来。我想，这是我写这一个话题的一个原因。

女儿小时候问我世上到底有没有鬼和怪？我告诉女儿，“鬼”是人装扮和或想象出来的。“没做亏心事，不怕鬼敲门”，要说有鬼，只能是“心里有鬼”。或许我无法保证女儿一生的安全，但我可以为女儿排除那些因为无知而带来的恐惧(有时候无知最可怕)，就像当年母亲为我做的那样，尽管母亲没有刻意去做什么或者说什么。同样，我希望我能像母亲那样，让女儿在我的影响下有能力去领悟生命、珍视生命。

和大多数父母一样，过去为了让女儿尽早学习独立，在女儿 5 岁时我们开始让她试着一个人在自己房间里睡觉。第一天，女儿独自一觉睡到天亮，我们夸赞女儿，说她一个人睡觉很乖，很能干。（其实半夜里我和老公起夜好几趟去给女儿重新盖上被子）。女儿得到我们的夸奖也很开心，不过单独睡了几次后，一天晚上，女儿又悄悄地摸到我的床边。我给女儿腾出一块地方，女儿在我怀里很快睡着了。后来我们在女儿房间里装了小夜灯，这样晚上房间里有些光亮。女儿一个人睡小房间时，我们会陪着女儿讲故事，等女儿睡着了再离开。我们鼓励女儿一个人睡觉，但不会像一些父母那样决绝地把孩子“拒之门外”，那些日子我们为女儿留有一片空间。从夏天到秋天，再从第二年春末夏初到秋天，经过几个来回，女儿不再害怕，习惯了自己单独睡觉。

在女儿初一时，有一次家里突然停电，门口电表着火。我果断地取了家里备用的灭火器，三两下就把窜起半米高的火给扑灭了，及时避免了可能发生的一场火灾。我记得，停电那会儿，女儿就有些害怕，我到哪里，女儿都紧紧地跟着，不离半步。等门外的火扑灭了，在等电力公司派人过来维修的工夫，在黑漆漆的房间里，我给女儿讲起过去我在大学里遇到的那场火情。女儿听得认真，不再有刚开始停电、失火的那份惊慌，反而一个劲地夸我的镇定果敢。两个小时后，经过物业和供电局的抢修，家里用电恢复正常。之后我特意教女儿学习灭火器的使用方法，再把遇到火情时的紧急处理和逃生方法对她作了详尽说明。娱乐节目主持人汪涵曾经在《我是歌手》直播现场紧急应对突发事件时说过一句话：“事儿来了也不怕事儿。”怕是解决不了问题的，我想，在这次停电和灭火过程中，女儿看到了什么是镇定和应对。

如今女儿偶尔看侦探小说、恐怖片，但已经好了许多。其实，真没什么可怕的，怕就怕在无知和无能上，怕就怕在对自己的不了解。

◆ 怕生 ◆

人有几怕？无外乎怕“鬼怪”，怕人，怕事，还有怕自己。

前面提到的怕黑、怕“鬼怪”，一般都是在孩子比较小的时候，因为听信大人或周围人的讹传，想象黑暗中存在这样那样的危险、恐怖场景而吓唬自己。随着社会进步，家庭条件、父母素质的不断提高，这一类恐吓对孩子的影响已经越来越小。

不过小孩子怕见生人倒是经常可见。听到不少父母说孩子腼腆、怕见生人，女儿也是。女儿到了六七岁，我们参加朋友聚会时，她还会经常躲在我们背后，有时候跟人连打个招呼都很难。

孩子各不相同，有的孩子生来就有融入陌生环境的潜质和能力，他们很少会有面对陌生环境的困扰。我外甥女打小在他们那片生活小区里就是个“小名人”，她不仅不怕生人，更是主动找人说话。两三岁时，外甥女在公园玩耍遇到外国人，还主动上前说“Hello”、打招呼，把外国人逗得乐呵呵。一个朋友的女儿，小小年纪，在幼儿园里就是老师的小帮手，参加诗歌朗诵、各种表演更是信心满满，在她身上读不到“怕”这个字。这样的孩子，一般父母中最少有一人比较外向。孩子表现出的大方里，多多少少会有他们父母的影子。听父亲说，姐姐小时候和外甥女一样，也是遇着人就唧唧呱呱地说个不停，不管认识不认识。那个朋友就更不消说了，她在工作、生活中所表现的主动和进取能力是超强的。

有大大方方的孩子，但也不乏胆小、腼腆的孩子。有的孩子传承了父母的内向，或者在最初的母婴关系中没有得到足够的安全感时，当遇到自己不确定的人或事情时，难免会有退缩。同样也是两三岁，女儿在幼儿园里总是默默地站在最后，静静地看着小伙伴做这个、做那个。她从来不主动和谁打招呼，到了小学、初中也是这样。

作为父母，我们希望女儿能像别的孩子那样大大方方。主动去表达或者参与其中，但是女儿在我们的鼓励下还是很难挪动她的脚步。我试着站在女儿的角度上想，或许“胆小”“不好意思”是因为女儿没有足够的安全感和信心。没关系，就像在前文“建立自信心”中介绍的那样，对女儿表现出的胆小和退缩，我不责怨、不取笑，也不去胁迫女儿。当女儿想做又不敢做的时候，我就给她做示范，让女儿慢慢明白，从不熟悉到熟悉是一个过程，其实并不可怕。女儿从初一课上第一次主动举手到第二次、第三次……渐渐地女儿已经不害怕课堂举手了。甚至到了高中，女儿还能在数学课上多次直接指出老师的错误，因为女儿有了足够的自信。所以，有些孩子，需要时间去体会、感受、进步，才能真正克服心中的胆怯。

像外甥女和朋友孩子那样能够主动地、很好地表达自己，那是最好不过了。但是面对和女儿类似的腼腆、胆小怕生的孩子，父母要学习和做的功课就有很多。

首先要了解孩子为什么怕生人，这不是“胆小”一词能笼统概括的。其次要接纳孩子，不给孩子贴标签。我们不会在朋友面前刻意去鼓励躲在身后的女儿走出来，更不会当着朋友的面自嘲说：“孩子比较腼腆、胆小。”我会在恰当的时候问问女儿：“怎么昨天见到那个叔叔不叫他呀？”了解女儿的感受和想法。我知道，女儿在不自信、感到不安全时，怕生是难免的，但我知道，这些只是暂时的。我们经常带着女儿出入有孩子的朋友家，女儿和小伙伴在一起时就没那么退缩，慢慢地和小伙伴的父母也能很好相处，熟悉了就不怕了。

孩子胆小没有什么大不了的，重要的是父母的态度。我不会刻意去赞扬谁家孩子大方得体，因为我更关注女儿自身的发展进程。在我看来，腼腆未必就是缺点，腼腆有腼腆的含蓄美。女儿会在腼腆中默默关注、静静思考，这也是日后女儿但凡用心做就能做好的基础。

有些人胆子大，不论场合说什么都不怯场，这是一种自信心爆棚的表现，有时候我也羡慕。但我更关注那些不敢说、不敢做的人，因为很多时候我也是其中的一分子。女儿高三前问我，为什么上课发言的时候她会很紧张，有时候手心里能捏出一把汗来，女儿说她胆子小。我给女儿读了一段网上登载的一位霸气总裁对“员工见到自己特别紧张”的解读：“紧张不紧张在于你工作做得好不好，紧张就证明你一定是有问题的。”女儿明白了紧张的根本原因是个人能力不够。是的，不仅仅是学生紧张，我们成人不也有很多紧张的时候么？我和女儿分享我的不同感受：有时会上发言心跳加速、说话都有些颤音，都不知道自己在说什么，大概因为想表现好些，特别是有领导在场的时候会比较紧张；不过有些时候即便领导在场也很自然，那是因为面对的是自己熟知、比较擅长的事情。

对女儿，我想给她足够的时间，让她慢慢适应，只要她适应过来了，很多事情还是能做得很好的。有了足够的自信，自然而然就没那么害怕了。从过去不敢在班上举手发言，到高中女儿主动报名参加学校的音乐社团；从害怕回答问题到课上主动指出老师的错误……这就是女儿的进步，因为女儿越来越自信。

纵观女儿的成长历程，我认为不同类型的孩子所适合的教育和引导方式是不同的。相信有不少孩子和我的女儿有着类似的性格特点，对于这种慢热型的孩子，关键是要了解孩子，让孩子按其适应的速度去适应环境，家长不要给孩子施加太多压力，应当多鼓励他们去尝试。家长要认识到成长需要一个过程，只要真心为孩子好，努力了就一定会有成效的。

一些在家长眼里看似很简单的事情，在慢热、内向型的孩子眼里却很困难，家长不要轻易放弃或者早早定义孩子“胆小”“怕事”等，应该适时鼓励孩子尝试并加以示范，同时应注意，在孩子还没准备好的时候不要太勉强，培养自信、主动是一个长期的过程。

沟通

◆ 父母与孩子沟通 ◆

– 水洒了 –

女儿小学一年级，有一次我去托管班接女儿，看见女儿正哭着拍桌子、蹬板凳，谁劝都没用，对平时最喜欢的张老师也很不礼貌。我很诧异，因为以前从没见女儿这般哭闹过。当时我没问老师到底发生了什么，只是搂着女儿、安慰女儿，替女儿把书包收好后和老师告别，静静地带女儿回家。

女儿一路上哭着，我也没有像往常那样追问。回到家，我对女儿说：“等你想说了，妈妈愿意坐下来听你说，是什么事情让你这么生气？”

晚上洗澡的时候，女儿一扫傍晚时的不愉快，高高兴兴地坐在浴缸里玩水。在我的开导下，女儿把事情经过详细说了一遍：原来女儿在托管班接水时，不小心将水洒在垫子上，秦老师告诉女儿少接点水。第二次女儿接水时还是把水弄洒了，秦老师又说了女儿，女儿不服气，大声说："我接的水挺少了！"女儿说秦老师看她的眼神"凶巴巴"的。等到我到托管班时，女儿因为作业还没做完，心里有委屈，所以又哭又闹。女儿说秦老师好"凶"，她很害怕。可以想象当时的情形，因为我知道有时候眼神也是一种"冷暴力"。虽然女儿做得不够好，但如果那个老师和善些，女儿不至于如此过激。

我问女儿："如果你在家里把水洒了，爸爸妈妈会怎么说？"女儿不说话，我又问："如果你不小心又把水洒了，爸爸妈妈又会怎么说呢？""是不是和秦老师说的差不多：少接些，拿的时候把杯子端稳了？"女儿点点头。

接下来我让女儿拿个杯子在浴缸里接满一杯水给我，女儿把杯子端得很稳，一滴都没洒。我问女儿："水杯拿稳了，水会洒出去吗？试试看，如果杯子是歪的，即使杯里盛的水很少，是不是也很容易洒出去？"听了我的话，女儿沉默不语。

我又对女儿说："每个人都是有情绪的。不管是大人还是孩子，有了好的心情，做什么事情都会开心；可是当心情不好时，有再好的东西也不会快乐，就像今天发生的不愉快。其实只是件小事情，秦老师也是为了你好。想想看，平时秦老师是不是喜欢你的呢？还有你几天不见就很想的张老师，你那么说话，张老师会不会很难过呢？"其实说这些话时我多少有些违心，什么叫"为你好"，如果老师真的是为孩子好，就不应该掺杂个人的不满。很明显，秦老师恼怒女儿的"不听话"，尽管没有说出来，但是她的眼神足以表达。我相信女儿的感觉，只是我不会在女儿面前数落那个老师的不是。

别人如何我们无能为力，但是我们可以管理好自己的情绪和与人相处的方式。我又给女儿举例说："一个人生了气，心头就会有一股怒火往上蹿，怎么都压不住。报纸上好多打架斗殴都是因为小事情一时怒火压不住，手脚不听大脑使唤，最终打打杀杀酿成悲剧。妈妈是不是有时为了小事情也会暴跳如雷，越说越生气，气得都不知道该怎么办了？生气时就想摔东西、想骂人，闹得头也疼，心也堵，好难受。如果这时候试着做深呼吸，心平气和地想一想，结果就会完全不同了。"……

最后，我对女儿说："妈妈知道你是个善良、诚实、勇敢的好孩子。跌倒了爬起来是勇敢，在课堂上大胆回答问题也是勇敢，还有一种勇敢，就是虚心接受别人的建议和批评。让我们一起努力，互相帮助好不好？”女儿再次高兴地点点头。

第二天我单独找到托管班的老师了解情况。尽管老师说的和女儿说的不尽相同，尽管我对老师昨天对女儿的态度保留意见，但我还是很诚恳地替女儿向老师道歉，除此之外我没再去求证或是向老师解释什么。

这件事情过后，女儿和托管班老师相处更融洽了，女儿也愿意把她开心的、不开心的事情都说给我听。我很庆幸当时我的理智和冷处理，没有不分青红皂白先把女儿批评一番。我的体会是：看到孩子流泪，做父母的应该设身处地地理解孩子的处境与感受，善意地引导孩子，使孩子更有信心面对困难，不要让孩子感到委屈、孤独和无助，更不要因为在大庭广众下失了“面子”而去责备孩子，甚至打骂孩子。关注孩子的情感变化，和孩子进行适时有效的沟通，了解孩子情绪产生的真正原因，接纳孩子，做孩子的知心朋友，这样孩子就会让家长走进他们的世界。道理说起来简单，但是做起来却不容易。

– 厉害的“小主人” –

还是女儿小学一年级时，父亲从老家过来帮我们接送女儿上下学。从幼儿园升到小学，女儿还没养成放学后做作业的习惯。父亲好心叮嘱女儿抓紧时间，结果女儿不但不听，反而做出一副主人家的姿态冲父亲发脾气。父亲没有和女儿针锋相对吵闹，也没有大张旗鼓地向我告状，只是吃饭时淡淡地说了一句“豆豆好厉害哦”。我没想到女儿会有这般理论和强势态度，饭桌上我没问女儿，但我想好了要找个时间和女儿谈谈，女儿睡觉前，我给女儿讲起我的小时候……女儿到了五年级，在我的指导下回想这段往事，写下作文《妈妈的爱》：

妈妈的爱

有首歌唱道：“世上只有妈妈好，有妈的孩子像块宝。”从小到大，妈妈给了我无数的关爱：妈妈关心我的学习、生活，和我一起玩耍，还经常教导我、鼓励我，小时候的一件事情让我至今难忘。

记得一年级的时候，外公到我家住。放学后外公接我回家，让我抓紧时间写作业，我听了却满脸怒气，对外公大声嚷嚷：“这是我的家，是我妈妈出钱买的房子，不用你管我！”说完我拿起遥控器，躺在沙发上看电视。

晚上妈妈回来了，在吃饭的时候，外公向妈妈说了今天的这件事，我以为妈妈会很生气，会狠狠地批评我。没想到当时妈妈的表情只是怔了一下，然后吃饭，一言未发。

晚上，妈妈没有像往常一样和我有说有笑、也没有一起唱歌、一起做游戏，妈妈为我准备好洗脸洗脚水，让我洗漱。睡觉前，妈妈给我讲起她小时候的故事。妈妈告诉我：“小时候，家里很穷，是外公在外面辛苦工作挣钱让妈妈能吃饱饭，有上学的钱……”妈妈告诉我她听了我今天对外公说的话很难过，因为外公是妈妈的爸爸，更因为我懂不礼貌、不尊重长辈。听了妈妈的话，我很惭愧，我赶忙跑到外公那儿赔礼道歉，我回头时看见妈妈笑了……

妈妈就是这样用她的爱，陪伴我成长，让我从中学会了尊敬和友爱，我想对妈妈说：“妈妈，我也爱你！”

以前一个家长和我说起孩子时一脸的骄傲和自豪。她说她的儿子最近可厉害啦，才 3 岁多，在家不听爷爷奶奶的话，还经常冲着爷爷奶奶说：“这是我的家，不用你们管！”听她这么一说，我心里犯嘀咕：这有什么值得骄傲的？因为孩子聪明还是因为孩子有能耐如此对抗爷爷奶奶了？这是好习惯吗？她只知道看到孩子奶声奶气的好笑样子，却忽视了习惯成自然的道理。不懂得尊敬家人的人，很难做到自重。不懂得自重的人很难明白什么是真爱。

– 神奇的“变形尺子” –

女儿刚上初中，我们之间的一次会话很有意思。那天下班后我回到家，兴冲冲地和女儿打招呼，女儿抱歉地告诉我今天作业没做完。我问女儿是不是老师布置的作业比较多。女儿很认真地向我解释：“妈妈，我是想把作业做快些，可是做着做着就老发呆。”哦，这样子。我没有责备女儿，查看过作业情况，告诉女儿从现在开始抓紧时间。女儿认真了，很快就做完了功课，比平时更主动有序地收拾、准备明天的书包。

晚上我和女儿在小区外的人行道上小跑，女儿兴致不错，说是要和我商量个什么事情：“妈妈，我想和您商量，我想买……”我没有听明白，好像是什么玩具类的东西吧。虽然女儿已经上初中，但在语言表达上还是比较模糊。我给女儿提示：“你得把你想要的东西说明白了，我才能知道呀！拿来干什么的？学习用的？还是玩耍的东西？或是好吃的？”

“是玩耍的。”女儿回答我，然后用手比画来比画去给我示意。我又问女儿：“能告诉妈妈你想要的东西具体什么样子吗？比如说形状、颜色，还有就是有什么特点？为什么你想得到这么一个东西呢？”

“是一把尺子。”女儿答。

“尺子不是学习用具么，怎么还是玩具呢？”我问。

“这个尺子特别有意思。别的尺子吧，都是硬的，这个尺子会变形，一按它就会弹起来，还可以戴在手腕上。”女儿补充道。

“哦，原来是个可以变形的尺子呀！”

“对！就是可以变形的尺子，可好玩了，还有各种各样的颜色和图案呢！”女儿肯定地答道。

“哦，会有什么样的图案？你最喜欢什么图案？”我接着女儿话又问。

“……”女儿兴致勃勃地向我介绍着。

我又问女儿：“在哪里可以买到？知道多少钱吗？”

“我去问问其他同学。”

“好啊，问问同学这样的尺子哪里有卖的，多少钱。到时候用你的零花钱买，你还可以把这个会变形的尺子写成一篇小作文，你看怎么样？”我用鼓励的表情看着女儿。女儿欢呼“好耶。”

——这么互动谈话，挺有意思。我在无意中(其实是有意的)培养女儿的语言表达能力，虽然它不是一天两天、一个月两个月就能显著提高的，但我想这样对女儿会有帮助的。而且，这样的会谈真的很愉快。

- 不同阶段的对话 -

在女儿逆反心理比较严重的那段时间，大概是初二到初三的时候吧，女儿和我说的不多，我们之间的会话也只是“知会”，就是她说，我听。少有的几次沟通都以不愉快告终。

女儿上到高中，明显柔和了许多，放学后回家的路上经常和我谈起学校老师、同学还有她自己，我也经常和女儿聊起我在工作中的趣事和体会。2016 年始，我们聊过“别人的烦恼”“孤独”“自我”“读书”“成功”“幸福和快乐”，还有“高考”等话题，和女儿会话的过程很愉快，有时候我觉得我和女儿像是闺蜜：接纳、分享、欣赏、愉悦。

◆ 家长与老师沟通 ◆

- 幼儿园阶段 -

对比女儿上过的工厂托儿所和新世纪幼儿园，两个幼儿园在教学理念、教师能力以及对待孩子的方式方法上差距很大。工厂托儿所保证孩子基本的起居和日常游戏、学习，但是很少能像新世纪幼儿园那样从校长到老师都能够比较深入地切身去关注孩子。

我非常看重老师对孩子、对家长的态度，我希望孩子和老师、家长和老师都能够平等、开放相处，这样才有助于家长和老师的有效沟通，更有利于孩子的身心健康。在我看来，家长和幼儿园老师的有效沟通很重要，因为家长与老师的沟通方式影响着老师对孩子的态度。

过去有个朋友说她四岁的儿子在幼儿园受了伤，问我该怎么和幼儿园的老师沟通。她发现她儿子有时候从幼儿园回来脸上留有抓痕，还有一次头上顶了个小鼓包。儿子说是在幼儿园里被小伙伴抓的，老师却说是小孩子在幼儿园玩耍中不小心自己碰到的。朋友担心孩子撒谎，可是看见孩子委屈的样子，又觉得幼儿园老师有所隐瞒，问我怎么办。

遇到这样的问题，家长真的挺难办。既然老师明说是孩子自己碰的，那么有可能是孩子有意在隐瞒什么，问题是孩子为什么要隐瞒？但是如果小孩子说的是实话，问题就更严重了。这样不负责任的老师，会给孩子带来怎样的负面影响和伤害？在我的建议下，朋友找老师坦诚了解和沟通，老师最后说明真相，原来孩子并没有说谎，老师这么做就是担心家长知道了会引起不必要的纠纷。

很幸运，女儿上的幼儿园师资很好，我尊重并相信老师的专业素养，从家长的角度和老师及时沟通，了解孩子在幼儿园里那些我们平常看不到的一面，配合老师，本着真正为孩子好的目的与老师友好相处。我这做家长的真心诚意，相信老师也会善待女儿，关注女儿的情绪、学习和日常。真诚地与老师沟通，最受益的是孩子，孩子会因此得到更多的关爱和帮助。但是也不要主观地单方面地听取老师的意见，当孩子委屈的时候还是要站到孩子一边，了解孩子委屈的背后是什么，注意和老师的正面、有效沟通。毕竟，孩子还要在幼儿园、学校里继续学习和生活。

- 初中阶段 -

女儿上幼儿园时我经常和老师沟通，了解女儿在班上的情况。幼儿园老师敬业、专业，也很好沟通，我们和老师经常交换女儿在家或者在幼儿园的情绪变化和注意事项，相对互动比较多。女儿上了小学，在班上是乖乖学生，老师不太关注，那时女儿傻傻地没什么不好，我们也就没单独和老师沟通过。

女儿上了初一，回来和我说课上老师提问的事情，女儿说她怕答错一直不敢举手，更害怕老师的眼光落在她的身上。女儿说她希望自己变成透明人、真空人，这样就不会被点名，也就不怕有回答不上或者答错了的尴尬。我能理解女儿当时的心情，但是我更希望女儿能主动举手。

为了提高女儿的自信心，我和老师约谈。老师说女儿在校很听话，就是课上不主动回答问题。我向老师解释说，这恰恰是我来找老师沟通的目的。我把女儿对课堂上回答问题的疑虑说给老师听，同时也虚心听取老师给予的建议。没过几天，我和老师沟通的效果就显现出来：老师课上鼓励女儿，女儿有了第一主动举手，然后又有了第二次……渐渐地女儿在课堂上自信了许多。为了女儿的持续进步，我又专程去学校感谢老师对女儿的关心和帮助，回到家，我把老师对女儿的肯定和鼓励传达给女儿，女儿也很高兴。再后来，女儿进步越来越大，老师经常表扬女儿，初二上学期女儿还被评为“三好学生”。

初中阶段，我只有这么两次直接和老师当面沟通，我没有像一些家长那样给老师送礼、送卡，说实在我不会也不愿意。我希望老师和家长、老师和孩子、家长和孩子之间能够相互平等、尊重与信任。我相信大多数老师和家长一样，更看重孩子的进步和成长。我始终坚信：这世上有比金钱更可贵的东西，比如尊重和信任。

- 高中阶段 -

在女儿上高中的日子里，我和老师有过两次沟通。高一以来，女儿偏科严重，英语学习不积极，成绩一直上不去。一次英语考试后，老师课上虽然没有直接点名，但还是强调指出班上有一名女生不及格。女儿回来告诉我她被老师说得很不好意思。趁着这个机会，我通过微信和老师简单沟通了一下，一方面从老师那里了解女儿在班上的学习情况，一方面也是想让老师知道女儿想把成绩提上去的态度。我还把我和老师的聊天记录给女儿看，上面有老师对她的肯定和鼓励。

第二天，老师就找到女儿，借给女儿一本练习册，鼓励女儿尽快把英语赶上去。恰恰就在那次沟通之后，女儿的英语成绩开始有了显著提高，持续进步。

还有一次是在高考前，为了学习和复习，女儿给自己的压力太大。晚上十二点睡觉，早上三点多起来，连续几天下来，女儿的精神状态很不好，为此我请老师找女儿谈谈，希望老师能帮助女儿缓解下紧绷的神经。第二天老师就单独和女儿聊高考，鼓励女儿放下包袱、养精蓄锐。

不说这到底对女儿有多大的帮助，但我相信通过这样和老师的有效沟通，能够促进女儿的学习和自我提高。

- 真诚沟通 -

这些年来我和老师的沟通不多，但是不同阶段老师都能给女儿带来很大的帮助，或许我们遇到的都是好老师？

有些家长认为孩子到了学校，学习就是老师的事情。我听女儿说班里有的同学家长因为孩子成绩不好，不是坐下来好好反省孩子或家长自身存在的问题，而是跑到学校找老师，责怨老师没教好。家长不满意，老师也很委屈，甚至很气愤。

还有的家长因为孩子在家不听话求助于老师，希望老师能替他们好好管教孩子。我认为，家长不应该把自己应当承担的责任和义务转嫁给老师。如果家长自己管教不好孩子，老师又有多大能力去纠正孩子的不良习惯呢？要知道很多习惯不是短时间形成的。就算在女儿最叛逆的那些时候，我也没有因为女儿的坏脾气去和老师说什么，因为和女儿的关系是要靠自己才能调整缓和的，说实话，老师很难帮上忙。

高中老师对女儿的评价很高，称赞女儿是一个“品质极好”的小姑娘，闲暇时老师喜欢和女儿聊聊班上的其他同学，老师说和女儿聊天很舒服，我说女儿有着难得的同理心，对此我很骄傲、自豪。

和老师沟通说简单也不简单，说难也不难。

人与人交往是我们必不可少的社会需要，我们希望从中获得亲密感、安全感以及成就感。沟通是交往的普遍方式，人们通过语言、非语言传递和交流思想、认识、态度及情感，以求在思想上达成一致或实现感情交流。语言表达除了口头语言，还有书面语言、图片或图形。非语言表达则非常丰富，包括我们的动作、表情、眼神、声音等。我们知道，同一句话、同一个词在不同场景、不同声调、不同语速下所表达的情感各不相同。尤其是眼神，特别能表达一个人内心的真情实感。

沟通不是单方面演讲或说教，也不是只听不说或者只说不听，沟通是双方信息的传递、理解与反馈。有些时候，父母说的话孩子听不懂，孩子说的父母也不能会其意。比如和小孩子沟通时，父母要和孩子保持“同一频道”，说孩子听得懂的话，这样孩子才能理解父母的真实想法。在孩子语言表达能力不够、心里想的嘴里说不出来的时候，父母要循序渐进地引导孩子，或者充当孩子的翻译，将孩子可能的感受和想法用孩子的话说出来再让孩子确认。其实，与人沟通，用双方都能听懂的语言，这是最简单不过的道理。

我发现，孩子对于非语言信息的感知能力很突出。比如前面提到的托管班老师，女儿从她“凶巴巴”的眼神中感受到了老师对她的真实态度，通过哭闹表达出她内心的惧怕。记得在女儿一两岁的时候，有的人尽管笑得灿烂且热烈，女儿就是不理不睬；而有些人，女儿能乖乖地围在左右。同样是笑脸，女儿能清晰地辨认出哪些真诚，而哪些仅仅是浮于表面的应付，很多时候形体表达比口头语言更真实。从女儿的区别对待中，我看到，要想达到有效沟通，“真诚”必不可少。

当然，要达到有效、积极的沟通，仅有真诚是远远不够的，还要有尊重、接纳和共情。但是如果没有真诚，就不会有真正的尊重、接纳和理解。

所以，真诚至关重要。比如对待孩子，只有真心实意，才能抛去个人的主观意识，站在孩子的角度与孩子对话；只有真心实意，才知道什么是真正为了孩子好，知道什么场合、什么时间、采用什么方式与孩子对话有助于孩子的成长；只有真心实意，才会尊重、接纳并理解孩子。如此，孩子怎么不会好好和父母进行有效的沟通呢？

父母打孩子

◆“不打不成器”◆

自古以来就有“棒打出孝子”“不打不成器”这样的说法。二十世纪七八十年代，不少父母因为孩子做了错事或做得不够好，“打”成了他们管教孩子的一种习惯方式。

小时候经常看到邻居家三天两头不是单打（父亲打孩子、母亲打孩子）就是混合双打（父母合着伙儿打孩子）：经常看见邻居家父母操着笤帚或者举着擀面杖把孩子从家里追到街上又撵回家，孩子在大人的猛追狠揍下鬼哭狼嚎、高声求饶，现场极为惨烈。我很不理解，邻居家的那个女孩子甚至年满十八岁了还经常被她母亲追着打骂，他们到底做了什么错事被他们的父母如此揪着痛打？

有些孩子平时好动，特别是一些男孩子因为登高爬高或者做了其他一些父母看起来很危险的事情会被打；有些孩子因为在学校里调皮捣乱影响课堂教学、影响同学学习甚至在学校或外面打架斗殴而挨打；有些孩子因为学习成绩不理想被打；还有些孩子因为顶撞父母或者不听话而挨打。

孩子在父母的“棒打”下真的会做得更好吗？父母是否听过孩子被打后的心声？

◆ 理解不了的挨打 ◆

2016 年 7 月偶然间听到一对母子对话，孩子因为儿时母亲的一巴掌而耿耿于怀。

儿子质问母亲：“小时候补课，有一次你为什么打我？”母亲说可能因为老师说他上课不认真听讲做小动作，或者听了同学的状告，也可能是……看样子那个母亲早就忘了，可孩子却很在意。

“那你为什么要打我嘛？”儿子紧逼追问。母亲搜肠刮肚的一番解释显得那么苍白、无力。当年我也有过那个孩子同样的质疑，回想过去我的成长经历，虽然很少挨打，但仅有的几次经历留下的不解和难过却总是挥之不去。

那一年，初二数学竞赛中我获得第二名。父亲给我讲解错题，看到我茫然不知的表情，父亲不知从哪里冒腾出一把火，扬起巴掌朝我后脑勺打下去，吓得我一激灵把脑袋插进板凳下面的空档里，好似鸵鸟般地顾头不顾尾，如今想起来好气又好笑。很多年后，玩笑间我向父亲提到过这件事，父亲说记不清了，可我却久久不能释怀。就像那个孩子逼问他的妈妈那样：“你想都不想，上来就是一巴掌，打得那么决绝，就因为听别人说我上课不专心，不就是奥数辅导课么！至于这么认真吗？”是啊，什么事情该认真，什么事情可以不那么认真呢？为什么会那么较真呢？

我把那对母子的谈话讲给女儿听。女儿淡淡地回道：“当然啦，大庭广众当着同学被打，面子上总是过不去呀。”嗯，面子，很多时候争吵、打骂都离不开“面子”。

当年中考我遭遇“滑铁卢”，原本能稳稳考上省重点中学，最后却落榜到市重点中学。老师叹惜，父亲更是“恨铁不成钢”，见到我就是一顿饱打。

我没哭，但我很沮丧。平时比我差一些的同学都考上了省重点中学，我真的让父母失望了。那些日子我能走小道就不走大道，生怕遇上熟人问我考到哪里了。唉，估计父母脸面上一样也过不去。

如果说父亲是为了我好，我不怪他。可真的完全是为我好吗？果真是为我着想，难道就没有其他的方式，“打”能解决一切问题吗？有没有想过我的感受？其实我当时也很懊悔、难过。直到自己为人父母多年，直到自己因为情绪失控打过女儿的那几巴掌后，我才明白愤怒背后隐藏的那些心事。

女儿一二年级时，在超市或者在商场，想不起来因为什么小事情女儿坚持着她的不愉快，众目睽睽之下我“啪”地甩给女儿一巴掌，好似乒乓球单打里的短平快一般，干净利落。我记得女儿被我打愣住了，后来发生什么我也记不清了，大概是我在训斥、女儿在哭泣。其实，同样的事情如果在家里发生，我想我还是会询问女儿什么原因，或者是冷处理一阵子再说。但是当着众人的面我却如此暴躁，究竟是怎样的区别呢？事情还是同样的事情，只是多了众人而已。原来，在众人面前，看到女儿那般“无理取闹”不听劝，我的“面子”就挂不住了，不惜痛下狠手，根本不去考虑女儿不愉快的背后是什么。唉，面子也好，冲动也罢，总是伤了孩子也伤了自己。

◆ 冲动的一巴掌 ◆

都说冲动是魔鬼，打过了又后悔，可是为什么就忍不住呢？2007 年的一巴掌打在女儿身上，却痛在我的心里。因为忍受不了女儿早起的磨蹭，我一巴掌过去竟然差点失去女儿。我自责、伤心、后悔不已，一段时间都无法原谅自己的粗暴和冲动。

早上，闹钟响了，我催促女儿起床，女儿要求再缓五分钟。以往早上闹钟响后，女儿会用定时器定时五分钟，直到定时器滴滴答答地走到最后一声长铃响，女儿才会不情愿地慢慢腾腾地起来穿衣服、洗漱。

看见女儿没睡醒的样子，我同意女儿再缓五分钟。定时器又是一声长响，我催促女儿赶紧起来穿衣服，还有好多事情要做呢：上厕所、刷牙、洗脸、梳头发、吃饭、读英语、戴红领巾、戴小黄帽、背书包，哪一样不要时间呢？我催着女儿动作快点，把缓去的五分钟赶回来。可女儿还是那么慢腾腾，睡裙半天脱不下来。可不是嘛，坐在床上，裙子被屁股压着，怎么脱得下来呢？女儿穿好衣服，到了卫生间里还是不急不忙地把手纸叠了一层又一层。我实在看不下去了，提醒女儿："行了，差不多就可以了，都什么时候了？"

光顾着赶时间了，给女儿梳头时我不小心拽着女儿的头发了，看到女儿不高兴，我心里更是不爽。接下来的刷牙、洗脸，女儿依旧不紧不慢，一只手怎么都盖不上牙膏盖子。我在女儿身后问："怎么做事的？不知道没时间了么？"

女儿翻着白眼、嘴里嘟囔着，我一看气不打一处来，随手就给了女儿一嘴巴，冲女儿吼："回床上接着睡去！"女儿转身坐在客厅沙发上哇哇大哭，边哭边说："你打我！你打我你不难受呀？""你打我！你打我不疼呀？"我听了更是火冒三丈："打你是因为你不听话，讲不了道理就要打！"女儿毫不示弱："你打我！你要打死我呀？打死我你负责呀?!"

看女儿哭得上气不接下气，我有些不忍，却又无话可说。时间一分钟一分钟过去了，平时这个时间都已经出门了。女儿见我不理她，就自己去穿鞋，看样子准备上学去。

我让女儿把饭吃了再去上学，女儿说她不想吃。我把门反锁，坚持要女儿吃过早饭再去上学。女儿站在门边又哭起来，我还是没话可说。不一会儿女儿去了厨房，我听见阳台开窗户的声音，等我跟过去时，眼前的一幕把我吓着了：我看见女儿正往窗户上爬呢！那可是六楼的窗户，外面什么遮拦也没有啊！

我赶紧跑上前制止了女儿。女儿回到客厅，一屁股坐在地上，声嘶力竭地哭着喊着："你不打我了？你不打我，我就去自杀！"这是女儿说的话吗？女儿还不到八岁！

我脑袋里一片空白，不由自主地走到阳台上，怔怔地望着那扇被女儿打开的窗户。还好这扇窗户平时都是关着的，如果我过来晚一点，如果女儿动作再麻利些……我想都不敢想，眼泪哗哗地顺着脸颊流着。我恨啊，就因为自己的一时性急，把女儿逼到这个田地。女儿这么小竟然会说活着没意思，她知道什么是自杀吗？女儿怎么能拿这种毁灭自己的方式来这么惩罚我呢？

看见我伤心地落泪，女儿走过来轻声地对我说："妈妈，我错了。"我擦去眼泪，同样轻声对女儿说："走吧，上学去吧。"去往学校的路上，我紧紧牵着女儿，女儿乖乖地跟着我，一路无话。

因为担心女儿上学迟到可能会受到老师的批评，我把女儿送到了教室。还好是早间操时间，女儿放下书包，跑到同学站队中认真地做起早操。看着女儿活泼的身影，我默默地走出学校，眼泪还时不时在眼眶里地打着转——一股揪心的痛楚，真不知如何面对女儿。

放学后回到家，女儿迎上来主动问候："妈妈好！"我心里一阵暖流涌过。看着女儿乖巧的样子，看出女儿背后藏着的几分胆怯，我忍不住又想起早上那触目惊心的一幕，眼泪哗哗地又开始翻腾起来：我不该那么着急，我不该打女儿，我不该不让女儿上学……我怎么就那么心急呢？

事后的几天，女儿似乎懂事了些，早上动作快了很多，当然我对女儿也比以往容忍了许多。看到女儿认真地做事，有时还会蹿到我跟前给我做鬼脸，似乎前几天的那一幕不曾发生。

毕竟事情还是发生了，我想，还是要找个机会和女儿好好谈谈。周末我们去了肯德基，女儿吃着、玩着，很开心。我问女儿那天早上是怎么一回事。女儿说她着急上学，看见我把门锁上了就想着"走窗户"了。我很诚恳地向女儿道歉："豆豆，妈妈那天不对，不该打你、不该锁门不让你上学，妈妈向你赔礼道歉，以后妈妈好好说话。妈妈爱你，妈妈希望你能健健康康、快快乐乐；我想你也是爱妈妈的，不希望看到妈妈难受。但是你的做法却让妈妈很伤心，妈妈差点失去你！豆豆，妈妈希望你能记住：爱妈妈，首先要好好爱护你自己，这样妈妈会更开心。平时遇到什么事情，要心平气和，千万不能一时冲动，要知道'冲动是魔鬼'，希望你能监督妈妈，我们一起努力，好吗？"女儿点点头。

这场风波终于平静下来，我痛定思痛，回想起事情的来龙去脉，写了一封信悄悄放到女儿的床头：

给女儿的信

豆豆：

妈妈向豆姑娘道歉，是妈妈不对。

豆豆那天早上没吃饭就赶去上课了，饿不饿？妈妈那天一直都很担心。

妈妈太着急了，没有控制住自己的情绪，对你大声嚷嚷，看见你不听堵耳朵的样子更生气，生气了就什么都忘了，真的很对不起。

打了你，妈妈很自责，一直在想：为什么一定要打你？有什么事情不能好好说吗？妈妈不该打豆姑娘，妈妈是要和豆姑娘做朋友的。

你挨了打，很难过，哭着说我不是你的妈妈，一个人跑到房间里把自己锁起来，听见你在房间里哭着，看见你躲到柜子底下踢东西的样子，妈妈好心痛。

妈妈怎么会不让你去上学呢？妈妈的巴掌打在你的脸上，你很疼，妈妈的心更痛啊！妈妈只是希望你能尽快地学会自己安排自己的时间，学到知识，长大才能做一个真正有用的人啊！妈妈就是着急了呀！

你的语文考试，妈妈没有过多说你什么。妈妈不在家的那两天，因为你在学习上不抓紧时间、不听爷爷奶奶的话，虽然妈妈是生气了，但是没有骂你或是打你，而是想着和你讲道理。

可是你知道吗？妈妈其实心里为豆姑娘着急呀！

知识是一点一滴积累的，习惯也是慢慢养成的。好的习惯坚持下来是优点，不好的习惯时间长了就纠正不过来了，就成缺点了。还记得你背过的古诗："百川东到海，何时复西归？少壮不努力，老大徒伤悲。"你愿意做优点多的还是缺点多的人呢？是愿意做一个有知识、讲道理的人，还是什么都不好好学、长大了什么都不会的人呢？

不管在什么时候，妈妈都是爱着你的。虽然打过你、骂过你，但是无论走到哪里，妈妈最挂念的就是你和爸爸。特别是你，我的豆姑娘！

看到你可爱的圆脸蛋凑到妈妈跟前和妈妈亲亲热热，看到你开心时兴高采烈地上蹦下跳的小模样，看到你在晚上睡觉前和妈妈的聊天……想起这些妈妈心里总是暖乎乎的。

妈妈很高兴看到豆姑娘一天天在长高，一天天在长大。妈妈最大的愿望就是看到豆姑娘健康、快乐地成长，希望豆姑娘身体健康、学习进步、生活开心！妈妈更希望你能在学习中学会什么是对的，什么是不对的；什么事情是该做的，什么事情是不该做的。也许你现在还不明白，没有关系，爸爸妈妈会陪着你一起学习、认识。妈妈答应你，不管你遇到怎样的困难和疑惑

(疑问和不清楚的事情)，爸爸妈妈都会默默地帮助你、支持你。

豆姑娘，妈妈很高兴看到你对待同学很友好、和善。妈妈知道你是一个善良懂事的孩子，那么，在对待爸爸和妈妈时，你能多一份宽容和理解吗？妈妈也希望你能善待自己，爱惜自己。

妈妈

2007年11月16日

女儿看完信悄悄地给我回复了一张小纸条，上面写着："妈妈，我爱你！"那一刹，心里纵有一座冰山也被女儿暖化！

2007年的这一巴掌把我给打醒了。从此，我没再打过女儿。我知道，"打"是没有办法的办法，"打"是无能的一种表现。

如果真是为孩子好，父母就不要再把对别人的不满和怨恨迁怒到孩子身上，不要因为所谓的"面子"去打骂孩子，不要因为孩子暂时做不到、做不好的事情而去责罚孩子。

如果真是为了孩子好，除了"打"，父母一定能找到适合自己孩子成长的管教方式。

分数与成绩

◆ 分数很重要 ◆

初二家长会后，我和班上一位家长同行，她儿子这次在班上名列第一。可是我很诧异，一路上那位家长竟然不停地在贬低她的孩子，说这不好那不好，要不是因为班上其他几个成绩好的同学发挥失常，她的孩子不可能考到班上第一。其实她的孩子这次进步很明显，不仅保持了数学学科优势，语文和英语也比以往进步很多。我劝她要多给孩子肯定和鼓励，可她还是说孩子的英语没考好。英语从过去 70 分水平考到了班上前三名，怎么没考好？她说英语应该上 90 分，数学应该 95 分。看来，分数在她眼里很重要。

经常听到有的家长因孩子考到高分而感到骄傲，说是想要什么就给什么。如果孩子成绩不理想呢？见过有的家长遇到孩子没考好就对孩子进行彻头彻尾的批评和责怨，把孩子说得一无是处。过去女儿因为好朋友考试没考好而担忧，我问女儿愁什么，女儿叹口气说：“哎，她怕不好给父母一个交代。”

一位小学生家长对我说他的儿子考试前比较紧张，总是跑过来问爸爸妈妈如果考不好怎么办，他说孩子平时成绩也是不错的，有时候还能拿满分。当我问孩子得了满分家长什么态度时，那位家长陷入了思考。他回想了下，说他们似乎太强调考满分了，没想到这样也会给孩子带来压力。是啊，怎么可能次次满分呢？小孩子担心、焦虑再正常不过了。

◆ 99分的苦恼 ◆

也许是因为女儿打小学习成绩不拔尖儿、缺乏自信，或许说除了成绩还有我更看重的地方，最初我对女儿的学习成绩没什么具体要求。女儿考了好成绩，我们会肯定并鼓励女儿：“看，多棒啊！这次不仅学会了，而且还细心了，相信自己，加油哦！”当女儿拿出分数比较低的试卷时，我们不埋怨也不责难。我会按女儿的接受能力选择性地去讲解、订正不会做的题目，有时我会在试卷上写下鼓励的话语。特别是在女儿学习最困难的那些时候，面对女儿一次次考试不及格和错题连篇的试卷，我们还是做到比较温和地对待女儿，给女儿讲解，鼓励女儿争取下一次的进步。女儿五年级时在我的指导下写了一篇读后感《读〈99分的苦恼〉——写给阿姨的一封信》：

读《99分的苦恼》

——写给阿姨的一封信

阿姨：

您好！

我读了您丈夫写的《99分的苦恼》这篇文章，知道了您对您的女儿要求很高，希望她各方面都做到最好。我认为您的想法没错，但是妈妈经常告诉我：“超越自己就是进步，一样也能做得很好。”

记得我刚来上海的时候，因为跟不上，经常考试不及格，在老师和妈妈的帮助下，我认真努力学习，终于在课堂上我爱举手发言了，老师不再说我是木头人了，我的学习成绩一天天提高了。有一次数学考试我得了98分，那可是我做梦也不敢想的，竟然，得了全班第二名！回家后我心里像怀着一只小白兔，上蹦下跳，我激动地告诉妈妈这个好消息。妈妈开心地把我搂到怀里，夸奖我："看我女儿多棒啊！努力了一定能考出好成绩！"

当我考试考砸了，妈妈也没有过多地指责我，而是耐心地帮我查找原因，希望我下次能有更多进步。

阿姨，我想对您说的是，您的女儿在努力，也很优秀，希望您能给她更多的鼓励和支持，相信您的女儿会更加出色。

此致

敬礼

豆豆

2010年2月5日

◆ 成长更重要 ◆

初一年级统考后，女儿打电话给我说考试考砸了。听到电话那头女儿快哭出来的声音，我安慰女儿以此削减女儿的担忧。晚上我回到家，女儿主动把卷子拿给我看，我和女儿一起分析错题，就好像是在做平时的习题一样。久而久之，考试后不管分高分低，女儿都会在第一时间主动告诉我。

自从初一进入班级前五名之后，女儿开始在意每一次的考试成绩和排名。初一上学期期末考试后，老师安排女儿协助抄写期末学习成绩。女儿有些意外，也有些兴奋，因为在女儿看来，这些工作平时都是班干部做的。女儿非常重视老师交给的任务，但又有些担心。

我问女儿担心什么，女儿说怕看到自己成绩不理想。我安慰女儿："考试已经过去了，不要有太多顾虑。分数代表你对知识的掌握程度。如果不理想，那就找找没考好的原因，认真总结经验、教训，作为今后进步的方向。"女儿听了我的话，高高兴兴地去学校了。

女儿返校抄分数的那个上午，我时不时要去想女儿这次期末考试成绩到底如何，其实我很在意。每次女儿考试回来，我都会观察女儿的情绪。看到女儿开开心心的，我想女儿应该考得不错，女儿开心的同时我也很踏实；如果女儿考试之后感觉不好，或者是听到女儿说因为粗心没有好好审题把题答错的时候，我心里也敲着小鼓感到遗憾，恨不能为女儿去补漏。

虽然说成绩不能代表一切，但也是知识掌握的具体体现。我是多么希望女儿能保持一直以来的进步，希望看到女儿在一次次进步中逐步增强她的自信心。因为有了自信，女儿会很快乐，女儿快乐了，我们也就更快乐了。

然而我也很清楚，知识需要一个循序渐进的积累过程，包括学习方法、学习态度、进取心的积累。进步也不是一天两天速成的，我们要有耐心，也要对女儿有信心。在期末考试前，我就女儿的学习和老公进行了沟通，达成共识：女儿初一以来不断取得进步，已经达到我们的三年预期目标。女儿在期末考试前的学习状态比较稳定，所以我们没有必要刻意去要求女儿的成绩和排名，我们应该相信女儿能交上一份令人比较满意的答卷。当然，也可能会出现一些偏差和失误，重要的是我们要能心平气和地面对，给予女儿足够的支持和理解，而不是埋怨和指责。

分数和成绩当然重要。如今，对于大多数人来说，分数还是择校或者说被学校选择的最具重量级别的衡量指标。没有响当当的成绩，如何能进入好的中学、大学？没有经过系统的学习和实践，如何能更好地实现自我价值？毕竟，不需要分数和成绩来证明自己的天才少之又少，往往天才需要比常人付出更多，才能做自己。

分数和成绩固然重要，但我认为更重要的是对待分数和成绩的态度。我曾经对女儿说："分数再低也是自己的，只要认真学习、总结，一定会有好成绩，但绝不是通过偷看、抄袭或者更改分数来获得的高分。"

有个朋友对孩子的考试成绩很不满意，特别对孩子多次篡改学习成绩表示焦虑，她的孩子小学四年级。我把小孩子虚报成绩的事情说给女儿听，女儿很明确地站在孩子一边："一定是家长对孩子的学习成绩要求太高了，要是我才不会改成绩。"女儿建议那个家长要好好和孩子沟通，告诉孩子"一次两次没考好也没关系，只要努力了，父母是没有理由批评他的"。

不是所有孩子最后都能站在社会的"金字塔尖"上，但每个孩子都可以做到一步一个脚印地超越昨天。

父母言行

◆ 别人家的孩子 ◆

女儿初三时和我有过这么一段对话，记不起因为什么事情，女儿自诩是个乖孩子。我问女儿好在哪里，女儿说：“我还不好吗？我都不拿你和别人家的妈妈比。”听到女儿的解释，我乐了起来：“是啊，听你这么说，还是我不好了，我好像拿你和别人家孩子比过呢。”女儿很厚道，安慰我说“不过你还好，不是特别不好”。

有一种好叫“别人家的好”：“别人家的孩子”“别人家的老婆”“别人家的老公”。我很幸运，母亲从来没有拿谁和我去比较，母亲总是那么低调、温和。父亲也很少拿我和其他同学比较，大概那时也没啥可比的，我知道父亲曾经很为我骄傲。但有那么一次，父亲不经意间的比较给我带来不小的影响。小学四年级时，因为父亲认为我的字不好看，所以我放弃了原本属于我的书写风格，按照父亲的标准老老实实写方块字。到了初二，父亲见到我的好朋友的笔迹后大为赞叹，赞叹之余对我说：“如果你的字也能那么漂亮，我做梦都能笑醒。”做梦都能笑醒，有那么夸张吗？我很受伤，失落之余竟然开始模仿起好朋友的字。如今，尽管不少人夸我的字刚劲漂亮，但我知道，无论我如何模仿，都不可能超越我的那个好朋友。如果可以重来，我更愿意坚持属于我所特有的书写风格。

不少父母希望通过表扬别人的孩子，让自家孩子看到差距，树立一个努力奋斗的方向，激励孩子进步成长。但是父母不恰当的反复比较极大地挫伤了孩子的自尊和自信，孩子从最初的失落，发展到厌恶，甚至会反其道而行之。

有的父母只是看到“别人家的孩子”的好，却很少思考成为优秀孩子背后的原因？孩子成绩好坏、优秀与否，除了孩子的先天因素，更多来自家庭的影响和教育方式。有的父母不从孩子的实际情况出发去考虑如何提高、如何进步，而是一味地哀怨运气不好，好孩子竟然没落到自己家。这样对比是不公平的，因为父母把本属于自己的责任和不足转嫁到孩子身上，孩子如何负担得起？孩子怎么可能有真正的进步？

有的父母通过“别人家的孩子”更多表达了对孩子的不满意：因为孩子不如“别人家的孩子”那么优秀，所以自己没“面子”。看重“面子”的父母把孩子的优秀与否作为其自身是否成功的象征，他们需要一个“完美的孩子”来弥补自我缺失。他们的孩子，兴许将来能考进很好的大学，有着不错的工作和收入，成为他们经常炫耀的资本。可是“面子”教育极大伤害了孩子的“里子”，影响孩子人格和价值观的正向发展。不是说不要“面子”，但是忽视了“里子”，又何来“面子”？

女儿在高二阶段有一次这样问我：“如果我没考上好的大学你们是不是特别没面子？”我说：“如果你能考上更好的学校，我们当然为你高兴，因为你有更好的学习环境，拥有更高、更广的人生平台。只要是你通过自己努力考上的学校，在我们眼里就是好的，没什么面子不面子。你有你的好，你有对我们的好，我们不需要去比较。你能很好地做到你自己，你开心，我们一样为你高兴。”

微信号为“童心摩尔斯”的公众号里的一篇文章里有句话写得真好：“我们不是要把孩子变成自己理想中的样子，而是支持他们做辉煌的自己。”我总觉得，别家孩子有别家孩子的好，但是更要看到自家孩子的好。

◆ 指导员 ◆

有些人经常把自己的经验到处分享，不管别人是否需要；也有些人喜好点评和提意见，而不考虑是否有利于对方。在工作、生活中我就是这么一位“乐于助人”的“指导员”：总想把自己的经验、体会分享出来，希望能对他人有所帮助。明明都已经觉察出对方心不在焉、碍于面子不得不听，却还是忍不住一吐为快。有时候我很讨厌自己，可就是停不下来。“指点江山”“指点迷津”的那种感觉太好了，就像当年我义无反顾要加入心理咨询师行列中，其根本原因是想通过帮助别人来提升自己的成就感和被需要的满足感。因此，当我把个人需要强加给别人，在我热情分享时对方却表现出“人在心不在”的游离状就不足为奇了。

自从有了这个认识后，我开始注意自己的言行。在别人需要时、我有能力帮助时，我可以提供一些经验和建议，注意不再像过去那样“填鸭”式地一股脑子地给别人灌浆过去。“师者，所以传道授业解惑也”，帮助别人不应仅停留在妈妈或保姆式的给予，要做到授之以渔而非授之以鱼。

女儿如今已经长大，凡事有了她自己的见解，但有时候女儿还是会问我对一些事情的态度和看法。我多半会先了解女儿的看法和感受，或者有什么样的预备方案，有些时候我会直接赞成、肯定女儿的想法和做法，有些时候我从我的角度把我的个人认识和想法提供给女儿参考。女儿或者高兴地“照单全收”，或者坚持她自己的处理方式，这些都不重要，因为我已经淡化了“指导员”的这个需要，况且角度不同所看到的也各不相同。女儿未必做不好，我的意见未必一定就更好，我只要按女儿需要给予一定参考就好，很多时候女儿需要的不是指导而是倾听。

有一次女儿照常打开一个话题，一个很好的话题。起初我俩聊得挺投机，突然间我发现女儿兴致明显低落，女儿不想和我再讨论下去，一路上我们默默无语。我已想不起刚才女儿和我谈论了什么，只记得女儿开场白以后，我不停地在说：“我认为”“我感觉”……我有些内疚，显然是我破坏了原本很好的会谈氛围。当一个人脱口而出的第一个词是“我”时，基本上就可以确定没有继续探讨的必要了，因为接下来的脱口秀、个人演讲并不是对方所需要的。我想，当时女儿大概就是面对这样的一个我吧？

生活中这种以自我为中心、总想占据主导地位的人也不少见。他们和别人会谈时，并不关注别人说了什么，没几句话就把焦点拉向自己，大谈特谈“独家见解”，只顾个人感受而无视对方。还有些人经常按照自己的喜好不合时宜地给别人指导，比如当孩子兴高采烈要和父母分享学习和生活的进步时，父母没有及时鼓励和肯定孩子所取得的成绩和努力，而是以“指导员”的身份指出这不好、那不好：“这道题就不应该错”“你应该……做会更好”……不是说成绩面前只能表扬而不查缺补漏、继续提高，但是不分场合、不分时机地挑剔对方存在的不足或错误其实并无益处，只能让对方感到失望、沮丧。前者把两个人的会谈演变成一场独角戏，后者总让人感到被挑剔和不认可。

父母，最好是孩子心中的启明灯，指引孩子朝着梦想前进。如果高度不够，不妨踏踏实实做一盏路灯吧，至少能让孩子看清眼前。可是，灯光不能太暗了，黑漆漆一片，孩子摸不清方向；灯光也不能太强了，像个探照灯似的，强光下孩子更会迷失自我。

◆ 不抱怨 ◆

我总能想起二十多年前京郊胡同里一个小孩子和他妈妈的笑声。雪后道路结冰了，傍晚时分有不少孩子在路面上溜冰玩耍。一个妈妈在后面拉着拴在板凳上的绳子，五六岁大的孩子坐在板凳上愉快地滑行着，滑着滑着，小男孩从板凳上翻下来摔倒在一边。小男孩麻利地爬回板凳上，笑着对他妈妈说：“我说妈妈啊，这是第几次把我摔下来了？”看到母子俩咯咯咯地乐个不停，我在一边忍不住也偷偷乐了。很有趣的母子俩，特别是那个小男孩，从板凳上摔下来还笑得那么开心，可以想象他们在平常生活中该有怎样的快乐啊！

2016 年在网络上读到过名为“mom 看世界”的一篇短文。作者偶然中发现她的不快乐“在孩子心里种下了灰色的种子”，因为家里“天天年年、牢骚满腹、一成不变的怨妇联播”，孩子耳濡目染，变得“内向偏激，作文内容悲观消极，看不到别人的好，缺乏宽容之心”。看到问题背后的原因，这位妈妈震惊之余，及时、勇敢地调整心态，用实际行动改头换面，打造出一个全新、阳光、快乐的妈妈。儿子在妈妈的影响下越来越活泼开朗、越来越富有爱心。儿子在作文中写道：“我们，把日子过成了诗。”读了这篇短文，我很喜欢文中的那句话：拥有幸福感的母亲才能培养出有幸福感的孩子。

我们在日常工作、生活中难免会遇到这样那样的困扰，总想找个地方吐吐槽、撒撒怨气。我们会不由自主地把这些不满情绪带回去和家人“分享”，希望得到家人的理解。经常在家里、爱人孩子面前抱怨、埋怨，没想到，烦恼一丁点儿没减少，坏心情却在家里继续滋生蔓延，不仅没有排解压力，还给对家庭带来不少负面影响，甚至导致家庭争吵、不和。久而久之，孩子因此缺失安全感和信任感，还会潜移默化地模仿、学着父母的样子抱怨、批评和指责。

曾经有一段时间，我和那个母亲一样，总把工作中的大事小事带回家说给老公听，不是领导工作安排不合理，就是同事工作不得力，或者批判公司流程运作不畅等。说得多了，女儿很反感，为此我还和女儿发生过不愉快。更让我郁闷的是，每天定时定点地“汇报工作”，我的心情并没好到哪里去，反而因为女儿和老公的态度更加失落、烦闷，怎么就没有人能理解我的苦楚呢？

事后我静下心想，天天听我抱怨这个、抱怨那个，好像全公司就我一个人做得好、做得对，老公虽然不说什么，但我也能感觉到他在很多地方的不认同。我说这说那，除了埋怨没有根本解决问题的主动性，回家就“倒垃圾”，女儿不耐烦也很正常。想起过去我和女儿讲解“尺有所短寸有所长”的道理，真是当局者迷、旁观者清，落到自己身上时什么道理都被统统抛到脑后，只凭意气用事，最后自己还是很不满意。我仔细回想平时说的那些话，多少有些狂妄自大、目中无人。渐渐我明白，抱怨改变不了现状，还会给女儿带来负面影响。打那以后，我开始注意在女儿面前说话的语气和方式，避免掺杂个人感情色彩去论说别人的不是，有机会时把工作中的趣事分享给女儿听。渐渐地，老公、女儿耳根清净了，家里氛围也随之融和了许多。我开始改变以往的工作方式和态度，试着去发现、发挥他人的长处，慢慢地，我发现原来工作并没有那么枯燥，原来生活中也还有许多值得去品味和享受的事情。

还是那位母亲说好："生活不止眼前的苟且，和孩子一起把日子过成诗，一起追寻远方的幸福。"

◆ 尊重 ◆

2016 年看热播电视剧《小别离》，剧中小主人公朵朵生活在一个相对民主的家庭中，但朵朵妈妈还是免不了要去查看朵朵的手机。朵朵妈妈为此辩解道："我是孩子母亲，为什么不能看孩子手机？"

非常能理解朵朵妈妈不择手段了解孩子的心情。过去我曾和朋友开玩笑说，我真想变成一只苍蝇或是蚊子什么的，好时时跟着女儿，看看女儿都做了些什么。虽然我很想知道女儿的动态，很想知道女儿平时和谁聊天、聊了些什么，希望她能给我们分享她的想法，但是我们还是坚持不去探究女儿的隐私。我没有去查看过女儿的手机，没有翻看女儿的日记，也没有翻女儿书包去找寻蛛丝马迹。我想，女儿愿意时她会和我说的，这不仅仅是对女儿的尊重，也是对自己的尊重。

因为我们对女儿的尊重，女儿也会比较轻松地开放她自己，很多时候她会把她的想法和学校里的事情告诉我，我们会聊到各自的喜好憎恶，有些话题朋友听到会很诧异。我想这就是尊重、信任的积累。后来我发现，我们越是相信女儿，女儿越不会做出出格的事情来。所以我们实在没有必要疑神疑鬼，去跟踪女儿或者试图掌握女儿的一举一动。

为什么有些父母总是忍不住想翻看孩子的手机或者日记？有的父母可能是因为缺乏安全感，总是担心孩子会出现这样那样的危险，如果不能随时掌握孩子的行踪（包括思想上的动态），父母就会很焦虑。这样的父母总是把自身的焦虑投注到孩子身上，却打着关心孩子的旗号，其结果可想而知。还有些父母自我界限混淆，本着"你是我生的，你的就是我的"的态度恣意翻看孩子手机或日记。但是，没有学会自重的人，很难做到对别人的尊重，也得不到别人真正的尊重。

尊重的前提是自重。一个不尊重自己的人不懂得尊重别人，同样，不自重的人也得不到真正的尊重。尊重，是人与人和谐相处的基本条件。尊重，包括父母与孩子之间、夫妻之间、朋友之间、同事和领导之间……

◆ 谦让 ◆

女儿遇事多谦让、避让和忍让。在我印象里，几乎没见到女儿和别人争抢过什么，一段时间里我很为女儿鸣不平。记得女儿两岁多的时候，抱着个花皮球在门口玩，有两个大些的小朋友看见了也想玩，女儿就主动把球递给他们。两个大孩子玩着不撒手，女儿在一边乐呵呵。我鼓励女儿去和他们一起玩，或者把球要回来自己也玩会儿。女儿呢，看着自己的皮球在别的孩子手上并不委屈，反而乐此不疲地帮他们捡了球送过去。

后来我琢磨，或许女儿喜欢看着那两个大孩子玩皮球。如果当时我想当然地去为女儿抱不平，硬把球从那两个孩子手上要回来，女儿能理解吗？女儿还小，她的快乐就那么简单，我想我不应该站在成人的角度去把孩子的世界复杂化。

母亲说，吃亏是福。为什么这么说？是不是因为懦弱不敢为就要受别人的欺负？年轻时，我有着一种低调的嚣张，不惹事，但也不怕事。熟悉我的朋友笑称我有一身软猬甲，还带倒钩。人不犯我，我不犯人，人若犯我，连刺带钩。那时，我的字典里没有“隐忍”二字。慢慢地，遇事多了，发现很多事情原来是可以有更好的处理方式和解决办法的，并没有谁那么处心积虑地对付我，有些时候“敌人”“对手”都是自己假想出来的。在女儿的善良和不拘小节面前，我渐渐明白母亲说过的话，过于计较、算计得失，往往会舍本逐末。其实，退一步海阔天空。

女儿说我开车见人让人、见车让车，路上很少有比我更慢、更“肉”的司机了。的确这样，我开车上路不闯红灯、不超车、不插队，谦让过行车辆。遇上那些“霸道”“无礼”的车辆，我可以等一等、让一让，因为我不着急，我也不在意——把方便留给别人的同时也是方便了自己。

◆ 虚心 ◆

有一次听到婆婆教六岁的女儿讲道理："要会讲理，有理走天下，无理也要搏三分。"我接过婆婆的话对女儿说："有理走遍天下，无理寸步难行，说的是以理服人。但如果没有道理，做错了就应该承认错了，知错就改就是好的，可不能错了还讲歪道理。"

过去老公对我的一些做法很不理解，他不明白为什么有时候我要去和女儿认错。怎么就不能认错了？并不是说做父母的做什么都是对的。在一些事情的处理上，因为我的主观武断，没有考虑具体情况，由此误解、错怪女儿时，在我不对时，向女儿赔礼道歉也是理所应当的。难道家长在孩子面前永远是正确的吗？

大概在我五年级的时候，看到我在作业本上写的"郭"字，父亲很生气，批评我不认真、胡乱写字，说"郭"字的下半部不是"子"，而是"耳"。我不服气，把字典翻出来给父亲看，原来父亲说的那个字是繁体字，而我写的也没错。父亲接过字典看看说："哦，原来也可以这样写啊。"父亲一笑而过，没有再多的安慰，我的眼泪却止不住涌出来。我委屈，因为父亲对我的态度。

同学聚会时谈论到孩子的教育问题，有位同学抱怨他的儿子不听话，非常犟而且从不认错。我反问他是否在孩子面前承认过错误，老同学若有所思道："好像没有过。"

当然，我不是强调父母一定都要去"认错"。站在不同角度，看法和见解各有不同。但我认为总有"恰当"和"不恰当"之分。父母不一定什么时候都考虑得那么周到，有时候也会因为自己的主观想法而曲解了事实，放下自己做家长的架子和面子，和孩子平等和谐相处，才能做到以理服人。

无论是谁，说过的话、做过的事，总有不周全或者以偏概全，甚至与事实不符的时候。尊重事实、就事论事、承认错误、及时改正，这是一种诚信和勇敢。

◆ 无须焦虑 ◆

女儿初二下学期开学没多久，我做了一个梦。梦里我和女儿并肩走着，我问女儿准备上好一点的高中，还是中专、技校？女儿说准备上中专。我对女儿说："上中专，学习上会相对轻松，没有高考的压力，但以后可能从事较低端的职业和工作。"女儿沉思不语……

怎么会做这个梦？我想是因为头天晚上看到女儿在学习成长手册上写道："我知道学习不是给老师学，也不是给父母学，所以我要做到多学、会学、爱学……现如今，我要努力学习，为期末考试做准备。通过几年的学习，我发现以前所学的一切都是为了自己下半生做基础。为了我的未来，我必须从现在就发奋图强。"

读过女儿写下的这段话，看到女儿知道学习不是为他人的道理，除了欣慰，我还是有些担忧，我把我的焦虑带进了梦里，甚至在梦中还不忘给女儿指点一二，可见我还是不能完全相信女儿的自主自立。

话说女儿能从文字上如此表达，这其中也是受我们影响所致。过去经常和女儿谈论学习、生活以及将来，渐渐女儿形成了一套她理解到的逻辑：不好好学习，就不能上好的高中；上不了好的高中，就考不上好的大学；不上好的大学，就没有足够的知识和较强的能力，就没有好的工作，也就没有好的未来。

我知道，这套逻辑比较狭隘，但这就是大多数人的学习目的，包括我自己。我确实不知道如何从人生观、价值观上去引导女儿学习，因为我自己就不曾想得多明白。还好，女儿在懵懵懂懂中渐渐有了她比较独立的认识和想法，已经不需要我们保姆式贴身关照。我们能够做到那种看似不经意、有些轻描淡写又意味深远的指导就不错了。

我又想起同事姐姐的孩子，和女儿同龄。母女俩无法沟通，妈妈说孩子问题太多，说孩子讨厌老师、学习成绩不好、朋友多是社会上的，QQ 聊天聊个不停。其实女儿也差不多，对个别老师意见大、QQ 玩不停，除了学习、生活外，其他的时间基本上都泡在 QQ 上，有时玩 QQ 游戏，有时和同学聊天，有时还和网友视频聊天。说实在的，作为母亲，我和同事的姐姐一样，都是无比焦虑的。每当看见女儿定定地坐在电脑前，废寝忘食地打游戏，我心里就痒不可耐，总是希望女儿能抽出时间活动活动，看看课外书。那段时间，但凡见到女儿玩耍就浑身不舒服，因为在我的概念里，不好好学习就意味着考不上好的高中，考不上好的高中就……那些日子我经常陷在自己念叨的

"咒语"中不能自拔。

放眼当下，别说孩子，身边很多人，包括自己一样都是经常"宅"在家里：能不出去就不出去，闲下来无非是守在电视机前，或是捧着平板电脑和手机，很少主动去看书、读书。试想这样的氛围和环境下又怎么能说服女儿读书或者外出活动呢？

换位思考，我试着去理解女儿的处境。女儿在学习中已经慢慢培养出一些兴趣，获得小小的成就感，渐渐明白读书不是为别人，是为自己将来打基础的。但是我也看到，读书对于女儿来说，在很大程度上还是不情愿的，是被动的。学习中的枯燥与游戏中的畅快是无法比拟的，时下玩游戏的确是一种轻松和休闲的方式。

曾经就玩游戏的事情和女儿商讨过，女儿非常抵触："你们把网络断了，我可以不玩，但我会恨你们。"我听了很震惊，明白堵是不行的，真要是一刀切，把网络断了，也就断了我们对女儿的信任，对女儿来说也是不公平的。而且我不能排除将来女儿就不像其他同龄的孩子去网吧上网的可能，到那时又该怎么办呢？我又焦虑了。

堵是行不通的，还是要疏导，更要引发女儿自我管理的自觉性。女儿在QQ上的留言"网络成瘾？我不信！"多少又减轻了我心底的那份焦虑。女儿从初一到高二，前后差不多五年，课后大部分时间都花在网络游戏上，不过女儿的学习成绩没有下降反而稳步上升。当然我也知道，女儿原本可以取得更好的成绩和更大的进步。但是我也不能否认女儿从网络游戏中的收获。女儿在十八岁成人礼致父母的信里写了她在网络游戏中的获得和认识，尤其是读到女儿"我需要知识作为基础给我提供更好的平台去实现理想，我必须珍惜，活出我自己的风采……"这句话后，我知道，要相信女儿，我们无须那么焦虑。

◆ 发现美好 ◆

女儿初二下学期写了一篇作文《细节的魅力》，作文写得没有多好，但是让我感动的是女儿"在细节中品味"，用心感受、体会和探索。

细节的魅力

生活中，有很多不起眼的小环节、小事情，需要细心体会、观察、行动，这些都是细节。

在很多被人忽视的细节中，往往暗藏着不为人知的秘密。牛顿就在细节中发现了伟大的万有引力：在一个寂静的夜晚，牛顿独自一人坐在乡间的一棵苹果树下，当一个苹果掉落到地上，他反复回想苹果从树上掉落的过程后，发现所有的东西一旦失去支撑必然会坠下，继而又发现任何两物体之间都存在着吸引力，而这引力更与距离的平方成反比，最后总结出万有引力定律。

这就是细节，它的魅力在于探索。

除了探索，细节的魅力还在于细微之处的坚持和发现，更在于坚持发现后带来的欣喜和愉悦。

记得小学时，家里养了一盆含羞草，它在其他植物中显得很不起眼。有一天，我不经意地碰了含羞草一下，含羞草立刻把叶子合拢在一起，让我感到很好奇。从那以后我经常给含羞草浇水，还给它"挠痒痒"，和它做游戏。我用手指轻轻地碰含羞草，它的叶子马上就合在一起，茎秆开始下垂，就像一个羞答答的小姑娘。要是我再碰重一些，含羞草的整个枝杆都会耷拉下来，好像枯萎了一样。尤其是到了晚上，没等我去碰它，含羞草就自己休眠垂下了，真的太有趣了！

每天早上我都要去阳台上看看我的含羞草。清晨的含羞草亭亭玉立，枝叶伸展，我会对它吹口"仙气"，含羞草以为是春风呢，只是轻微地把叶子合拢，过了一会儿又恢复原来的样子了。

通过对含羞草的细致观察，我发现含羞草虽小，但生命力很强，我很喜欢它：喜欢看到它害羞地合拢，喜欢看到它慢慢地舒展，更喜欢它柔弱中带着刚强的个性！

这也是细节的魅力。

我们需要学会在细节中品味，去感受我们未曾体会和感受过的美好和喜悦；我们需要学会在细节中探索，去发现大千世界中的奥秘和神奇。

我总是宅在家里。有时候同事朋友好心劝我周末出去走走，呼吸新鲜空气，舒展舒展心情。朋友说，出去玩玩，有别样的景致。可是在家里我一样能贴近自然，没什么不舒展的。我喜欢眼前的愉悦：打理阳台上种的瓜果蔬菜，松松土、施施肥、浇浇水……看着种子发芽、苗儿长高、挂果。读读书、敲敲键盘，在家，给自己、给女儿写些什么，平淡的生活既是消遣又是享受，一样都有好心情。

“晴好的上午，在繁杂中邂逅彩虹。阳光在高压水枪阵阵喷射出的水雾中一次次将美丽绽放。没有鸟语花香，却让我欣喜不已。感谢阳光，感谢生活中无处不在的美好。”这是过去在一个阳光周末洗车时不经意的发现，其实，生活中处处都有美，只要用心去发现。

女儿曾经问我有没有体会到青春逝去的感伤，我说，青春光芒四射，中年沉稳知性，即便是人到暮年，一样有着夕阳西沉的美丽和沉淀——每个阶段都有每个阶段的成长和获得，没有什么可感伤或遗憾的，因为总是有美好在眼前。

快乐而知足，对我而言未尝不是幸福：一花一世界，一叶一菩提……心静了，走到哪里都有鸟语花香。也许会有一天，我会愉快地走出家门，去看山看海看世界。我知道，眼前是好的，未来也是美的。就像《能与不能》中写到的那样：不能决定生命的长度，但能主宰它的宽度；不能左右天气，但能改变心情；不能改变容貌，但能展现笑容；不能控制他人，但能掌握自己；不能预知明天，但能把握今天……我们无法主宰所有，但我们能做自己的主人。无论顺境还是逆境，保持快乐而自足的心境，简单生活一样可以过得如同诗歌般美丽、灿烂。

第五部分

『爱的成长』

纵容与包容

◆ 纵容 ◆

一次聚会中听朋友说到儿时的一段趣事：小时候学校附近有个瓜田，一个老人常坐在门口。老人平日里乐呵呵的，总是晒着太阳哼着小曲。有一天朋友和小伙伴趁老人打盹的工夫，模仿电影里的侦察兵小分队，溜进瓜田偷甜瓜，那天小伙伴们开心极了，那天他们吃到的瓜特别甜。朋友说当他自己有了孩子，再回想这段往事时，才意识到其实那个瓜田老人并没有睡着，朋友说他很感激老人对他们的这份包容。

听朋友这么一说，我难免有些疑惑。这不是在纵容孩子的偷窃行为吗？包容和纵容有什么分别呢？

想起老公有一次说过我纵容女儿，后来父亲也说过我对女儿太放任。

那年女儿不到十岁，经常不高兴，有时候哭得不知所以。有一次老公忍无可忍，一怒之下呵斥女儿滚出去哭。当我冲过去拦下就要夺门而出的女儿，老公甩我一句：“你就这么惯着她吧！”我把还哭着的女儿带回房间，等女儿平静下来才知道缘由，不过是女儿说不明白而我们又没有领会到的小事情，沟通好了，何来“纵容”一说？我不认为这是在娇惯女儿，总不能因为一时冲突或恼怒就把孩子赶出家门，哪怕一墙之隔。那时我很心疼女儿，知道女儿不善表达，心里想要的很难说出口，而我们的反应又总是跟不上，不明白女儿为什么有那么多委屈。女儿哭泣的时候，我会试着劝慰，如果没有效果就暂时放一放，等女儿安静下来再和女儿一起回想究竟是什么事情，让女儿学习表达和感受。虽然女儿还是经常有小小的不痛快，我还是愿意陪着她，希望女儿慢慢开朗、快乐起来。

然而在女儿初中阶段，我们还是在很大程度上放任了女儿打游戏，特别是我。在玩游戏上，女儿最初还略有节制，慢慢地到后来几乎所有空暇时间都用来打游戏。我曾经和女儿协商过具体的游戏时间管理办法，但在女儿的坚持下，最终我们不得不将自主权还给女儿。之后女儿玩起游戏毫无顾忌，玩到兴致时吃饭叫不动，夜深了还在和网友一起“酣战”。父亲看不下去，说我太骄纵女儿。说实在的，看到女儿那么“废寝忘食”地端坐在电脑前，我也担心游戏成瘾可能带来的危害，可是又下不了狠心像一些家长那样把电脑收起来或把网线拔掉强行限制，因为女儿除了游戏似乎没有其他感兴趣的事情。苦于一直找不到真正有效的办法，我只好睁一只眼闭一只眼。那个阶段，是女儿青春期最逆反的时候，女儿讨厌我说的一切，不论我说的是不是有道理，女儿说她只喜欢打游戏。那些日子，我焦虑、烦心，担心女儿的学习，也担心女儿的身体，又不忍剥夺她少有的快乐，更无法面对因为游戏带来的冲突。我退缩、观望、放任，不时找些理由安慰自己：看啊，女儿的学习并没有落下，反而一直在进步，已经达到我们当初设定的目标。因为不敢面对矛盾冲突，因为无能为力，放任的同时也是一种逃避。

女儿在她十八岁成人礼仪式上给我们的信里写到她在网络游戏中的经历和体会，正如女儿说的那样，有得必有失。如果当时我能找到更恰当的方式引导女儿走进书本，或者开拓其他更有深远意义的兴趣，也许女儿得到的远远超过游戏所赋予的。如今回过头看，那段时间我们大多宅在家里吃着、闲着，我们没有读书的习惯，我们很少走出去感受运动带来的淋漓畅快，我们的业余时间除了看电视就是看电影，再或者带女儿一起到游戏厅玩耍……我们如此榜样，怎么能让女儿喜欢读书？又怎么能让女儿主动投入到体育活动中？过去对女儿的纵容实则是自己无为的体现，再多的理由不过都是借口。就像女儿写的“失去了就是失去了”，纵容带来的终究是遗憾。

◆ 包容 ◆

那个朋友提到的瓜田老人呢？难道老人不是在纵容孩子们的偷窃行为吗？

老人和善风趣，朋友和小伙伴们有事没事都喜欢跑到老人那儿逗乐。那个寂静的午后，老人躺在椅上，一边打着鼾，一边却眯着眼偷瞄着这帮孩子点头哈腰、溜进溜出的滑稽模样，不过是看着自家孩子在自留地摘了新鲜瓜果那么简单。朋友说打那以后，他和他的小伙伴还是经常去缠着老人讲故事，只是没再进瓜田偷瓜，因为每次老人都会准备好甜瓜给他们吃。如今老人早已乘鹤仙去，朋友提到这段往事时仍念念不忘老人的宽容之心，更希望能像老人那样善待孩子和自己爱着的人。

生活中有很多小事情，不同的处事态度导致的结果截然不同。有一次，老公一时疏忽，忘了厨房里正煮着的晚饭，马上就要出锅的卤面给烧得焦黑，晚饭没得吃了。看着老公一副懊恼的模样，我实在无心去埋怨，他又不是故意的，再说谁都难免有粗心大意的时候，前不久我把银耳汤烧成一锅黑炭时，老公还好好地安慰了我一番。对着一锅黑乎乎的卤面，我们一边惋惜一边又相互打趣，说笑间老公订好了外卖，不一会儿工夫，我们就美美地吃上外卖小哥送来的锅贴和白斩鸡。其实包容就这么简单，虽然不是什么大不了的事情，比起批评、说教、指责、埋怨，包容更蕴含了积极、乐观的正能量，包容能让人感受到相互之间的温暖和抱持，能增进理解和情感。然而在我们年轻时，面对一些小差错，尽管没有当面指责、争吵什么，但是犀利、漠然的眼神足以传递你来我往的不满情绪。等到女儿一天天长大，父母一天天老去，翻起陈年旧事，才知道包容不是生来就有的，不是说到就能做到的，原来包容或不包容里都会看到父母的影子。

儿时盼过年，过年真好啊！有新衣，有鸡鸭鱼肉，有烟花，还有压岁钱，可是记忆里却有一个新年真不好。那个晚上父亲对我的态度让我记忆深刻，仿佛有一股郁结之气沉寂在心里，久久不能散去。大年三十晚上的年夜饭，因为我不小心把碗碰到地上摔碎而被父亲呵斥出去。我忘不了一个人躲在门口抹眼泪时的凄凉，不明白为什么父亲会那么生气，不就是一个碗么？我又不是故意的，母亲从来不这样对我，就算我生气把筷子戳到母亲脸上，母亲还是温和地不发火，最后还是母亲把我从门口叫回家里。母亲，让我感到很温暖。

可是自己做了母亲，当女儿不小心把碗碰到地上时，怎么感觉如同穿越到了过去？女儿成了当年那个靠在门口哭泣的我，而我却变成了父亲的模样。那年女儿不满三岁，坚持要站着吃饭，结果不小心把饺子撒了一地，我一怒之下责令女儿把地上的饺子捡起来吃。后来每每想起当时女儿怯生生的小模样，我就很自责。提起这段往事时，女儿已经十七岁了，女儿说她似乎能记起那时的害怕，我无不内疚地向女儿道歉。女儿却安慰我说："现在没有影响了，谁都不是生来就会当父母的吧？"听女儿这么一说，我的眼泪忍不住又流了出来，难得女儿如此淡然看待我曾经给她带来的影响。

◆ 纵容与包容的区别 ◆

包容不是生来就有的，不是说到就能做到的，有些看似包容，实质上却是一种变相的纵容。包容与纵容到底有什么分别呢，特别是在对待孩子的态度上？

包容是在爱的抱持下鼓励孩子积极进取。当孩子做错事情的时候，父母站在孩子的角度去了解、理解事情发生的缘由，而不简单以事情的结果或自己的好恶臆断孩子的行为。就像女儿三岁时吃饺子的事情，女儿个子小，坐在饭桌上有些够不着，所以想站着吃饭，可是我却因为女儿不听我的话而动怒。如果当时能心平气和地和女儿一起把饺子拾起来，过一道水洗净了吃，告诉女儿板凳太小放在上面的饭碗容易掉到地上，这样女儿可以很轻松地通过生活中的小事情得到进步的机会，更不至于在那么小小的心中埋下恐惧的种子。

孩子偶尔失误，比如打翻水杯，比如损坏文具、家具的时候，如果人为夸大、指责孩子的不小心，甚至定性批评孩子如何粗心、如何捣乱，这样的话说多了，孩子就会认同父母贴上的标签，继续往父母不希望的方向发展。

当孩子不小心犯了错，如果父母能理解孩子，更能和孩子一起面对、一起解决，孩子一定会在父母的抱持下慢慢改变，会越来越有信心做到更好。这样的包容有助于相互间的信任：父母相信孩子，而孩子则在父母的关爱下学习和进步。

包容不仅仅是接纳孩子有意无意犯下的错误，更是对孩子的一份信任。纵容更多的则是一种妥协，在放任孩子自由的同时，内心却是矛盾、纠结的。正如我在对待女儿玩游戏这件事上，我一方面希望女儿快乐，另一方面却因女儿的过度游戏而焦虑不安。那些日子，看见女儿玩游戏我感觉“百爪挠心”，因为无法面对可能的冲突，只好退缩忍让。尽管我知道这是在纵容女儿，但是我没有其他更好的办法。

有时候看似普通、不经意的包容能让孩子受益终生，然而纵容下孩子得到的快乐却往往是短暂的，甚至会给将来带来极大的负面影响。一些父母对孩子娇生惯养，孩子要什么给什么，对孩子的小脾气一忍再忍，结果孩子长大了，对父母不尊不敬，成为他们心里恨的、嘴上骂的“逆子”，而孩子也未必能从父母一贯的恭让中感受到快乐和幸福。

如何才能做到包容，真正有利于促进孩子的健康成长呢？

过于挑剔、苛刻的父母很难做到包容，他们经常会把自己的想法投射到孩子身上，过度批评、指责孩子不小心犯下的错误，给孩子带来不必要的心理阴影。

包容是一种境界，包容是一种能力，内心向善、接纳自我的人才可能真正做到包容。

包容里带有一份原则，而纵容却是无底线的。

包容里有真爱。

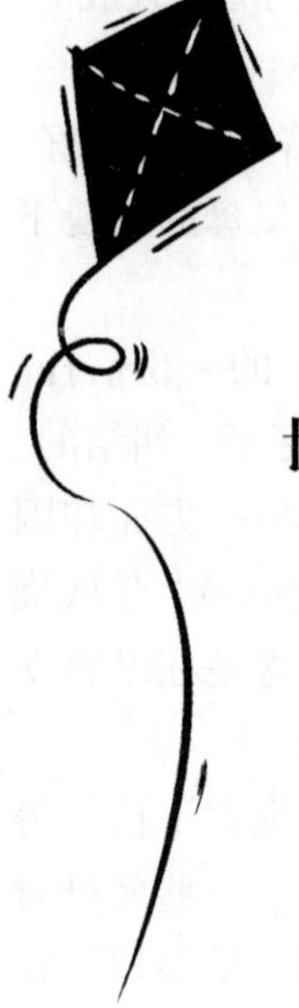

世上只有妈妈好

◆ 电视剧里的妈妈 ◆

－《我的儿子是奇葩》－

俗话说，有妈的孩子像个宝，没妈的孩子是根草。是的，妈妈太重要了。妈妈可以不聪明，妈妈也可以不漂亮，但是妈妈不能太“强悍”。这个“强悍”，不单外在表现在强势和控制上，更是以爱的名义捆绑孩子的心灵。看看都市话题喜剧《我的儿子是奇葩》中的妈妈和儿子吧：

剧中，两个在京城打拼的年轻人面对各自父母软硬兼施的逼婚，无奈上演了一幕幕啼笑皆非的闹剧。看过不仅想问，谎话连篇的儿子、步步紧逼的妈妈，到底谁更奇葩？

男主角楚汉民来自湖南，大学毕业后在北京一家企业任高管，没多久因为公司裁员而被迫辞职，之后在一家房产中介工作。和大多数北漂族一样，楚汉民的工作普普通通，并不如他妈妈期望的那样。但是楚汉民从小孝顺懂事，对妈妈报喜不报忧，远在岳阳的妈妈以为他在北京房产公司当副总，有房、有车，女朋友聪明漂亮，更令其骄傲的是，楚汉民拥有北京户口。为此楚汉民妈妈逢人便夸赞她儿子如何优秀，言语中无不透露出优越和自豪感。楚汉民妈妈(吕跃)少小离家客居岳阳，一直以来都以儿子为荣，寄希望于北京闯荡的儿子，希望他日能重返故里北京。为了让儿子尽早在北京成家、实现她多年重返故乡的心愿，吕跃连夜“杀”到北京“逼婚”。楚汉民情急之下，借了豪宅又借豪车，甚至还借了个未婚妻，在父母面前自导自演，场面一发不可收拾。当吕跃发现梦想破灭后，一气之下，生病住进了医院，甚至说“这孩子我不要了!”……经历一场场闹剧，在现实面前，吕跃发现原来儿子一直承担着他们想象不到的各种压力，最终吕跃在老伴儿的陪同下慢慢理解了儿子的艰辛和不易。

最初几集，看到楚汉民为了瞒过父母不惜违反公司规定、违背职业道德私自占用客户的房源，我着实为他捏把汗；而楚汉民妈妈优越自得的、咄咄逼人的架势更让我窒息和揪心，一度有些不忍看下去，打心里怜惜那些在吕跃这样妈妈负面影响下长大的孩子。

可以说，楚汉民的家庭非常具有代表性：妈妈强势，爸爸在家没有发言权。儿子打小温顺懂事，母子关系比较紧密。在这样的家庭中，一方面妈妈常常会把儿子的成绩挂在嘴边津津乐道，另一方面凡事又要和别家孩子比个高低。记得剧中邻居提起过这么一个场景：当楚汉民兴冲冲地把成绩单拿到妈妈面前时，没想到非但没有得到妈妈的表扬和肯定，迎来的却是没有比过邻家孩子的失望——想一想，这样的场景在现实生活中再熟悉不过了：孩子考了 98 分，妈妈遗憾“怎么没得满分?”；孩子考的分数不理想，妈妈不无埋怨地数落“你怎么这么笨，怎么就考不过人家谁谁谁?”……

为了得到母亲的称赞，做到母亲心目中的好孩子，楚汉民朝着妈妈期望的方向努力着。七岁当班长、考双百，考重点初中，上重点高中，顺利上大学，处处都优于同龄人。为此楚汉民妈妈自得自满，炫耀儿子已然成为她生活中的重要一部分，逢人便夸自己儿子在北京住大房子，开豪车，恋爱事业两得意，还经常与自己的好友比高低。

应该说每个孩子都有着其自身的优点和闪光点。为人父母，希望自己的孩子优秀，为孩子取得的成绩而感到骄傲，这些本无可厚非。但剧中吕跃如此刻意、如此炫耀，将她的骄傲自得发挥到极致，不得不说是一种不成熟、自卑的表现，因为过度炫耀往往折射出其内心深处的恐惧和不确定感。

从字面来讲，炫耀多指一个人在金钱、权力、地位、成绩、能力等方面特意强调自己，带有夸大自己、看轻别人的意思。言下之意就是“我比你强，我比你过得好，你不如我，你应该羡慕我，你应该夸赞我……”。

从心理层面来分析，炫耀就是一个人将“我或我所拥有的比别人好”的自我满足感，通过张扬甚至挑衅的方式向他人宣示的行为。通常爱炫耀的人缺乏安全感，他们企图通过炫耀自己来找到存在感，挖掘自身存在的价值，将自身对生活的恐惧悄然转移，实现自我感觉良好的状态。一般缺乏安全感的人往往会表现出过强的自尊心。

为什么楚汉民的妈妈如此爱炫耀？追溯其成长经历不难发现其中缘由：吕跃生在北京，七八岁时随父母迁居湖南在岳阳安家。吕跃是一名普通的国企职工，丈夫是一名厨师。吕跃的生活，平凡而又普通，和周围人不同的就是她在皇城根脚下长大的那份优越感，以及她儿子的优秀成绩。

不可否认，每个都会希望自己独特、重要或者与众不同。当一个人认为自己无法超越别人或者不知道如何在这个群体中超越自我，再或者自信心不足时，就可能会采取一些特殊的方式来凸显自己的价值与存在感，比如吕跃无处不在的炫耀。

由此就能理解，当初楚汉民没按吕跃意愿去考北京的大学，吕跃竟然可以做到三年不理会儿子。因为在吕跃心里，作为北京人是她一生的骄傲，也是优越于其他人的资本。只有儿子在北京上大学，留在北京工作了，她才有机会“荣归故里”，再一次证明自己的与众不同。

由此更能理解，为什么在楚汉民成绩面前，吕跃有着更高的要求——原来儿子的优秀是她自我满足的另一个重要工具：从幼儿园到小学、中学乃至大学，楚汉民听话、懂事、成绩好，一次又一次地向大家证明了“她教出的儿子是最好的”，归根到底“她是最好的”。吕跃不能接受儿子的不优秀，儿子工作不好、生活不好，在邻里街坊中抬不起头、没面子，所以她经常以狭义的“爱”去要挟儿子屈从。吕跃更多地关注儿子的成绩是否优秀，而不考虑儿子的需要和感受。这种“爱”看似尽心尽职，却对孩子造成了潜在的伤害。

看到这里，禁不住一声叹息，对吕跃的所作所为从最初的厌恶转变为同情。我试着去理解吕跃内心深处的那份不满足以及不自信给她带来的困扰和痛苦——原来吕跃还是个没完全长大的“孩子”，原来她需要更多的关心和关注。

应该说，吕跃内心的自我缺失与她的成长经历有着密不可分的关系。或许源于童年的被忽视，吕跃没有足够机会得到肯定和自我表现，以至于成年、成家、快成祖辈时还在处处寻找自我价值和自我存在感。吕跃给儿子喂奶喂到7岁，给儿子洗澡到13岁，母子关系长期处于母婴融合状态，这些超常规的表现都是吕跃满足她自身缺失感的需要。

吕跃侵入式的教养导致母子界限模糊，使儿子长期处于心理哺乳期，一度阻碍了孩子的健康成长。吕跃的强势、家庭的互动模式促成了楚汉民的懦弱、回避和不负责任：儿时通过努力学习考出好成绩来愉悦妈妈，工作后为迎合、满足妈妈的虚荣心不计后果地编造出一个个谎言。除此之外，楚汉民似乎找不到更恰当的方式来面对妈妈。楚汉民顺从妈妈，面对冲突又找不到有效的解决办法，经常处于内心纠结和矛盾之中。表面孝顺、懂事，背后蕴藏的却是恐惧、胆怯和无力应付，因为楚汉民错失了青春期必经的自我探索和表现。

提到青春期孩子的成长和探索，我总是能想起2009年6月《心理月刊》主编王晖撰写的卷首语《与众不同》。文章形象地刻画了青春期自我的挣扎与找寻——“在青春阶段，大多数人都是一边找着归属感，一边又是那么地怕自己淹没于人群中，拼命地想要知道自己是谁，试图确立‘我’的独特性。”“经过此样青春，我长成一个要忠于自己独立意志的人，按着心性做自己喜欢的事情，哪怕错了。”……然而，错过的成长经历即便将来花上再多辛苦未必就能够弥补回来。唯有顺利、恰当地经历了青春期的人，才真正有自信、能承担，不再有“尽其所有的努力，就是想获得与众不同”的不甘心——去独特、去重要之后，才能找到一个平凡而又有肯定的自我。我非常喜欢文中的最后一段：“让每个人都有成为他/她自己，无须刻意寻找，已了然自己的与众不同，实现着自我价值，有和谐的力量支配自己。”

……

看过《我的儿子是奇葩》，由此及彼，感触颇深，看到家庭对孩子带来的影响，更看到自我成长的重要性。

大结局定格在楚汉民的婚礼上，吕跃对儿子说：“在落叶归根的想法上，没那么幼稚了，妈这辈子从来没跟谁说过对不起，尤其是跟你和你爸爸。妈这个拔尖儿意识太强势了，今天妈得跟你说一句对不起啊。”

最后吕跃心怀感激，对着参加宴会的嘉宾们敞开心扉：“这一路啊，我没把我儿子惯坏，是我儿子把我惯坏了。我对儿子的期望值越高，孩子的心理压力就越大。孩子总怕比不上别人，怕妈失望，怕妈伤心，怕妈不满意。我今天想说，儿子，你真棒，妈妈非常满意。”

剧中楚汉民是幸运的，尽管走了弯路，但他及时学会了承担和面对。更可喜的是吕跃慢慢理解了儿子，领会了爱与被爱的真谛，感受到生活的美好。

但是现实中呢？

–《小别离》–

2016年热播的电视连续剧《小别离》，分别讲述了三个不同家庭面对孩子升学、留学以及青春期的故事。

琴琴学习最好，是学霸，上重点高中是板上钉钉的事。可是琴琴妈妈为了自己未曾实现的梦想，竟然不惜将琴琴过继给琴琴的大姨，以便将琴琴送出国学习。其口口声声都是为了琴琴的未来打算，却没有考虑孩子的真实感受以及给孩子带来的身心影响。

看到琴琴妈妈，我想起一则笑话：孩子因为成绩不好被家长骂成笨鸟。

孩子不服气，说世上有三种笨鸟：一种是先飞的，一种是嫌累不飞的。家长问：“那第三种呢？”孩子说：“第三种最讨厌，自己飞不起来，就在窝里下个蛋，要下一代使劲飞。”我曾经把这则笑话读给女儿听，问女儿是哪种鸟，女儿说她是随意而飞的小鸟。

剧中琴琴妈妈的那些想法和做法在现实生活中也不少见，一些“自己没飞好，寄希望在孩子身上”的父母时常告诫自己、告诫孩子：“我这辈子就算了，将来一定要让我的孩子比我过得更好。”他们把曾经错失的爱好或未曾实现的梦想强加到孩子身上，而不论到底孩子是否愿意或者有多么不喜欢。背负着如此沉重的枷锁，孩子能飞多远，又能飞多高？好在，琴琴妈妈经历一番痛苦挣扎后终于尊重了孩子的选择，一家人快乐、幸福地生活在一起。

朵朵生长在一个和谐美满的家庭里。一直以来，朵朵父母对朵朵采取了尊重式教育，朵朵活泼开朗。但是中考在即，为了考上重点高中，朵朵妈妈紧锣密鼓地给朵朵制订了高强度的学习提高计划。结果非但朵朵成绩毫无起色，朵朵妈妈的事业也一落千丈。朵朵在学习压力下，特别是在妈妈极度焦虑影响下，情绪低落，对前途感到迷茫，家庭气氛日渐紧张。

在豆瓣上读到一些关于《小别离》的讨论，不少人认为朵朵矫情、身在福中不知福。父母那么体谅她、理解她、尊重她，而她却离家出走，做出一些让父母伤心的举动。

但从另一个角度来看，朵朵的处境更让我感到心痛。朵朵妈妈反复在朵朵面前强调：“妈妈爱你，你是妈妈唯一有血缘关系的亲人，妈妈真的真的爱你，妈妈不会让你离开我的。”当朵朵爸爸为了缓解朵朵抑郁状态，准备送朵朵去国外上学时，朵朵妈妈质问朵朵爸爸：“你怎么能让我们母女分离？”“我一定要朵朵留在我的身边”…… 原来，朵朵妈妈的父母早逝，这段伤心往事致使朵朵妈妈一定要把朵朵留在身边，将来高考朵朵也只能考上海本地的学校，她说只有她最爱朵朵。然而，这份爱是不是太沉重了？朵朵妈妈把自己对父母丧失的恐惧无节制地投射到孩子身上，她的那份爱又有多少是真正为孩子着想呢？

朵朵妈妈质问朵朵为什么要隐瞒她，为什么这样、为什么那样，怎么能这样、怎么能那样？朵朵妈妈不允许孩子犯错，而她却忽视了她自己在女儿面前的一而再、再而三的情绪失控，到后来几乎迷失了自我。难怪朵朵说："世界那么大，我想出去走走。"我知道，朵朵那次不经意的离家出走实际上是一次心灵的出逃。

最后，朵朵妈妈对爱有了全新的领悟，对孩子有了更深切的理解和尊重，朵朵在充分表达自我的同时也更能理解爱着她的爸爸和妈妈。

感动剧中朵朵爷爷读到纪伯伦《你的孩子其实不是你的孩子》的那个片段："你的孩子，其实不是你的孩子，他们是生命对于自身渴望而诞生的孩子。你可以给予他们的是你的爱。却不是你的想法，因为他们自己有自己的思想……"有时候我会想，包括自己，有多少父母真正能有这样的认识？

电视剧结局通常皆大欢喜，可在现实中，还是有不少妈妈对孩子的负面影响深邃而无法挽回。

◆ 别人的妈妈 ◆

曾经有个朋友不止一次在我面前痛诉她的母亲："我就不懂了，她是我亲妈，她总是这样那样地打击我、取笑我，我现在都嫁人了，她也从不说我一点好。但凡我高兴的事情都会被她损得体无完肤，真不知道我还是不是她亲生的，是不是上辈子我欠了她什么……"这个朋友提到她的母亲就一脸愤恨，她说将来她绝不会这样对待她的孩子。话是这么说，然而当她取笑、奚落别人时，我觉得她不过是"五十步笑百步"，如此这般，她与她母亲又有多少区别呢？

还有一个朋友，提起自己母亲也是满一肚子怨言。她母亲嫌她没本事，说她这不好、那不好，朋友说她在家经常受到母亲的冷嘲热讽，感到苦不堪言。和上面的那个朋友一样，她也怀疑过她是不是捡来的，虽然她是家里的独生女。这个朋友的母亲到底什么样我不清楚，但是我看到的是，不论在工作还是她自己的家庭生活中，就算和她母亲没什么关系，我的这个朋友同样还是哀怨不止。她把更多精力投放在孩子身上，在我看来她的孩子已经够聪明、够优秀了，可是在她眼里看到的多是“孩子学习习惯不好、态度不好，答应的事情却总是做不到，平日里她对孩子不信任，对自己也信心不足。当我提醒如此态度对她、对孩子都不好时，她却说：“其实，道理谁都懂，可到了每个人身上，环境、人物都是各不相同的，所要做的、改变的不是一种方式就可以做好的，也不是你好了就能带动别人好了……”孩子、工作、家庭于她而言，都是困难事，在她面前我说什么都是苍白、无力的。她感叹我的内心强大，我却不能帮上她什么。事实上我已经看到她的忧郁和对生活的态度给孩子带来的影响，孩子为了取悦她，更改考试分数已经不是一次两次了。一个没有幸福感的母亲，怎么能培养出有幸福感的孩子？漫漫人生路，若没有一颗快乐心，孩子未来将会呈现怎样的色彩？

经常抱怨、指责的母亲无疑为孩子今后的个性成长与生活幸福带来负面影响，但是那些温文尔雅、什么都说好的母亲呢？

女儿幼儿园班上那个叫奇奇的男孩动不动打人，班上男女同学都被他打遍了，老师却拿他没办法。经常看见奇奇妈妈在幼儿园里和老师、校长讨论奇奇的教育，也时常遇见奇奇妈妈因为奇奇打了其他孩子给家长赔礼道歉，在前面“自我保护”章节里就是这个奇奇打了我女儿。那时我很疑惑，如此美丽端庄的妈妈教养出的孩子怎么会是这样？

听说奇奇不高兴时还经常打他妈妈，碰巧有一次我在幼儿园就看见奇奇哇哇大哭，扑到他妈妈怀里抡圆了小拳头一通敲打。可是奇奇妈妈不急不恼，任由奇奇小拳头丁零咣啷地砸在小肚子上。奇奇妈妈抚摸着奇奇，柔声细语喃喃说道：“妈妈知道奇奇不开心了，妈妈知道奇奇不开心了。”奇奇快满 6 岁了，这一顿拳头打在身上，奇奇妈妈怎么能忍得住？真是好脾气！

后来在奇奇妈妈的邀请下，幼儿园班上一些孩子、家长到他们家玩，在玩耍过程中我对奇奇妈妈多少有了一些了解：因为工作关系，奇奇爸爸常年不在家，奇奇妈妈一人全职在家带奇奇。奇奇妈妈注重奇奇的个性发展，力求为奇奇创造一个自由、轻松的成长环境，在孩子教育方面有着其独有的理念。尽管如此，我还是对奇奇妈妈的一些做法表示怀疑。三年后，我在课后托管班再次见到奇奇时，他长高了，也胖了许多，幼儿园时的那份灵气消失殆尽，还是调皮捣乱、经常影响其他孩子，老师、家长抱怨不断。女儿告诉我，在托管班里没有孩子愿意和奇奇在一起，奇奇除了捣乱就是自己玩游戏机。还听其他家长说奇奇在学校是老大难，学习跟不上，老师管教不了，只好放任其自由。看着眼前的奇奇，我真为他感到惋惜：曾经是多么聪明的一个孩子呀！

不可否认，奇奇妈妈是爱孩子的，奇奇妈妈总能站在孩子的角度想孩子所想。奇奇妈妈注重奇奇的个性发展，希望奇奇能有一个轻松快乐的童年，其本意也无可厚非。但是她真的做到想孩子所想了吗？在奇奇妈妈无条件的理解和包容下，奇奇自我得到了充分的展现，丝毫不顾他人的感受，包括那般爱着他的妈妈。如今奇奇在学校成了“孤家寡人”，脱离群体的奇奇恐怕只有他妈妈理解他，可是又能理解多少呢？随着奇奇慢慢长大，那般理解是否还能满足奇奇的内心需要？当理解、自由终成放纵，这样是真爱吗？到头来奇奇妈妈充其量不过是奇奇的一个发泄工具，看似大爱，却极有可能成为孩子健康成长的最大障碍。究其原因，奇奇妈妈没有找到奇奇经常打闹背后的真正原因，也不把她自己的感受告诉奇奇，更没有好好引导奇奇去理解被他打的小朋友也会有的委屈，而任奇奇活在他一个人的世界里。写到这里，我突然意识到，或许奇奇妈妈就是这样一个只活在自己世界的人，至于为什么，恐怕又与她的原生家庭息息相关。但愿奇奇再长大些能有所转变，不要再走过多的弯路。如此看来，教育孩子光有知识是远远不够的。有知识并不等于有智慧，科学的教育方式是需要和孩子、家庭环境相结合的，生搬硬套往往适得其反。

但凡父母都是爱孩子的。有的父母，特别是有的母亲因为各种原因，在生活中绝不让孩子受半点委屈，尽其所能满足孩子的各种愿望，这种过度保护、过度满足的结果却让人痛心。2011 年，上海浦东机场赴日留学生对其母亲连刺九刀的事件一度震惊社会。那个穷极一生、为孩子当牛做马的苦命母亲对待孩子的态度和奇奇妈妈在本质上会有多少区别？不能说她们不爱孩子，很多时候她们对孩子的爱已超过大多数人的境界。然而这种没有原则、没有界限的爱对孩子成长却是致命的。过去有篇报道，讲的是一个抢劫杀人犯临刑前请求见母亲最后一面，他希望能像小时候那样再一次吸吮母亲的乳头，母亲含泪答应了，结果他却狠狠地将母亲的乳头咬掉了。他说他恨他母亲：从小到大，母亲对他百般溺爱，要什么给什么，让他为所欲为。后来，要不到就抢，才酿成今天的恶果——多么惨痛的教训啊，自古“慈母多败儿”，可悲的是“慈母”辛劳一辈子，到头来却是凄凄惨惨，有苦无处诉。

一位临近九十岁的老人孤零零地躺在病床上发愁这住院的两万元钱从哪里来。她有两个儿子、三个女儿，加上孙子辈也是一个大家庭了。老人想着，女儿家里也有病人、开销紧张，儿子没有工作、没有经济来源，孙子生了孩子家里也有不少花销。可是我们都知道，老人每月仅有的退休金一直以来不是补贴给这个儿子，就是被那个孙子哄走了。老了老了，儿子、孙子隔三岔五回家“搜刮”。因为单位不景气，四十多岁提前退休的儿子和儿媳妇，把他们自己住的房子卖了，一家三口住到老妈妈家，一住就是十多年，吃老妈妈的、住老妈妈的，一分钱也不交，可老人却还为儿子说话：“他们最好了，他们没问我要过钱。”真是悲哀啊！究竟是儿女不孝，还是老人从来就没意识到孩子已经长大，该有他们自己应该承担起的责任和能力？到底是孩子们的错还是根本就错在她自己呢？实在无心去戳破这层纸，可怜可悲却又可恨的人哪！

爱批评、经常责骂的母亲，她的孩子将来或者和她一样挑剔、不友善，幸福感低下，或者唯唯诺诺，缺乏自我，童年、少年时代积存的压抑郁结在心中，以至于成年后很难感受到快乐是什么，因为他们眼里的母亲是那么不愉快。而那些温柔过头、毫无原则的母亲，她的孩子将来或者在家为所欲为，或者在外无所事事让父母揪心发愁，更有甚者可能会走向极端，危害社会。

还有一些母亲，认为自己为孩子、为家庭付出太多，在孩子面前总是呈现出一副“忍辱负重”的苦难面孔，话里话外不外乎“我这么做都是为了你……”，当孩子说话、做事不如自己意愿的时候，她又会上纲上线地指责孩子“不孝”，说什么养了个“白眼狼”……无形中把孩子的快乐幸福与她的付出对立起来，似乎只有牺牲、痛苦她一人才能换来全家特别是孩子的快乐。这种信息潜移默化地渗入孩子内心，孩子从小学会了察言观色，做事情小心翼翼，总是担心会给母亲带来不快乐，自我发展受到抑制，甚至会在快乐的同时莫名浮现一种负疚感。这种环境下长大的孩子很难了解自己真正想要什么，如此又何来真正的快乐和幸福呢？那些总说为了家庭、为了孩子日夜操劳，总把“牺牲”挂在嘴边的母亲，在我看来是一种道德绑架：背负着罪恶感的孩子，即便将来做得再好，似乎也不能填补母亲图求回报的深壑。在一些访谈中，听到不少人说起自己母亲的切身感受：过去母亲为自己辛苦一辈子，如今生活条件已经很好了，母亲却仍旧执着于过去的辛苦；总是觉得亏欠母亲太多，可是做什么却又很难让母亲真正开心。

想起这么一句话：“有福的父母不知何为孝顺，有道之君不知何为忠诚。”当家庭生活、关系融洽的时候，父母很少刻意地去衡量、比较孩子是否孝顺，孩子也极少挖空心思去想着如何让父母开心，一切都自然、恬淡，因为快乐、幸福是一种感受。如果父母真爱孩子，孩子真爱父母，外在形式并不重要。好比身体各部分运行正常时，我们很少能特别地感觉到：哦，这是我的心脏，它跳得很健康；这是我的胃，消化起来棒极了……只有当身体的某处出现伤病时，我们才能切实地感受到，就算一丁点的刺痛也能很清晰地分辨出它来自何处。而那些总把孝顺挂在嘴边的母亲，也许她们内心一直有着一份不自信和不确定，并且会在无形中传承并影响着她们的孩子。

可见母亲对孩子的影响之深远，负面的例子举不胜举，当然也有正面的，而且就在我身边。

我有一个同事，小伙子年纪轻轻，工作得心应手、不骄不躁、大气沉稳，生活有声有色、趣味横生。他说他的家庭很普通，父亲是一名抄电表工人。他说他父亲脾气不是很好，在他犯错误时揍起他毫不含糊，而他母亲对他却极好。我不知道他的母亲对他到底好在哪里，但我相信，一个念着父母好的人会给他的生活态度注入正能量，这也是为什么他能脱颖而出、和善为人的根本。

还有一个想起来就想笑的发小，傻傻的，萌萌的，过去我们经常开玩笑说她没心没肺、傻可爱。那时我们一群小伙伴都喜欢到她家玩，她父亲絮絮叨叨、咋咋呼呼，很有趣，她母亲也是极其开心，乐呵呵的。照她的话，她家像是一个鸟林子——简直是“闹麻”了！是啊，林子里可都是快乐的鸟，他们家虽然不富裕，但却过得极有趣味。上次见到她，还是和过去一样、和她母亲一样，笑点极低，估计老了和她母亲一样也是个开心果。她一边夸赞我女儿白皙漂亮，一边幽默地鼓励他儿子：“我们黑，我们黑得有气质。”在她儿子做了错事、孩子爸爸要教训儿子时，她竟然高喊“要文斗、不要武斗”的革命口号，直接把一家人笑倒，最后和平解决。她的儿子，她没怎么操过心，如今顺利地考上了一所名牌大学。她现在过得很好，夫妻和睦、父母好、孩子好，和公婆都能好似一家人，工作上也是顺风顺水，不少人羡慕她。而她一直延续年少时的那份轻松和自得。

还有一个同学，一直以来我都很佩服她的逻辑思维和还有她看问题的高度。她写的字飘逸洒脱，同她一样，给我感觉很大气。她的家庭氛围也是我所羡慕的：父母都是高级知识分子，感情很好，典型的男主外、女主内的家庭模式。她的母亲面容慈善，笑起来咯咯咯地，很容易亲近；她的父亲乍一看有些严肃，相处一段时间就会被他的个人魅力所吸引。这应该是我见过的最民主、最有智慧的父亲。同学说，她从十一二岁开始，家里定期由她主持召开家庭会议，一家人畅所欲言。难怪她在学校表现出很强的组织、协调能力，显然她有一个好父亲，但是母亲和善和乐观的态度对我这个同学的积极影响也是不容置疑的。

没有土地滋养、阳光照耀，小树很难长成参天大树。没有父母恰当的关爱和引导，孩子也很难快乐健康成长。父亲就像阳光一样照耀并引导孩子未来发展的方向，母亲则更多像土地滋养小树苗一样给予孩子最基本的成长养分。在我看来，母亲决定孩子的幸福指数，父亲决定孩子的成就高度。如果因为母亲内在匮乏阻滞了孩子的自我探索和自我实现，孩子长大后也许在某些方面有着较高的成就，但其内心深处的孤寂、虚无感却是很难排遣掉的。但是如果拥有母亲给予的坚实基础，即便没有得到父亲的足够关爱，也能做到脚踏实地、简单、快乐地生活。

如果可以重来，孩子会为自己选择怎样的父母？或者说希望母亲是什么样的？这个问题只在心里问过，没有别人告诉我。那就问问自己，如果是我，我会希望自己的父母是怎样的？

答案很肯定，今生我的母亲已经足够好，我无须再做其他选择。

◆ 我的妈妈 ◆

我总能想起母亲一个人哼着小曲开心的模样，记忆里母亲笑起来很可爱。可是大多数日子里母亲不苟言笑，也许是因为家里经济负担重，但我认为，更多是因为父亲对母亲的态度。虽然母亲从不当着我和姐姐的面去和父亲争吵什么，但是很早的时候我就感觉到母亲不快乐。

20 世纪 70 年代末，在父亲所在的研究所大院里，母亲没有工作，我们这样的家庭被称作“单职工”家庭。在那个物资匮乏的年代，双职工家庭日子都比较窘迫，更何况我家。

为了生活，母亲在父亲单位里做过临时工，来回十几里地采过茶，租了铺子当过铁匠，和别人合伙开过小吃铺……除了做临工补贴家用，母亲还要打理家里后山开垦的那片自留地。母亲是一个极能吃苦的女人，我从来没见到母亲抱怨或是喊过累，其实母亲在娘家七姐妹中最小，后来和父亲的闲聊中知道母亲出嫁前很少做过什么劳累活。如果不是跟随父亲，母亲原本在供销社的工作后来也会转为正式工。尽管如此，父亲还是或多或少认为母亲拖了全家后腿，说是双职工家庭相对经济上要宽裕许多。

表面上家里只有父亲一人拿工资养家，实际上母亲付出了更多的辛劳。母亲养鸡、养鸭、养猪，山上那片自留地大多都是母亲一桶水、一桶粪挑上山去浇灌、耕作。平日里除了粮食、猪肉、食油，家里其他蔬菜、蛋禽基本上自给自足，经常还会有些富余。到了周末，母亲会把割下的青菜、韭菜称好、捆好，让我拿到自由市场上卖，把鸭蛋用竹篮子盛好按个卖，那时一个鸭蛋一毛四分钱，青菜、韭菜一毛钱一把。等到家里小猪养大了再卖给屠宰场，那可是一笔不小的收入。

后来母亲临街租了个铺子，打烟筒、簸箕、水桶、水盆卖，每天起早贪黑很辛苦，一个月下来不比所里职工挣得少。母亲的一双大手和她的小个子极不相配，我总觉得那是因为母亲干活多的缘故。那些日子放学后我去铺子，总能看到一张两米见方的铁皮在母亲手中裁裁剪剪，被敲敲打打成各种形状，看起来似乎很容易，但这又能是多少女人能干的事情呢？可我从没听母亲说过辛苦。

我无论如何也忘不了放学后的那一天，当我和往常一样去铺子准备和母亲一起回家，迎面却撞见眼睑处乌青乌青的母亲，样子好吓人，母亲说是敲铁桶时不小心让铁皮崩到了。母亲事后回忆说，当时只觉得眼前一黑，估计眼睛要瞎了。等回过神来用手摸了摸，还好，眼珠硬硬的，应该没问题。看着母亲还很庆幸的神态，我不知心里有多难过，晚上一个人躺在床上想起母亲的境遇，不由伤心落泪。后来这件事情我说给很多人听过，因为我难忘母亲的那份艰辛和坚强。

父亲和母亲不仅是同乡，还是同学。母亲初中毕业后在供销社里工作，父亲上了大学，成为一名“吃皇粮”的国家干部，再后来母亲随父亲到单位后就没了工作。

其实小时候家里经济紧张是多方面的。父亲每月四十几元工资包括家里日常开销，包括我和姐姐的读书费用，包括老家奶奶的生活费，也包括时不时父亲对老家弟弟妹妹们的接济，更有父亲经常出差的入不敷出。如此仅靠父亲一人的工资，真正是不够我们一家人过活啊！要是开学前后赶上父亲出差，母亲还要去邻居家借钱才够我们交学费。

父亲骑的自行车从最初的飞鸽牌换到永久牌，后来没骑多久又换成凤凰牌，那可是自行车中的NO.1。出差在外，父亲喜欢下馆子点几个小菜，喝上一盅小酒。后来父亲解释，他是自己带的花生米或者松花蛋，在馆子里没花什么钱。平时家里吃饭，如果接连几天没有像样的荤菜，父亲会很不高兴。跟着父亲，我们嘴上没亏欠什么，但比起不少家庭咸菜萝卜粗粮饭菜来说，这中间吃去的也是一笔钱。

尽管家里不富裕，但我和姐姐过年都有新衣服穿，隔三岔五总有鱼有肉吃，不像有些家里，饭里掺杂着红薯、玉米等杂粮，衣服不是大补丁就是小补丁。我还因为学习好经常能得到父亲的奖励，包括那时时髦的拉练衫、双肩背书包、水晶凉鞋、双层文具盒……这在一般家庭中算是少见的，这些钱哪里来？仅仅靠着父亲的固定工资是远远不够的，当然也不是天上掉馅饼，那都是母亲东一处、西一处辛劳所得。

原本母亲打铁皮收入不错，后来因为父亲出差要用钱，父亲把母亲打铁皮的本钱拿去之后一去无回，母亲只好断了铁皮铺子的生意。再后来母亲和别人合伙开了个小吃店，每天起早贪黑挣的辛苦钱不见得比父亲的工资低。要不是几家在合作上出了问题，家里的经济情况会好很多。

无论母亲开铁皮铺子还是跟人合伙开小吃店，父亲从不帮忙。父亲说他在单位里怎么也算是个中层干部，要注意影响，不会像别人那样去帮忙。大概那个年代还在揪“资本主义尾巴”吧，但我知道，就算没有所谓的影响，父亲也不会去帮母亲什么。

我还知道老家奶奶对母亲的偏见。因为母亲只生了我和姐姐，没有为他们家传宗接代。奶奶嫌母亲没工作拖累了父亲，总以为母亲把着钱，觉得给老家寄的钱太少了，其实家里的钱都在父亲手中。

那时，我从不羡慕谁家有钱买了这个买了那个，我只羡慕那些和睦家庭，一家人在一起有说有笑真开心，有些家庭其实比我们更贫困。羡慕归羡慕，我从来没有觉得家里压抑想要逃出去的想法。虽然我会有些遗憾，但是从小到大，我是在爱的呵护下长大的，这是不争的事实。

大概在我上初中的时候，我和母亲一起吃晚饭，已经忘了是什么事情，吃饭的时候我很有情绪，一冲动把筷子甩了出去，正好砸在母亲脸上。母亲没有批评我，也没说什么，默默地递给我一双筷子让我接着吃饭。我自觉理亏，低着头把饭吃完。母亲和往常一样做家务，一晚上没说我什么。直到第二天母亲才问我昨天什么事情发那么大的火。怎么回答母亲的，我不记得了，但我忘不了的是母亲对我的那份包容。

闷热的夏天，我在蚊帐里翻来覆去睡不着，母亲默默地用湿毛巾擦凉席子的一边，让我翻过去睡，再擦睡过的一边，一直擦到我睡着。母亲从来没拿这件事来说她有多为我着想，但我心里是知道的。

我一直都爱吃蛋炒饭，更喜欢饭里的鸡蛋花。那时条件不好，一锅米饭只配一个鸡蛋。母亲炒蛋炒饭时总是用铁皮锅铲把鸡蛋捣成小得不能再小的星星点点。有一次我在厨房里看见母亲盛蛋炒饭，我才知道那些指甲盖大小的炒鸡蛋是母亲一铲一铲特意挑选过的，姐姐碗里的蛋花只有米粒般大小，而母亲碗里分明就是白米饭！从此我对蛋炒饭更有着一份独有的情感，因为蛋炒饭里盛有母亲对我满满的爱，虽然母亲从来没有说过什么，但是我一直都知道。后来我给女儿做她爱吃的西红柿炒鸡蛋时，总会应女儿的要求多放些鸡蛋，不再像母亲当年那样把鸡蛋捣得碎碎的，看到女儿美美地吃着，我时不时在脑海中浮现当年母亲看我的场景，暖暖的又有些心酸。

母亲从来没有命令我和姐姐做什么，相反，很多时候我们做什么母亲都说好。姐姐买了一件价格不菲的新衣服穿给母亲看，母亲会高兴地称赞："嗯，好看。"父亲却是悄悄嘟囔说花钱花多了，不值那个价钱。还记得刚上大一时，父母带着我去买书包，凡是我中意的父亲都看不上，父亲最后给我买了一只皮革背包，却看不见我噘嘴不乐意。那只皮革书包在宿舍静静地躺了四年，未曾开封。毕业前母亲问我，那个书包用了没有，母亲是懂我的，母亲心里跟明镜似的。

在我记忆里，母亲的言语比较模糊，现在很少能想起母亲跟我说过的事情。记忆中，没有母亲指责、取笑的模样，也没有对谁家的羡慕之意，更没有拿我和别家孩子比较什么，我总能感受到母亲的默默关注和不经意间的照顾。时至今日，我饱有的那份安全感更多来自母亲。

在我上初二时，家附近的一起杀人案把我给吓懵了。那桩离奇惨案一时间搅得人心惶惶，白天还好，晚上我很害怕，尽管有表姐和她的孩子睡在一边，可我还是吓得躲在被子里哭。幸好母亲及时发现，招呼我过去和他们一起睡，那一刻母亲就是我的"观音活菩萨"！母亲不仅没有笑话我，也没有像有些妈妈那样在我面前叨叨那个被杀的人还有那个杀了人的人。

母亲坚强的身影对我影响至深，母亲的任劳任怨让我学会面对困难。在女儿三四年级时，老公在外地上班，公公教女儿帮我分担家务，女儿却对她爷爷说："妈妈做家务，就像是芭蕾舞演员，转一圈就好了。"女儿说的是事实，我做家务是很轻松的，哪有那么多牢骚不满呢？再说了，做事情为谁做呢？不是为了女儿有干净衣服穿得漂漂亮亮，饭吃得香喷喷长得茁壮健康吗？现在这些事情比起当年母亲的辛苦又算得了什么呢？比起母亲，我不知要幸福多少倍！当然我更知道，这些都是拜母亲所赐。

岁月如梭，如今女儿已经长大成人，同样身为母亲的我，在母亲面前仍保有儿时的那份女儿情。看着日渐老去的母亲，心中总有很多不忍，更有着对母亲的无限感激。母亲七十多岁的时候，我和母亲谈起过往，我说母亲脾气好，从来不和父亲争吵。母亲说她当年的确不开心，但她不会当着我和姐姐的面去吵闹，她不会让我和姐姐生活在恐惧中，她不想影响我们的将来……那一刻我又一次领会到什么是母爱。确实如母亲所愿，尽管家里缺少我一直期望的温馨，但我还是幸福快乐地长大了。如今女儿也这么大了，回首过往，我还是非常感激我的母亲。母亲真正是善良的，她用她的朴实净化了我所成长的环境，使我懂得爱与被爱，这份爱我将受益终身！

◆ 足够好的妈妈 ◆

客体心理学代表温尼科特关注早期的母婴关系，提出"够好的母亲"(good enough mother)对儿童人格发展的重要性。温尼科特认为"够好的母亲充分提供婴儿所需要的一切，她不仅认识到婴儿的本能需要，而且了解他的创造性，尊重他的边界，依据儿童需要的变化进行适应和改变。相反，不够好的母亲不能提供婴儿成长所需的必要的环境，婴儿不是感到被抱持，而是体现到冲突。真正的人格核心——自发性和创造性暂停发展了，只是适应地顺从有缺陷的环境，人格的发展围绕着一个空壳进行。不够好的母亲没有提供一个自我可在其中自由发展的心理空间，而是呈现给婴儿一个他必须立即妥协和适应的世界，使他过早地关心外在世界，被迫关注、处理外部世界要求，从而在内心产生冲突，限制和阻碍了内在心理的发展。"①

现实中哪些妈妈是"足够好"，哪些又"不够好"呢？

强势母亲一般都"不够好"。强势的母亲在家庭中就很少能顾及孩子的需要，通常把自己的意愿强加于孩子，孩子过早学会妥协，"自发性和创造性"发展受到阻滞。

挑剔、爱批评指责的母亲一定"不够好"，因为在她经常性的批评指责下，孩子感到被拒绝，内心充满冲突，健康的人格发展同样受阻。

温和的母亲是不是就足够好呢？如果她理解不到孩子的真正需要，只是按她的需要提供给孩子她认为好的环境，那么这样的母亲还是"不够好"，因为孩子并没有真正体会到"被抱持"。

结合《精神分析发展心理学》的解析，我认为"足够好"的母亲最少应符合下面的几个条件：

第一，母亲具有较健康的人格特质，这是"足够好的妈妈"的先决条件。

第二，母亲可以不漂亮但一定要善良，只有这样的母亲才有能力给孩子提供一个安全、抱持的成长环境。

第三，母亲可以不聪明，但一定要懂得爱。

很早就看到这么一段环境与成长的关系：

在批评中成长的孩子，学会的是诅咒；在仇恨中成长的孩子，学会的是争斗；

在嘲笑中成长的孩子，学会的是害羞；在耻辱中成长的孩子，学会的是内疚；

在宽容中成长的孩子，学会的是耐心；在鼓励中成长的孩子，学会的是自信；

在赞扬中成长的孩子，学会的是欣赏；在赞许中成长的孩子，学会了爱自己；

在接纳和友谊中成长的孩子，学会了在世间寻找爱。

在我看来，善于认识到自己的不足并能在客观上努力进取，能够在客观

① 摘自郭本禹主编的《精神分析发展心理学》，2009年版，第392页。

上认识孩子暂时的不足或过激现象，能够从孩子的角度带领孩子去理解并感知内在和外在的不同，能真正陪同孩子一起成长的妈妈都是足够好的妈妈。

也许我的母亲没有那么完美，但于我而言已足够。在此再一次感谢我的母亲，没有母亲就没有我今天的快乐和幸福。就像《妈妈》里唱的那样：“妈妈，你是我心中永远不灭的火把，黑暗中不会迷失方向。”

爱的成长

◆ 一只麻雀的故事 ◆

有的父母小时候吃过不少苦，等到他们有了孩子，他们尽其所能，他们说再苦也不能苦了孩子。一些父母事事为孩子打算，还有些父母对孩子“捧在掌心怕掉了，含在嘴里怕化了”……天下没有哪个父母会说自己不爱孩子。

很多年前我在肯德基看到一个孩子桌前摆满了汉堡、鸡翅、可乐还有薯条，孩子大快朵颐，吃得美滋滋，父母却在一边静静地守望。我知道那一顿的开销足够他们家里一周的伙食费了，当时我很感动这对父母，仿佛又看到当年母亲是如何小心把蛋炒饭里的鸡蛋一丁点地挑出来，盛到我和姐姐的碗里。

刚上班那会儿，在一所技校边上的小吃店里，我看见一个学生点了一碗面和一个煮鸡蛋。那个学生让服务员帮他把鸡蛋剥了，因为他不会。当时我看着也是新鲜，眼前这个学生怎么也是个十七八岁的小伙子了，怎么不会剥鸡蛋呢？直到自己做了母亲，倾心倾力照顾女儿后，想起二十年前的那个小伙子也不足为奇了。剥了蛋壳的煮鸡蛋送到女儿面前，切成块的水果、挑过鱼刺的鱼块……等到自己想都没想就把最好、最方便的食物给到女儿时，才知道父母做这些是多么自然的事情。在为女儿做这些、做那些的时候，我没有想过将来女儿该回报我什么，因为母亲从来没有在我们面前说过她的辛苦，也从没说过我们姐妹俩大了以后要如何如何。

过去婆婆看到女儿主动为我们分担家务时表扬女儿："嗯，这个妮儿没白养。"虽说是在夸女儿，可我觉得话里话外多了几分得失计算，但似乎又少了些什么。还经常听到有人说，不懂感恩的孩子不如不养。难道父母养育孩子是一种有条件的交换？

一度被网络上读到的《一只麻雀的故事》所感动：在孩子年幼的时候，父亲一次又一次地不厌其烦地回答了儿子提出的同一个问题，特别让人感到温馨的是，在这 21 次问答中，父亲每回答一次，都给孩子一个大大的拥抱。如今，年迈的父亲和儿子又坐在一起，父亲问起儿子当年的那个问题，问到第 4 遍时，儿子就不耐烦了，甚至火冒三丈，儿子很不解地冲着老父亲喊："您到底要干什么？我已经说过这么多遍了，那是一只麻雀！难道您听不懂吗？"读了这个令人反思的故事，感动中夹杂着一分心酸："假如爱有长度，儿女对父母的爱，比起父母对儿女来说，相差几许？"

伴着女儿一天天长大，我逐渐体会到，父母和孩子之间的爱是多么不对等。自从有了女儿，凡是我能想到的，我总会把女儿放在第一位，就像当年母亲对我们一样。然而，作为女儿，我却经常忽略了自己的老母亲，偶尔想起来打个电话，也没有像对待女儿那样特别去为母亲做些什么。我知道，在母亲眼里，我的快乐便是她的快乐。母亲曾经说过，一辈子，哪有那么多可计较的？我也知道，无论我做什么都不足以报答母亲给予的爱，我能做到的就是把这份爱好好地传递给女儿。就像《常回家看看》歌中唱的那样，女儿快乐、平安，就是我们最大的幸福。我相信，就算相隔千里，我们也能感受到彼此的亲情、温情。

其实，父母愿望简单、朴实，就像"吉祥一生"为宝宝准备的诞生礼包中写的那样：

对你，我不求完美
不用替我争脸，不用为我养老
只求这个生命健康地存在
愿宝贝能像盛开的向日葵
永远追随阳光 快乐成长
在这个美丽的世界
幸福快乐地走一遭

如此，“不忘初心，方得始终”。

◆ 爱的真谛 ◆

如今回家，时常会从母亲那里听到一些老人家的窘况，媒体上也经常报道一些子女对父母的种种不孝顺。那些从小被当作宝贝、父母含辛茹苦养大的孩子怎么长大后会变成“白眼狼”呢？父母可是自己最亲的人啊！究竟是孩子不孝还是父母不仁？

在“包容和纵容”篇里提到的那个年近九十的老奶奶，尽管儿孙满堂，晚年却落得悲悲戚戚，她的孩子不孝顺是真，但是背后的原因呢？难道孩子生来就薄情寡义吗？养不教，终究是父母之过。孩子原本是一张白纸，最初父母在其中的着墨决定了孩子未来的秉性。不是解决温饱、衣食无忧，孩子就能够成才。孩子就像小树苗一样，需要阳光，需要爱的滋养，也需要及时扶正、修枝剪叶。

曾经，我以为把我所能想到的和能做到的都给了女儿，我就是爱孩子的。读到《少有人走的路》，我才对“爱”有了进一步的认识。这本书在《纽约时报》图书排行榜上连续上榜近 20 年，我很喜欢这本书，因为书中这么写道：“爱，是为了促进自我和他人心智成熟而具有的一种自我完善的意愿。”这本书通过探索爱的本质，帮助读者学习如何去爱，找到真正的自我，做更称职的父母。原来爱具有两面性，“真正意义的爱，既是爱自己，也是爱他人”。所以，对孩子的爱不能单单以父母意愿为出发点，而要考虑是否真正有利于孩子成长的需要。

一些父母将他们自身曾经的缺憾有意无意地投注到孩子身上，殊不知这样给孩子带来的不是温暖、激励和幸福感，反而在一定程度上限制并阻碍了孩子成长。什么样的投注会对孩子产生负面影响呢？现实中这样那样的例子举不胜举。有的父母投入大量人力、物力要求孩子学习音乐、学习美术，学习这个、学习那个，他们希望孩子完成他们未曾实现的梦想，却忽视了孩子的主观意愿或客观事实。孩子在父母“为你好”的规劝、逼迫、要求下委曲求全，做着自己并不喜欢的事情，甚至有些人对过去充满怨恨，这与父母当初“爱”的期望背道而驰。这样的爱往往只是一厢情愿，付出越多，失落越大。

还有一些父母总是在孩子面前过度强调养育孩子的艰辛，告诫孩子以后一定要孝顺。这些父母为了有朝一日等来孩子的报恩、尽孝、光宗耀祖，忍受着艰辛，却忽视了孩子已经带给他们的幸福和快乐。这样的父母应该去读读莫言的经典短文《来不及等待》：“生活应当是我们珍惜的一种经验，而不是要挨过去的日子。”那些背负“爱的枷锁”而长大的孩子的内心深处总会潜伏一种负罪感，父母一而再、再而三强调的“为了让你过得更好，我们如何如何”的话语就像紧箍咒一般，以至于孩子成年后也很难能体验到真正的快乐。

如此，父母不是生来就有能力去爱孩子，就像女儿曾经写过这么一句话：“他们(父母)也不过是个刚刚成年的大孩子，没有经验，没有方法。”不得不说，女儿看得透彻——爱孩子，父母首先要有“爱的能力”和“自我成长的勇气”。爱孩子，不是将孩子占为己有，不是为了永远和孩子不分开，而是要培养他们独立自主的能力，让孩子能够进入一个更宽广的世界去过他们希望的生活。孩子长大后，也会向父母学习，把他们的孩子推向更宽更广的大世界。

知恩图报，善莫大焉。也许我们无论做什么都不能回报父母的养育之恩，但是我们能做到的就是爱自己，爱孩子，爱他人，爱生活……将爱，代代相传。

◆ 爱的界限 ◆

过去我的一番用心换来女儿的恶劣态度时，我心里难免失落，有时很难过，甚至会在心里骂女儿。在经历和女儿充满矛盾对立的那段时间后，我静下心，思考了一个问题：我是在爱一个相对独立自主的孩子，还是更多地把孩子作为自己的一分子来爱？因为我知道，两种爱的方式、立足点不同，其间感受不同，对孩子的影响更有所不同。

孩子和母亲之间由最初的母婴融合关系走向分离，渐渐地，孩子走出父母的怀抱，发展成一个拥有自我的独立个体。现实中有的父母分不清彼此，在孩子进步和成绩面前沾沾自喜，归功于其良好的基因遗传而忽视孩子为此做出的努力。有些父母很多时候误以为他们想到的就是孩子所想的，经常越界替孩子操持，很少能考虑到孩子的真实感受和成长需要。在这样环境中长大的孩子同样分不清自我与父母的界限，或者按父母期望行事，无法脱离与父母的联结，给自己生活、工作、感情带来很多困惑；或者反其道而行之，用力太猛而迷失了自我。

就像《少有人走的路》写的那样，父母对孩子，只有真正做到促进孩子的健康成长时，这样的爱才是真爱。孩子需要鼓励，孩子也需要恰当的批评教育。什么是恰当？心理学家科胡特提出的“不含诱惑的深情，不带敌意的拒绝”很好地诠释了“爱是无条件的，爱是真正促进孩子健康成长的”。

我对女儿做家务的夸赞，没有“苦尽甘来”的等待，而是看到女儿有了成长、进步的喜悦。我不会因为女儿逆反、不听我的劝告而去武断地勒令、要求，限制女儿不能做这个不能做那个，而是会找准时机就事论事，或批评或引导，我认为只有这样才能让孩子真正成长起来。令人遗憾的是，一些父母将“爱”作为交换条件控制孩子、限制孩子的成长，孩子在所谓的“深情”中同样也会失去自我成长的机会，这样的孩子多是生活在父母的影子中，找不到生活的真谛。更有一些父母将其个人情绪或者对他人的愤慨一并迁怒到孩子身上，粗暴而毫无益处地批评、指责甚至惩罚孩子，是非混淆的父母必然给孩子带来很大的影响，孩子不知道自己错在哪里，担心得不到父母的爱而慢慢形成了“假自我”，长大后戴着面具的人如何能真正体验到快乐？

我们爱孩子，希望孩子现在快乐，更希望孩子未来幸福。在陪伴孩子成长的路上，父母的角色转换、爱的距离调整，对孩子的成长起着至关重要的作用。

◆ 爱的距离 ◆

女儿五年级时，应学校老师的要求，我写了一篇家长作文《〈望远镜、口罩、担架般的爱〉读后感》，多年过去，回头再读到这篇读后感，还是有着同样的感受：

《望远镜、口罩、担架般的爱》读后感

孩子从婴幼儿生长、发育到成人，不同阶段，孩子需要的爱各不相同。父母与孩子的相处也要与时俱进，做到关爱不溺爱，放心不放纵。在不同阶段，父母所担当的角色重点各不相同，简单来说，父母在孩子的成长中如果发挥好望远镜、口罩、担架这三样功能，就是对孩子的最好陪伴。

在婴儿前期(0～2岁)，父母应给予贴身关爱。在这个阶段，父母除了满足孩子日常的生活起居和安全，应多用肢体语言，如爱的目光和抚摸，让孩子有充足的安全感和信任感，为孩子将来具备优良的人格特征打下基础。

从婴儿后期(2～4岁)到幼儿期(4～7岁)，乃至童年期(7～12岁)，随着孩子的自我意识逐渐形成和稳定，父母的贴身关爱要逐渐减少，这时候需要"望远镜"似的爱，在"望远镜"所能顾及的范围内，让孩子去尝试，给孩子一个相对独立的空间：父母更多的是要做到以身作则，言行一致，为孩子做出一个好榜样。对孩子合理的尝试给予鼓励和支持，分享孩子成功的喜悦，对尝试后的失败给予善意的指导，让孩子获得自主感和主动感，建立自信心，挖掘孩子特有的潜能，培养孩子的意志品质。

到了青少年时期(12～18岁)，孩子经历了童年向成人过渡的人生重要时期，孩子的生理发育、心理和社会性发展日趋成熟。针对这个阶段的心理特征，父母的贴身关爱在满足孩子基本生活前提下又要再退后一步，"望远镜"的焦距要加大一码，父母要学会静下心去观察、聆听，可能还会时不时地充当救护车、"担架"和戴着"口罩"的救助员。

"口罩"实际上就是父母对孩子的尊重：不要一味地要求孩子做什么、不去做什么；孩子做错事情以后，不要直截了当地当面去批评、指责，而应善意地与孩子沟通，了解事情的经过和孩子的真正想法，引导孩子学着分析该怎样去做。

“担架”就是父母给予孩子的心理疗伤，看到孩子流泪、遇到挫折时，做父母的应该设身处地地想象孩子的处境与感受，信任孩子，给孩子犯错的机会，当然还是要做到善意引导和分析，使孩子更有信心面对困难和不如意，让孩子能够体会到父母的关爱和支持。

只有合理地摆正父母与孩子间爱的距离和方式，孩子与家庭、社会才能有充分、主动的沟通与交流，才会对学习、生活充满信心，才能健康、快乐地成长。

◆ 爱的成长 ◆

《少有人走的路》书中写道：“我们爱某人或爱某种事物，就不可能坐享其成，而是要持续地努力，帮助自己和他人获得成长。”然而，要做到真正意义上的爱却很不容易。

曾经有一位妈妈无不感慨地说：“我现在才理解孩子是天使这句话。如果不是在养育他时遇到困难，我不会去探索，不会深刻反思自己的成长历程和思维模式，现在，我的生命走向开阔，这是孩子带来的改变。”这位妈妈实实在在地道出了我的心声。

就像女儿说过的那样，我们不过是刚刚成年的大孩子。如果我们抗拒成长，就会把成长的任务转嫁到孩子身上。如果我不能接纳自己，对自己不满意，就格外需要一个令人满意的孩子。如果我们不能处理好亲子关系，心中就会有一个“理想小孩”的形象，希望孩子主动符合我们的期待。于是，自己几乎和孩子绑定在一起，共进退、同悲喜，孩子被老师夸奖了，这一天就非常愉悦；孩子考试考砸了，心情顿时灰暗下来，如此一来，孩子就会变成人生最大的“创可贴”。一个孩子，很难担负两个人的成长任务，这样的状态，注定会出问题的。往往很多时候事与愿违，当眼前的孩子不是“创可贴”，而是“爆竹”“炸药包”的时候，家庭中战事连连，这样条件下孩子如何能成长，我们又如何能过好自己的生活呢？

和孩子一起成长，也是人生的一个不可多得的经历。这本书最开始的书名是“和女儿一起成长”，在陪伴女儿成长的过程中，我更加认识自己、接纳自己。就像那位妈妈说的那样：现在，我的生命走向开阔，这是孩子带来的改变。

“爱，是为了促进自我和他人心智成熟而具有的一种自我完善的意愿。”

爱，温暖，也很神奇。

成功的方向

◆ 笨鸟先飞 ◆

女儿的到来给了我们极大惊喜。可是慢慢地，我们开始困惑、失落，因为女儿的敏感和小脾气。不仅如此，我们更发现女儿在不少方面相对同龄孩子有所迟缓，特别在学习上。

女儿小时候的不开心实在太多。虽然我们希望女儿快乐些，没有刻意要求女儿学习，但我们无法回避事实，还是希望女儿能慢慢赶上去。在女儿一年级时，我给女儿讲了一个故事：有一只小小鸟不太会飞，每天都跟不上别的鸟。后来这只小鸟每天早早飞，使劲飞，慢慢地，它就能和别的鸟一起飞到好玩的地方了。再以后，它飞得又快又省力，最后比别的小鸟都飞得好。我原本想给女儿讲的是“笨鸟先飞”“勤能补拙”的道理，可是女儿理解不了，反而追着问我：“它们这是要飞到哪里去啊？”我发现我也够“笨”的，找不到女儿可以懂得的语言。不过女儿的问话还是引起我的深思：是啊，“好玩”的地方在哪里呢？我们终其一生，到底要去哪里？如果这个问题没有想明白，我们又怎么能对女儿做到有效引导呢？

◆ 好玩的地方 ◆

网上有一篇文章《没有考上985、211的人生是怎样的？现实确实是残酷的！》，非常醒目地将“非985、211出身”与“远离了好工作”画上了等号。换句话说，高校综合水平在很大程度上决定了人生起点的高低：没有考上985、211名校，很难拥有一个更高更广的施展平台，没有一份好的工作，很难过上更富足的生活。

这也是过去我们告诫女儿的一套说辞：不好好学习，就考不上好的初中；考不上好的初中，就考不上好的高中；考不上好的高中，就考不上好的大学；考不上好的大学，就找不到好的工作；没有好的工作，就没有丰厚的待遇和收入；没有丰厚的待遇和收入，就没有富足的生活和自由。结论是：不好好学习＝贫乏的生活。

果真如此么？确实如此！现在每年的高校招聘会上，不少名企直接拿块牌子写上大学生应聘必要条件之一就是“985”“211”高校。很多时候，在资源、财富等方面，人与人之间是相当不平等的。就像文中所说的那样，“优秀总是有界限的，人生也是有阶层的，当非名校出身时，人生也并非不能成功，但往往要付出别人十倍二十倍的努力”。

由此，为了获得富足的生活，为了成功，“985”“211”高校无疑是“笨鸟先飞”中的那个所谓“好玩的地方”，也是我们当下许多望子成龙的家长、胸怀大志的孩子共有的一个里程碑式目标，因为“985”“211”高校有着优质的教学资源和更好的学习环境，提供的平台相对更高、更广。哪个家长不希望自己的孩子将来飞得更高、更远呢？哪个孩子不希望自己将来成为优秀人才，能够施展抱负、被人尊敬，过上自己希望的生活呢？我的父母如此，我一样也希望孩子能考上好的学校，有着精彩纷呈的未来。

◆ 先天与后天 ◆

《没有考上985、211的人生是怎样的？现实确实是残酷的！》文中强调了后天努力与习得的重要性，但却否认了人与人之间与生俱来的差异性，文中这样写道："孩子出生之时，天赋和秉性是相差无几的。"

果真如此吗？人的骨骼、长相、血型，包括气质都与遗传相关，人的智力水平同样在一定程度上受到先天影响。韦氏智力测验中的智力等级表明，无论是4~5岁的幼儿，还是6~16岁的儿童，或是16岁以上的成人，其智力水平等级分布大致是相同的。其中，平常智力水平人群理论占比50%，低于平常或高于平常水平人群理论占比均为16.1%，超常水平或趋于智力缺陷的边界水平人群理论占比均为6.7%，而智力极超常或智力存在明显缺陷的人群理论占比很低，均为2.2%。从4~5岁幼儿智力水平等级划分与理论占比来看，孩子出生时的智力水平是存在一定差异的。

现代医学、遗传学已充分证实了大脑两半球功能的"不对称性"：大脑左半球主导言语功能，具体体现在概念形成、逻辑推理、数学运算能力等方面。大脑右半球则主导非语言参加的空间知觉和形象思维活动，如音乐、美术、情绪表达与识别等。

每个人在观察力、记忆力、想象力、分析判断力、思维能力、应变能力等不同维度的能力水平各不相同。有的人逻辑推理能力特别突出，但在空间知觉上相对较弱，而有人可能正好相反；有些人有着语言方面的天赋和优势，但在逻辑运算上却相对困难……对此我有着很深的感受。

就拿我来说，我的图片记忆能力很强，但我的空间知觉能力极弱。虽然在我的记忆储存空间中可以存放一幅幅非常详尽的图片，但我却无法将其搭建成为一个整体：我看不懂地图、看不懂稍微复杂的三维图，分不清东南西北，商场里经常找不到进出口……这是因为右大脑空间知觉上的功能欠缺所致。然而我却有很强的"拍片"记忆功能，可以很好地保存短期或长期的图片记忆，可以做到所谓的"过目不忘"。我可以在短短一个月之内通过强行记忆通过心理咨询师的理论等级考试，却还是记不清已往返多次的机场的路。显然，智力和能力存在先天之分，孩子出生之时的天赋和秉性各有不同。

◆ 勤能补拙 ◆

没有努力，一切都是空谈。一个很有天赋的孩子如果后天不努力，只能是白白浪费了“与生俱来”的优势。相反，一些先天资质平平的孩子却能努力做得很好。我有一个女同学，不很聪明，但是特别勤奋，初中三年学习成绩一直排名年级第一，到高中也能保持比较好的成绩，最后顺利考上“985”高校，现在是一名高端技术研究人员。而一个被我们大家公认的那个聪明“翻到天上”的男孩子因为放任自由，高中没毕业就在社会上游荡，至今无所事事，令人惋惜。

先天不足通过后天学习确实可以达到“勤能补拙”的效果，但并不是努力了就一定能实现梦想。如果既定目标已远远超出个人能力范畴，就算再努力也很难达到。

我也有过长大了要当科学家的远大梦想。小学时，我成绩一直名列前茅，因为我足够聪明，我也努力，我以为我可以。后来我发现，无论我如何努力，都超不过另两名同学，他们在概念形成和灵活应用上悟性更高，我知道，我将来成不了科学家。工作后我发现，因为我在空间知觉上存在的功能性欠缺，我难以想象那些相贯线在空间上形成的轨迹，所以我也不可能成为一名优秀的结构设计师，这就是事实差距。尽管我可以通过努力去做得好一些，仅仅是好一点，拿自己的短处与别人长处竞技未尝不是一种愚蠢，我更愿意在我所擅长的领域中去努力进取，做到更好。

前些年我所在的公司提出“全能型人才”培养计划，旨在打造既精于技术又善于管理的全面人才。工作中，有人擅长设计、开发与研究，有人擅长管理与协调，还有些人相对来说更擅长技能与体能，当然也不乏综合能力和素质都比较强的人。但是把一些明显不擅长沟通、协调的技术人员调整到管理岗位，不到预期的效果，反而损兵折将，对个人、公司来说都是损失。

我曾经带教三个徒弟学习数控机床编程、操作以及工艺知识。三个徒弟各有各的特点：大徒弟在编程应用上学得最快；二徒弟为人老实，学习、理解能力最弱；三徒弟虽然在技术方面比不上大徒弟，但他悟性高、综合素质好。经过两个多月的学习和带教，二徒弟明显跟不上其他两个徒弟的进度，很难独立承担研制工作。领导常规检查工作时，二徒弟紧张得说话哆嗦、干活哆嗦，新编的程序更是错漏百出，无法运行。以当时二徒弟的学习能力来看，他再怎么努力，短期内都难以达到我们所要求的技术研发水平。他努力了，但是他能力不够。他努力了，但是目标太高他够不着。长此以往，不是被炒鱿鱼，就是陷入做不好、学不会的焦虑中不能自拔。

◆ 揠苗助长 ◆

一位研究生导师读过我写的一些心得，希望我能写一篇文章棒打国内那些望子成龙的家长。那位导师提到一些家长就很生气，说他们为了所谓“赢在起跑线上”，不顾一切地“揠苗助长”，殊不知这样不仅教育不出优秀人才，反而在很大程度上限制，甚至伤害了孩子的成长。

过去和现在，很多家长或主动或被动地加入到“虎爸虎妈”队伍中，陪同、监督孩子参加各种学习班、参加各种竞赛，就是为了上“985”“211”或更好的高校。有些家长在强调学习和成绩的同时，却忽视因为过度学习而带来的其他问题。

有些家长希望孩子能一路领先，过早地给孩子进行学前教育，参加这样那样的学习训练班，无形中剥夺了孩子童年、少年时代本应丰富多彩的历程。孩子生活单一，除了学习还是学习。被学习捆绑着长大的孩子很难获得学习之外的快乐和幸福感。有些家长根本不考虑孩子的自身条件，就怕孩子跑慢了，赶鸭子上架让孩子参加各种提高班。结果适得其反，耗费了大量的人力、物力，孩子学习却没什么进展，而且还错过了孩子在其他方面成长的机会。更有些家长太需要用孩子优异的成绩来增强他们的幸福感，忽视孩子的主观愿望和客观能力。

一些孩子因为长期被“过度开发”而身心疲惫，虽然考上了名牌大学，但却难以胜任工作，有些人甚至还积存了比较严重的心理问题。这样对个人、对家庭、对社会来说，难道不是遗憾吗？

◆ 人生遗憾 ◆

《没有考上985、211的人生是怎样的？现实确实是残酷的！》引用了一个网友的"说说"："上了二本，感觉没上一本是遗憾；上了一本，感觉没上211是遗憾；上了211，感觉没上985是遗憾；上了985，感觉没上华五是遗憾；上了华五，感觉没上清北是遗憾；上了清北，感觉没去国外是遗憾。"读到这里，我想问，是不是去了国外就没有遗憾了呢？

在我父亲眼里，上了二中、没有上一中已是遗憾。上了二本、没有上一本更是遗憾。因为父亲认为我可以更好，因为那些考上省重点高中、考上一本的同学成就更高，更有财富。似乎我与"一"绝缘，与大家公认的"优秀"总有一段差距。然而我并不遗憾什么，我有我的努力，我有我的获得，我有我的骄傲，我有我的自足和快乐。

女儿高三回顾网络游戏带来的影响时给我们写道："初中四年，我总是游离在网络世界里，我可能以这些时间为代价失去了更好的高中。"然而，"失去了就是失去了，无法改变，它带给我的是很多丰富的经历，多到可能你们根本想不到"。我能够体会女儿的感受，因为我也曾因为高中阶段的"游玩"与一本失之交臂。就像女儿所写的那样，其间的精彩纷呈、起伏跌宕只有自己知道，那些宝贵的人生经历，不是在书本中能习得的。我也知道，女儿在找寻自我的同时，并没有肆意挥霍她的青春，因为女儿已经懂得"我更不能辜负我的将来"。所以，我不羡慕那些考上"985""211"高校的孩子和家长，也不会因为女儿没有上"985""211"高校而感到遗憾。

遗憾是一种感伤、一种无奈。遗憾是对期望拥有但又不曾拥有或者曾经拥有却又未曾把握的不甘或者悔恨。人生一世，没有十全十美，有得必有失。再次想起《百家讲坛·王立群读〈史记〉》"中，王立群老师说过的那段话：选择应该选择的是勇敢，放弃应该放弃的是睿智。

积极进取、用心感受，勇于选择、做到自己，何来遗憾？

◆ 关于成功 ◆

当年看到二徒弟在理论学习上不可逾越的困难，考虑到三个徒弟各有所长，我找领导商量，结合三个徒弟的学习能力重新分工。大徒弟作为技术尖子重点培养，主要负责新产品试制。二徒弟侧重学习操作技能，负责常规产品加工。三徒弟跟着我，参与机床、供应商外协等技术配套工作。没多久，三个徒弟在各自岗位上表现突出，深得领导满意。特别是那个差点被炒鱿鱼的二徒弟，不到两年练就成为技能娴熟的“实操达人”，努力付出的同时赢得了肯定和自信。对于二徒弟来说，他已经用心走在超越自己的路上，我认为他是成功的。

还有三徒弟，虽然专科毕业，但他为人真诚、悟性高，情商也很高。我并没有教他太多的技术知识，而是手把手带他学习如何和机床商、刀具商、外协厂家打交道，也包括如何与人打交道。徒弟曾经问我如何提高能力、发挥水平，我说除了自身努力还要懂得资源的有效利用。果然，徒弟不仅稳扎稳打地学习基本技术知识，而且学会了将外部技术支持为己所用，能很好地解决实际工作中遇到的一些问题。再后来，那个当年没有考上“985”“211”高校，甚至没有考上大学的他成为一家台资机床的代理老总，事业一样做得有声有色。对他来说，从一个技术工人一步一个脚印走到现在，他也是成功的。

在女儿高三上学期时，我和女儿聊起过成功，我也和一些朋友探讨过成功，每个人的角度不同，认识也各不相同。我还是喜欢亨利·戴维·梭罗在《瓦尔登湖》里如诗歌般的释义：“如果你欢快地引来了白天和黑夜，生活像鲜花和香草一样芳香，而且更有弹性、更加繁星、更加不朽，那就是你的成功。”没错，拥有快乐就是成功，成功也是一种心态。

除了快乐，我还看重那些有着坚定信念、积极进取下的自我超越，这样的成功虽然没有获得令人仰慕的社会地位，也没有创造出多么富足的财富，却是一种境界。正如和女儿说过的那样：“专注于你从事的工作并能从中感受到快乐，做什么便也有了兴趣，做什么都会成功。我想，成功也是一种自我完成。”

所以，无论是考上清华、北大，还是普通院校，或者说技术专科学校的学生，只要不断超越自己，都是好的。就像女儿那样，按照她的节奏，一个阶段获得一个阶段的进步，伴着自信与快乐成长，做到她自己，我相信将来她一样也能成功。

后记

说一千道一万，书写到这里似乎又回到了起点。因为其中所述、所感，皆是缘你而起。也许，你是上天派来的天使，让我在混沌中渐渐认识自己。而我，将所有对你的情感和寄望一并写在这本书里……

◆ 行车记 ◆

往返于送你上学的路，我已经再熟悉不过了。我很清楚每个路口红绿灯的交换与等待时间，也知道哪些道路通畅，哪些时段拥堵。行在自己熟悉的道路上，我不急不忙，你说有时候咱家的车子似乎在倒着开。

没错，除了实习驾驶车辆，大概我的车在路上跑得最慢。以前因为担心上学迟到，你希望我开快些。说实在的，五公里的路程，紧赶慢赶我也挤不出五分钟，一路上还要担心闯红灯、违章，更怕撞到行人或者其他车辆。我开车的时候胆子小，你也知道我车技不如人。

行在路上，我总是等让。遇到违规的车辆，遇到那些在红灯下还要过马路的行人，或者遇到那些逆行加塞、左右窜行、强行并道的车辆，我都会慢下来，甚至停下来让他们先行。我总是和前行车辆保持足够的车距，别的车辆插到我前面也不影响我什么，他们走他们的，我还是走我的。遇到没有条件也要创造条件强行插行的车辆，不论是打灯示意的，还是“不吭声”硬要挤到前面的，我都会等一等、让一让。

我若不等不让，就要紧紧跟进，一分一毫不得懈怠。可是要插进来的车辆也在步步逼近，我要上看、下看、左看、右看，唯恐剐蹭。真要遇上剐蹭可不是一个等等让让那么简单的事情了。行车技术不扎实，心理素质又不过硬，一路上我是防不胜防，紧张到家啊。我有充足的时间，为什么要去争抢？让让又何妨？

见车让车、见人让人，“宁等一分钟，不抢一秒钟”。对我来说，一脚油门冲过去并没有给我带来淋漓尽致的畅快。我不想在黄灯闪烁下逃一般地蹿过路口，我喜欢每天按照自己的节奏乐悠悠地出行，路边有不同的风景，一路上还可以看着这样那样急火火来、急火火去的车辆。

喏，前面那辆黑色别克轿车忽左忽右穿行在车辆中，左右不过是超出了两部车的路程，一样被红灯定定地停在路口；红灯，一辆蓝色小轿车逆向绕过前面停着的一排车辆扬长而去：远远地，一辆出租车鸣着喇叭、晃闪大灯迎面呼啸而过……他们有什么事着急赶路吧？他们要去哪里？我不知道。

单行道上车很少，我加大油门听窗外的呼呼风声，却见身后一辆车逆行、另一辆车跑到自行车道上一溜烟地绝尘而去，我真是汗颜，果真我有那么慢吗？已经开到60迈了呀！等我到红灯跟前，哟，不还是刚才那两辆车么？这一路就我们三辆车，若是按前后排个顺序的话，无非是原来的1、2、3变成了现在的2、3、1，好吧，这个排序如果对他（她）们很重要的话，我不说什么，反正我不急。

拐弯处，一辆电动车歪倒在小轿车旁边，等候交警处理。刚过一个路口，又看见一辆警车的左前脸被电动车撕开了口子。前面路口绿灯伊始，排在后面的大货车就迫不及待地鸣着喇叭催促。在我看来很多时候再大的喇叭声也无济于事，其实没有谁挡住了谁。或许和前面那辆呼啸而过的出租车一样，希望在穿透、刺耳的“呐喊”下，别的车辆能像让救护车一样为其让道，那样他们就能畅通无阻了。

我不急，可总能遇上着急的，过去有个同事就是典型的“路怒族”。开一路骂一路，在她眼里，大街上满是“蠢猪”，看她一路上杀气腾腾、气哼哼的模样，总是有幅画面在我眼前浮现：“究竟谁是猪呢？我看她更像一头横冲直撞的野猪嘛，哈哈哈哈！”

有一次在搭顺风车时遇到一位女司机，车技娴熟得很，性子急起来却也是不得了。一路上司机左右并线，把一辆辆车子远远地甩在后面。我一再表示我不赶时间，她说她也不急。可是在没有摄像头的红灯路口，她就是停不下来，排在前面的车子但凡开得慢些，她就不停地按喇叭，嘴里叨叨，急不可耐，只要有机会就一定要超过去……是习惯，抑或许是乐趣？我不知道。真要把行车当作一场竞技么？对手是谁？谁胜了谁又会如何？我不知道。

直到有一天在路上遇到一个比我开得还慢的车子时，我才有那么一点点明白。一辆小客车慢慢悠悠地行在我前面，竟然比我还慢。司机在干吗呢？看手机、看风景，还是在压马路？眼见一辆辆小车忍不住借对面车道逆行超过去了，我也想超车了。咦？我干吗要违章超车，我并不赶时间啊！瞧，路口绿灯在闪烁了，超过去也是等着，有多大分别吗？可我分明有超车的企图啊！

问题不在于我是否赶时间，而是我忍受不了它的“慢腾腾”，它挡住了我的视野，它影响了我的行车节奏。有个朋友曾说我“五十步笑百步”，没错，这时的我和那个急性子女司机并没有什么不同。

庄子说过：“夫随其成心而师之，谁独且无师乎？”如果每个人都以自己的速度做标准，那将会有多少纷杂不同的“是与非”呢？快也好，慢也罢，每辆车都有自己固有的行车节奏。快有快的好，在不妨碍其他车辆的情况下，能够快速到达自己想到的地方。慢也有慢的妙，安全性高，一路还能看到许多有趣的风景。非常喜欢张文亮写的《牵着一只蜗牛去散步》：“上帝给我一个任务，叫我牵着一只蜗牛去散步。我不能走得太快，蜗牛已经尽力爬……我催它，我唬它，我责备它，我拉它、我扯它，我甚至想踢它……真奇怪，为什么上帝叫我牵一只蜗牛去散步？我苦恼着……咦？我闻到花香，原来这边有个花园。我感到微风吹来，原来夜里的风这么温柔。慢着！我听到鸟声和虫鸣，我看到漫天的星斗多亮丽。咦？以前怎么没有这些体会？我突然想起来，莫非是我错了？原来上帝叫蜗牛牵着我散步！”如此，我更希望我能真真慢下来，不要因为自己的节奏、速度受到影响而迁怒于别人。

每天行在自己熟悉的路上，从容、惬意。路边花开了，树木成荫了，雨打梧桐落满地，夕阳也醉了。雨后路边一弯弯枝丫上沉甸甸地挂着三五滴雨珠，黑夜中在灯光的照耀下，晶莹剔透，恍惚间竟有些不知道自己身处何处。昨天和今天的同一时间在同一路口看到同一个过马路的男人，同样贴着大板砖似的手机，半边脸都看不见了，多有趣啊。路边林荫道上健壮的跑步者，那个倒着轮滑的小伙儿……还有相互谦让的车辆。

你说在小区的路上，我总是要等让相对而过的车辆。是的，小区的路边上停满了车，有时候只能单车通过。遇到对过的车辆，难道要你瞪着我、我瞧着你等着对方退让？不如退一步海阔天空，也许要比在那里干瞪着或是等着要来得快呢！其实，路上总有不少车辆遵章守法、友好相让。这不，在小区三岔路口拐弯处，在我习惯性等让另一辆准备右拐弯的车辆时，车上司机却友好地招手示意我先行。在那个秋意渐浓的清晨，远空湛蓝的天空飘着丝丝白云，我的心里感到暖暖的。在我需要并线或是拐弯时，还是会有车辆为我让行，我很感激他们。同样的，我也会把这样那样的方便带给别人，如此我便简单快乐着——但有一抹阳光，世界灿烂芬芳。

行在路上，身边总会有动力十足的车辆飞驰而去，他们驶向何处，与我无关，我只需走好自己的路。行车如做人，对我而言，把握自己的速度，快慢不要紧，重要的是我能心情愉悦地驶达我要去的地方，这就足够了。

如今，你即将踏入大学校门、开启人生旅程新篇章。在此，祝愿你：未来，把握好自己的节奏，走好自己想走的路，人生一样多姿多彩。

◆ 知道不知道 ◆

儿时常想：“为什么我是我？为什么我是爸爸妈妈的女儿？”

我好奇：我是谁？我从哪里来？如果生在别人家会是什么样的生活？

长大了、恋爱了、成家了，我又想，为什么遇见你爸而不是别人？

直到你来到这个世上，那些困扰又一次浮现出来：我和你之间，会不会是上天早就安排好的？是不是真的是上辈子我与你相欠？

有无前生，有无来世，我不知道。

我只知道：

今生，父母养育了我；

今生，我和你爸携手走过；

今生，你是我道不尽的欢喜冤家……

将这本书作为你的十八岁生日礼物，是我一直以来的心愿，如今终于实现了。这本书不仅记录了你的成长历程，更有我个人的觉醒和感悟。因为我知道：你中有我，我中有你。

一路为你祝福，我们的女儿！